Higher Education Quality Management: System and Method

高等院校教育学系列教材

EDUCATION

高等教育质量管理：
体系与方法

韩映雄 编著

北京大学出版社
PEKING UNIVERSITY PRESS

图书在版编目(CIP)数据

高等教育质量管理:体系与方法/韩映雄编著. —北京:北京大学出版社,2013.7
(高等院校教育学系列教材)
ISBN 978 – 7 – 301 – 22753 – 4

Ⅰ. ①高… Ⅱ. ①韩… Ⅲ. ①高等教育 – 教育质量 – 教育管理 – 高等学校 – 教材 Ⅳ. ①G640

中国版本图书馆 CIP 数据核字(2013)第 143145 号

书　　　名:**高等教育质量管理:体系与方法**
著作责任者:韩映雄　编著
责任编辑:杨丽明　王业龙
标准书号:ISBN 978 – 7 – 301 – 22753 – 4/G·3640
出版发行:北京大学出版社
地　　　址:北京市海淀区成府路 205 号　　100871
网　　　址:http://www.pup.cn
新浪微博:@北京大学出版社
电子信箱:law@pup.pku.edu.cn
电　　　话:邮购部 62752015　发行部 62750672　编辑部 62752027
　　　　　出版部 62754962
印　刷　者:北京飞达印刷有限责任公司
经　销　者:新华书店
　　　　　730 毫米×980 毫米　16 开本　14 印张　267 千字
　　　　　2013 年 7 月第 1 版　2013 年 7 月第 1 次印刷
定　　　价:28.00 元

序

"高等教育质量管理"一词目前尚未成为高等教育管理界和研究界的通用语言。在研究界,过去通行的词汇是"高等教育质量保障"、"高等教育质量保证"、"高等教育质量认证"等。在管理实践活动中,实际工作者往往倾向于使用"高等教育质量保障体系"。在我国,还有诸如"高等教育监控体系"等词汇。

本研究使用"高等教育质量管理"一词并不是想否定过去的研究成果和实践经验,而是认为"质量管理"一词更能体现当前国际学术界在这方面的理解以及高等教育机构所做的丰富多样的有助于提升质量的探索活动。

的确,"高等教育质量保障"目前是各国政策文本中广泛使用的高频词。但是,这仅仅是习惯上的概念沿用。事实上,自上世纪80年代以来,人们对高等教育质量保障的理解已经发生了不小的改变。

一

在国际学术界,布伦南(John Brennan)和沙赫(Tarla Shah)较早倡导在高等教育领域使用"质量管理"(quality management)一词。他们在其主编的《高等教育质量管理:一个关于高等院校评估和改革的国际性观点》(*Managing Quality in Higher Education:An International Perspective on Institutional Assessment and Change*)一书的概述部分较为详细地区分了质量评估(quality assessment)、质量评价(quality evaluation)、质量检查(quality review)、质量审核(quality audit)、质量保障(quality assurance)以及质量控制(quality control)等概念的异同。在此基础上,这两位作者明确提出使用质量管理的概念。他们认为,质量管理可用来描述关于"高等教育质量的判断、决策和行动的整个过程"[①]。就概念的外延来说,质量管理比上述质量评价等概念的范围要宽广得多。更重要的一点是使用管理的概念可使人们将有关高等教育质量的问题居于管理学的理论体系与框架下进行审视,可避免零碎的、互不交锋的思考路径与话语体系。如果使用质量管理的概念,质量评估、质量保障等活动与思想就相应地成为其下的一种特定思想或活动,或是人们在质量管理探索进程

[①] 〔美〕约翰·布伦南、特拉·沙赫:《高等教育质量管理:一个关于高等院校评估和改革的国际性观点》,陆爱华等译,华东师范大学出版社2005年版,第7页。

中某个特定时期的看法与实践。

　　关于"高等教育质量管理"一词，至少可有两种理解：一是"高等教育"的"质量管理"，这种理解容易使很多人联系到"全面质量管理"。于是，高等教育质量管理变成了高等教育全面质量管理的代名词。全面质量管理在高等教育领域中的应用一直以来被人们置于评论的风口浪尖上，它既拥有忠实的"粉丝"，也招来了不少批评者。正因如此，当使用高等教育质量管理的称谓时，这些批评者马上会给予强烈的抨击并认为这是将高等教育引向危险的境地。另一种理解是"高等教育质量"的"管理"，这种理解将高等教育质量作为管理的对象，这如同我们熟悉的高等教育管理中高等教育是管理的对象。在这里，高等教育质量反映的是一个动态的过程而不仅仅是静态的结果。换句话说，它包含了高等教育质量生成、发展、变化及最终结果的所有方面。基于此，按照管理学中关于管理的界定，高等教育质量管理就可指为了有效地提高高等教育质量，由专门的管理人员利用专门的知识、技术和方法对高等教育进行计划、组织、领导与控制的过程。本书倾向于后一种理解。

二

　　即使如此，本书也无意按照经典的管理学特别是企业管理学教科书的框架和体系展开讨论，因为这注定是要失败的。事实上，这种努力曾经有过，失败的经历使笔者有很长一段时间很茫然。

　　在经过较长时间的反思之后，我发现当初的想法太理想化了。因为与企业管理的探索与研究相比，高等教育质量管理则要年轻和幼稚得多。有关高等教育质量管理的经验和讨论还不足以构成一个具有明显逻辑或规则体系的知识群。

　　既然不能依照理论体系思考和撰写，转而求于问题线索就成为自然的选择。于是，高等教育质量为何成为各国高等教育发展中的突出问题？政府、高等院校以及其他利益关系人为了实现提高高等教育质量的目标作了哪些努力和行动，这些行动究竟取得了哪些成效，留下了哪些"副产品"等问题就成为本书的主要研究内容。

　　本书旨在尽量为读者勾勒一幅关于高等教育质量管理所思所为的全貌图。在充分描述和肯定成功经验的同时，也十分注意并引入有关的反思甚至是批评的声音。本书分为三大部分共八章，第一、二章构成第一部分，主要交代高等教育质量管理的历史与基本问题，第三、四、五章构成第二部分，依次阐述四类主要利益关系人在高等教育质量管理中的职责、角色、参与机制等议题，第六、七、八章构成第三部分，这部分意在给读者展示一些较有影响的管理案例，包括全面质量管理、高等教育服务质量评价实例和大学生学习质量评价实例。值得一提的是,后两个实例具有一定的原创性,包括问卷设计及咨询建议。我们希望,通过类似实例的展示,能给院校的实际管理工作提供一定的启示。

　　与此同时,本书也承认,尽管目前应用于高等教育领域的许多管理手段和技术对提高高等教育质量有一定的帮助作用,但它并非是万能的。

韩映雄

2012 年 9 月

目　　录

第一章
高等教育质量管理的起源与发展

实际上,中世纪大学就存在质量管理行为。20世纪后半叶开始,当企业中质量管理的理念引入高等教育领域后,这些行为才有了个冠冕堂皇的名称。20世纪50年代末至70年代中期,世界高等教育迎来了快速发展的黄金时期。但规模的扩展和发展速度的提高也同时带来了更多的矛盾、问题和冲突。为解决这些问题,世界各国根据自身高等教育发展的特点实施高等教育质量管理,于20世纪80年代掀起了一场轰轰烈烈的质量保障运动。学者们通过对各国高等教育质量管理特色的总结提出了不同的高等教育质量管理观。尽管各国高等教育质量管理存在差异,但"趋同"将是未来高等教育质量管理发展的趋势。实施高等教育质量管理的确解决了一部分问题,但同时也带来了更多的新问题。人们开始不断地意识到,实施质量管理并不是解决高等教育质量问题的万灵药,并且存在很大的副作用。

第一节 中世纪大学的质量管理

"质量管理"一词本是来源于企业界,对于这一点我们并不否认。但要说高等教育质量管理完全来源于企业界,就夸大了事实。在高等教育领域,质量管理的行为早于"质量管理"这一名词,这一点是毋庸置疑的。哈特(W. A. Hart)给我们举了一个很好的例子:"18和19世纪的手工业者并不需要20世纪的质量管理者去教他们如何保障质量",大家"不是总抱怨现在买不到以前那么高质量的东西了吗"?① 在高等教育领域也是如此,中世纪大学没有系统的质量管理体制或方法,甚至没有质量管理的概念,但却已经开始了实质上的内部质量管理。

---

① See W. A. Hart (1997), The Quality Mongers, *Journal of Philosophy of Education*, 31(2): 295—308.

中世纪各大学经过斗争摆脱了教会与世俗势力（包括王室的集权统治与地方政权）取得了三种主要的特权，即"法权自治和有向教皇上诉的权力、罢课和分离独立的权力以及独揽大学学位授予的权力"，从而"逐步地获得其特定的社会地位、社会价值声望和特有的组织行为规范与职能活动方式的自主性"[①]。拥有自主权的中世纪大学较少受到外部势力的监控，主要开展内部的质量管理。因此，布伦南和沙赫认为"一直以来，大学和其他高等教育机构都拥有自己的一套机制确保他们的工作质量"[②]。

中世纪大学的主要职能是教学，其质量管理的重点自然而然落在了与教学相关的对象——教师与学生身上：对于学生来说，"要具备必要的资格才能进入高等学府，乃至最终取得学位"；对于教职员工来说，则"要具备必要的资格才能上岗，乃至获得提升，直至升至教授"[③]。

考试和授予学位是中世纪大学进行教学质量管理的主要手段之一，既是检验学生是否有资格取得学位的手段，也是取得教师资格的标准。无论是博洛尼亚大学还是巴黎大学，学生如要毕业取得学位，获得授课准许证，必须经过形式复杂、要求严苛的重重考试。并且由于当时的教学重视辩论与典籍的评注研习，"无论在课程教学还是在各个阶段的考试中，都对其作出了比较具体详细的规定，提出了比较严格和系统具体的要求"[④]。

有学者这样描述道：

> 博洛尼亚大学的学生取得博士学位，要经过个别考试和公开考试两个步骤。申请者参加个别考试前，须根据规章的条例规定接受严格的资格审查。申请者通过个别考试后，还须参加公开考试，内容包括讲演和辩论，通过公开讲演和答辩后，方能获得授课准许证，成为博士学会的新成员。巴黎大学的考试和博士学位授予条件规定与博洛尼亚大学相比，还要显得更为复杂和苛严一些。[⑤]

在不知"质量管理"这一名词为何物的情况下，中世纪大学已经有了这些录用新教师的标准与制度以及学生的考试及学位授予标准，或许这在当时只是"作为'行会'组织的大学为控制'行会'成员发展所设立的一道'门槛'"[⑥]，但在客观上却保证了当时的高等教育质量。

---

① 何云坤：《科学进步与高等教育变革史论》，岳麓书社 2000 年版，第 187 页。

② 〔英〕约翰·布伦南、特拉·沙赫：《高等教育质量管理——一个关于高等院校评估和改革的国际性观点》，陆爱华译，华东师范大学出版社 2004 年版，第 2 页。

③ 同上。

④ 何云坤：《科学进步与高等教育变革史论》，岳麓书社 2000 年版，第 186—187 页。

⑤ 同上。

⑥ 胡建华：《高等教育质量内部管理与外部监控的关系分析》，载《高等教育研究》2008 年第 5 期，第 32—37 页。

"自中世纪大学产生直至 20 世纪中叶的相当长的时间内,大学依靠着它的传统、依靠着它的内部管理保障着高等教育质量,维护着大学的社会地位和声誉"①。然而随着外部环境的不断改变,大学再也不能维持中世纪时自治的状态了。它的职能在扩展,并且更多地参与到了社会事务中。

第二节　实施高等教育质量管理的原因

随着高等教育职能的增加、规模的扩大,高等教育在全世界范围内进入了一个快速发展的时期。然而发展速度的加快使得高等教育的问题接踵而至:资金的短缺、高校之间的合并和升格、大学组织的复杂性等都成为了质量管理被引入高等教育的重要原因。

一、世界高等教育的黄金时期

自高等教育被赋予了新的职能——社会服务后,其规模不断扩大。19 世纪末,一批批年轻的美国学者从德国求学归来后,扩大了美国高等院校科学研究的领域,并将科学研究用于社会生活实践中。最初美国高等教育中的科学研究和德国一样是纯研究性的。但南北战争以后,联邦政府在 1862 年颁布了《莫里尔法案》,向各州赠地资助建立农工学院。② 由于赠地学院直接以实施农业和机械工艺教育以及为地方经济、文化发展服务为目标,与美国当时的科技革命、产业革命和经济腾飞相呼应,从而实现了美国高等教育职能向直接为社会经济发展提供服务的方向延伸。③ 到 20 世纪初期,"威斯康辛思想"的成功实践,正式确立了大学的第三职能——为社会提供直接的服务,使大学与社会生产、生活实际更紧密地联系在一起。④

于是,美国乃至世界高等教育界开始响应为社会服务的号召。正如 1963 年克尔(Clark Kerr)在《大学的功能》中所指出的那样:由于知识的爆炸及社会各行各业的发展对知识之依赖与需要,大学已成为社会的"服务站"⑤,"教育应'为人类服务'"⑥。

---

① 胡建华:《高等教育质量内部管理与外部监控的关系分析》,载《高等教育研究》2008 年第 5 期,第 32—37 页。

② 参见王廷芳:《美国高等教育史》,福建教育出版社 1995 年版,第 3 页。

③ 同上书,第 134 页。

④ 同上。

⑤ 〔美〕克拉克·克尔:《大学的功用》,陈学飞等译,江西教育出版社 1993 年版,第 3 页。

⑥ 同上书,第 8 页。

因此,大学响应社会需要更多接受高等教育的人才的需求,开始扩大规模。经济引起了有技能的人才的需求,在如此迫切需求的影响下,多数发达的工业国,不管是否是民主国家,都正在走向普及中等教育(甚至接近普遍中学毕业,例如日本),然后走向大众化中学后教育(甚至接近普及中学后教育,例如美国)。①

以美国为例,就可以明显地感受到高等教育规模急剧扩大的事实。凯勒(George Keller)在其所著的《大学战略与规划——美国高等教育管理革命》一书中较详细地列举了有关数据。② 首先,大学生人数成倍增长。根据联邦统计,大学生人数从 1955 年的 250 万人增加到 1974 年的 880 万人,20 年时间里增长了 2 倍多。这一时期要求接受大学教育的年轻人的数量增加了,高等教育吸纳了 1944—1958 年间人口出生高峰期所出生的许多年轻人。高等教育中 18—24 岁年龄段学生注册攻读学位人数的比例由 1955 年的 17.8% 上升到 1974 年的 33.5%。其次,教师队伍迅速壮大。美国高等学校教师则从 1955 年的 26.6 万人增加到 1974 年的 63.3 万人。为了能够培养更多的教授,文理研究生教育专业迅速发展。到 1974 年,850 多所高校开展了研究生教育。每年授予的文学硕士和理学硕士学位从 1955 年的 5.8 万人增加到 1974 年的 27.8 万人,获得博士学位的人数则从 1955 年的 8800 人增加到 1974 年的 3.3 万人。最后,高等教育机构数量增加。为了适应学生人数激增的需要,美国高等教育的物质设施增加了一倍。在这 20 年里所修建的校舍比先前 200 年所修建的还要多。在这段时间内,还形成了一个全新的高等教育机构——地方资助的两年制社区学院。1955 年全国只有约 400 所小规模的社区学院,通常是职业导向性的,注册学生 32.5 万人,校均约 800 名学生。到 1974 年,发展到全国有 973 所两年制学院,注册学生达到 340 万人,平均每校约 3700 人。可见,社区学院在很大程度上肩负起了满足社会需求的责任。

美国如此,其他发达国家的高等教育在发展规模上也很相似。正如布伦南与沙赫所说:“在过去 20 年内学生数量增长五倍,已经成为西方各国高等教育招生高速发展的典型”③。因此 20 世纪 50 年代末至 70 年代中期往往被人们称为世界高等教育发展的“黄金时期”。由于这一时期世界经济的飞速发展,在资金充裕的条件下,西方各国高等教育规模也不断扩大,学生人数不断增多。然而好景不长,这一切的繁荣背后隐藏着一系列危机。

---

① 参见〔美〕克拉克·克尔:《高等教育不能回避历史——21 世纪的问题》,王承绪译,浙江教育出版社 2001 年版,第 101 页。
② 参见〔美〕乔治·凯勒:《大学战略与规划——美国高等教育管理革命》,别敦荣、宋文红译,青岛海洋大学出版社 2005 年版,第 8—10 页。
③ 〔英〕约翰·布伦南、特拉·沙赫:《高等教育质量管理——一个关于高等院校评估和改革的国际性观点》,陆爱华译,华东师范大学出版社 2004 年版,第 24 页。

二、各类可能影响质量的问题

高等教育规模的扩大，在使更多的学生能够接受高等教育的同时，也使民众对其质量产生了许多担忧。

首先，规模扩大使得更大型的大学组织的复杂性日益增加。[①] 克尔曾将此称为"同质化"，即大型的大学组织把所有训练层次都放在同一所大学。这样就造成学校规模比所希望的要大得多。同质化使得系统的管理更加困难，这种大型的大学组织"要求为学生的入学和升级，为工资，为科研资助，为使用期，为教授的工作的自主，为班级的规模，以及为其他很多事情，分别执行一系列规则，使得执行困难"[②]。即使在同一所大学内，管理也变得很复杂。"各级之间的敌意增加，像在德国综合大学已经发生的那样，把几级安排在一起意味着最高级的智力功能退化……最高级的智力功能更加像被拉下，而不像它们应该把其他功能拉上"[③]。

其次，规模扩大使得高等教育的精英体制被打破，平等主义深入人心。于是，各国开始采用这样一种克尔所谓的"趋同模式"：一方面在比较高的智力活动层次，非常强调优秀；另一方面，在不那么高级的学术层次有一个大众化和普遍入学部门——从而做到同样地既为培养高级人才又为扩大入学机会的现代需求服务。[④] 对于传统上的精英大学，由于有严格的入学门槛，并且有着自成一体的内部质量保障系统，因此，对这类大学来说，如何融入这样一个复杂的高等教育质量管理体系是它们所要面对的重要问题之一。但是对于非精英的那部分大学，由于这些大学大多是在政府的主导作用下产生，相比一些老牌的精英大学来说存在的时间较短，且质量参差不齐，因此，这一部分大学的质量管理更值得大家重视。

再次，规模扩大也带来了成本增加的负担，如校舍的建设、教师工资的支付、学生的培养成本、科研经费的增加等，这些都使得高等教育资金变得紧缺，于是资金的有效利用就成为热门话题和棘手问题。

最后，规模扩大致使许多新型大学的出现，如美国的社区学院、英国的多科技术大学、中国的独立学院等。另一方面，许多大学纷纷进行合并、升级，例如在美国，州立师范学院升格为文理学院，私立两年制学院发展成为四年制高校，规模不

---

① 参见〔美〕罗伯特·波恩鲍姆：《高等教育的管理时尚》，毛亚庆等译，北京师范大学出版社 2008 年版，第 16 页。

② 〔美〕克拉克·克尔：《高等教育不能回避历史——21 世纪的问题》，王承绪译，浙江教育出版社 2001 年版，第 110 页。

③ 同上。

④ 同上书，第 98 页。

大的专门化的州立大学成为大型的综合性大学。① 这些大学或学院的定位又是一个令人头疼的问题。学校定位还牵涉到资助的问题，资助给哪个学校、哪个项目，资助多少等等。而资助的问题又因为牵涉到越来越多的利益关系人而导致越来越多的机构或团体向高等教育问责。在美国，第二次世界大战以后，大学发现了另外三大施惠者：大的慈善基金会、作为企业法人或实体的商行和联邦政府。② 这些主要的资助者，加上一些主要的利益关系人，如学生、家长、协调机构、教育立法委员会、政府行政机构分支、一些授权机构，都要求对质量和绩效问题进行更多的公共参与。③

尽管"质量保障算不上是新事物，它最初是专业和技能的一部分"④。但也是直到最近，面对高等教育发展中的种种内部问题及外部压力，"它才从专业中分离出来，正式转换为一种调查项目"⑤。由此，高等教育质量管理应运而生。正如克尔提出的："高等教育的历史，很多是由内部逻辑和外部压力的对抗谱写的"⑥。

第三节　高等教育质量管理观

为平息各方面对高等教育的种种责难之声，也为了自身更好地发展，各国高等教育领域纷纷自愿或非自愿地实行质量管理。于是，自20世纪80年代起，高等教育界便掀起了质量保障运动。世界各国根据自己国家的实际情况，纷纷走上了各具特色的高等教育质量管理的发展之路。

许多学者从不同的角度剖析各国高等教育质量管理，并根据不同的理论依据将其归类总结，从而形成了不同的高等教育质量管理观。根据前人的研究结果，可归纳为三种高等教育质量管理观："经验说"、"体制说"和"力量说"。在这三种高等教育质量管理观的基础上，笔者又提出了"主体说"的高等教育质量管理观。⑦

---

① 参见〔美〕乔治·凯勒：《大学战略与规划——美国高等教育管理革命》，别敦荣、宋文红译，青岛海洋大学出版社2005年版，第8—11页。

② 同上书，第8页。

③ 同上书，第208页。

④ W. A. Hart (1997), The Quality Mongers, *Journal of Philosophy of Education*, 31(2)：295—308.

⑤ Ibid.

⑥ 〔美〕克拉克·克尔：《高等教育不能回避历史——21世纪的问题》，王承绪译，浙江教育出版社2001年版，第5页。

⑦ 本部分相关内容参见石梅：《基于主体说的高等教育质量管理观》，载《现代教育管理》2010年第4期，第11—13页。

一、经验说

许多学者通过对各国高等教育质量管理形成与发展经验的对比研究,总结各国经验的相似之处,从而列举出一些具有代表性的国家。这是以总结代表性国家经验为研究范式,因此,在此将其称为高等教育质量管理观的"经验说"。"经验说"的代表学者很多,包括熊志翔、李守福、范文曜和马陆亭等。这些研究涉及英国、法国、美国、荷兰、比利时及日本等代表性国家。例如,熊志翔提出的四个典型的欧洲高等教育管理模式——英国的多元评估型、法国的中央集权型、比利时的二元结构型以及荷兰的校外评估型。① 其后,李守福等人又在以上四种模式基础上添加了美国的多元化模式以及日本的基准自律型模式。②

持"经验说"的学者还有另一种类型,即不以范式研究为目的,而是进行比较研究,探究各国高等教育质量管理体系发展的关键因素等。此类"经验说"的代表人物是布伦南与沙赫。2000 年,布伦南与沙赫发表了一项对 14 个西方国家(包括澳大利亚、比利时、加拿大、丹麦、芬兰、法国、希腊、匈牙利、意大利、墨西哥、荷兰、西班牙、瑞典、英国)高等教育质量管理体系的研究报告,报告提出了一个高等教育质量管理与机构变化之间相互关系的理论模式,并指出全国范围的或学校范围的教育质量管理与评估系统的建立是"权力与价值的问题",质量管理对各国学术系统的内部价值带来了更大的挑战;通过质量管理机制,社会经济的外部价值在学术体制生活中起到越来越重要的作用。③

二、体制说

持"体制说"观点的学者在认识各国高等教育质量管理制度时,往往从各国高等教育宏观管理体制出发。他们认为"各国高等教育质量保障模式的选择与构建都是以其各自的高等教育宏观管理体制为出发点并与之匹配的"④。其分析理论框架的构建则源自克拉克高等教育系统的三角协调图,即从国家权力、学术权威及市场三个维度构建分析框架。

---

① 参见熊志翔:《欧洲高等教育质量保障模式的形成及启示》,载《高等教育研究》2001 年第 5 期,第99—103 页。

② 转引自田恩舜:《高等教育质量保障模式研究》,华中科技大学 2005 年版,第9—10 页。

③ See J. Brennan & T. Shah (2000), Quality Assessment and Institutional Change:Experiences from 14 Countries, *Higher Education*, 40(3):331—349.

④ 陈玉琨等:《高等教育质量保障体系概论》,北京师范大学出版社 2004 年版,第40 页。

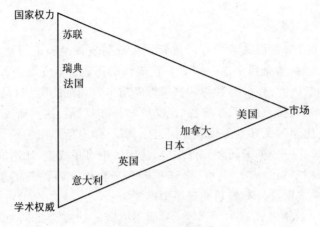

图 1-1　三角协调图①

"体制说"以陈玉琨教授为代表,他总结出了三种高等教育质量管理模式——英国模式、大陆模式和美国模式,并在《高等教育质量保障体系概论》一书中分别论述了三种模式的形成过程和原因:②

在高等教育质量管理英国模式的形成过程中,学术权威起到了很大的作用。作者提到:"……(英国)大学的质量主要由大学自己负责,具体由学术专家进行评判"。另外,尽管自 20 世纪 80 年代中期以来政府逐步加强了对高等教育的干预力度,但"从总体上讲,英国传统的高校自主管理学校质量的基本格局仍没有被打破"。而"大学负责"、"学术专家进行评判"以及"高校自主管理学校"都说明了在英国高等教育质量管理过程中,代表学术权威的学术专家、高校起到了主导作用。

在大陆模式的形成过程中,政府亦即国家权力起到了主导作用,因为在这些国家的高等教育质量管理过程中,"政府对大学进行严格控制,大学的自主权很小"。

高等教育质量管理美国模式的形成与联邦政府不直接干预高校日常运作的传统及立法有关。在国家权力的较小影响下,美国高等教育的质量管理由各级专门机构与民间组织发起,并在市场机制中发挥作用,联邦政府在其中的职能则是"在不干预学校自主权的前提下,进行教育经费的分配";"学校可以依据评估结果向政府提出自己的要求,社会可以利用评估结果选择学校专业和毕业生"。很明显,在美国高等教育质量管理形成与发展的过程中,市场起到了举足轻重的作用。

不难看出,提出高等教育质量管理"体制说"的主要理论依据是克拉克的国家权力、学术权威及市场在高等教育质量管理模式形成过程中所起到的不同的主导作用。

---

①　参见〔美〕伯顿·克拉克:《高等教育系统——学术组织的跨国研究》,王承绪译,杭州大学出版社 1994 年版,第 159 页。

②　参见陈玉琨:《高等教育质量保障体系概论》,北京师范大学出版社 2004 年版,第 20—34 页。

三、力量说

对各国高等教育质量管理的认识,除了"体制说"与"经验说",还有一种就是田恩舜提出的"力量说"。他在批判地接受前人研究成果的基础上,以模式为线索,总结出五种高等教育质量管理模式:自主型模式、控制型模式、市场型模式、合作型模式以及多元复合型模式。那么为何称其为"力量说"呢?田恩舜认为,高等教育质量管理有三大主体——高校、社会、政府。而这三大主体的价值之间存在矛盾。有矛盾就需要协调,于是就自然有三种协调的力量——院校、政府和市场。他指出,"高等教育质量保证就其本质而言,是政府、高校与社会为了实现其各自的价值需求而进行价值选择和价值博弈的过程。在选择和博弈的过程中,国家权力、市场和院校自治这三种力量在不同时空背景下的张力与整合,就形成了不同的质量保证模式"①。因此,在此将其称为"力量说"。

上述不同的高等教育质量观为我们开拓了深入研究各国高等教育质量管理的视野和宝贵经验。"经验说"为我们提供了更直观、更详细的资料去了解不同的高等教育质量管理体系;布伦南与沙赫的研究具有一定的普适性,为我们更好地观察和了解高等教育质量管理体系奠定了基础。"权力说"将克拉克的三角协调图引入对高等教育质量管理的研究,让我们对各国高等教育质量管理的权力分布有了更深入的了解。制度学派认为"社会组织和社会制度一旦建立就有其自身的运作逻辑。而且,制度的演变是一个各种制度及其环境相互作用的过程"②。这里的环境自然包括各种权力的分布及某种权力的大小,因此,对各国高等教育质量管理权力分布的了解有利于更深入透彻地了解高等教育质量管理的发展演变历程。"力量说"为我们展示了一个雄心勃勃的模式研究。比起前人的研究,田恩舜的模式理论为他的论证过程提供了强大的逻辑框架。在这一框架下,他的模式研究始终是动态的,也就是说一个国家的高等教育质量管理模式在不同的时间背景下是不同的。这种动态的发展模式打破了以往一个国家只能有一种模式的局限。

然而,仔细观察以上三种高等教育质量管理观就能够发现,实际上无论是哪种学说都没有逃脱克拉克三角协调图的框架。以上三种学说在考虑各国高等教育质量管理的权力分布或力量协调时,涉及的权力或力量不外乎院校、市场、社会、政府以及学术团体。但是,"大学是随着社会的需求而不断变化的,特别是当今世界,只要社会一天不停止变化,大学就一天都不会停止变化"③。社会在改变,高等教育

---

① 田恩舜:《高等教育质量保证模式研究》,华中科技大学 2005 年博士学位论文,第 12 页。

② 张建新:《高等教育体制变迁研究——英国高等教育从二元制向一元制转变探析》,教育科学出版社 2006 年版,第 47 页。

③ 同上书,第 34 页。

也随之而变,因此高等教育质量管理的主体也应该是不断变化的。正如前文所指出的那样,在高等教育从大众向普及发展的过程中,高等教育的价值主体更多了。相应地,高等教育质量管理的主体也由"三足鼎立"走向"四分天下"。①

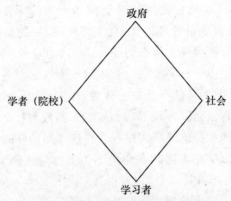

图 1-2   高等教育质量管理主体四角图

由此,便可以从高等教育质量管理的主体这一角度去认识各国高等教育质量管理观。在此将其称为"主体说"。与已有研究结论相比,"主体说"认为,应该将学习者作为未来高等教育质量管理的一个重要主体之一。

事实上,学习者就曾是高等教育质量主体。正如上文所提到的,中世纪大学的主要职能是教学,并且具有学术自由与自治的传统,因此,最初的高等教育管理主体只有两个——学者与学习者。当时,全世界的大学只有一种共同的学术模式。12 世纪末,最早在意大利的博洛尼亚大学和法国巴黎大学兴起的欧洲大学模式,虽然至今已有相当的改变,但依然是所有大学共有的模式。② "巴黎模式"很快扩展到欧洲其他地区,英格兰的牛津和剑桥、西班牙的萨拉曼卡、中欧的布拉格和克拉科夫以及日耳曼地区的大学在 13 世纪纷纷出现。随着以教师自治为主导的巴黎大学模式得到更多的认可并被欧洲大部分国家采纳和使用,学者权力或者说学术权威在高等教育权力分布中占得重要地位。之后,随着政府、社会权力的逐渐介入,高等教育质量管理的主体也随之增加。

到了现代,随着高等教育由大众向普及发展,学费制在各国逐步实行,学习者的地位改变了。莫利(Louise Morley)认为"在一个大众化的体系中,学生不再是手

---

① 参见韩映雄、李华萍:《大众到普及过程中高等教育质量话语权的变化》,载《教师教育研究》2009 年第 5 期,第 1—6 页。

② 参见〔美〕菲利普·阿特巴赫等:《21 世纪美国高等教育——社会、政治、经济的挑战》,杨耕、周作宇主审,陈舜芬等译,北京师范大学出版社 2005 年版,第 17 页。

工制作出来的学者,而是作为工业生产中的实体"①。在大众化体系中尚且如此,到普及化阶段,随着学费制被广泛接受,学习者作为"利益相关者的影响力"②将得到更大的提高。因此,高等教育质量管理发展到今天,学习者将重新成为高等教育质量管理的重要主体。

四、主体说

在高等教育质量管理的主体说下,可将高等教育质量管理观及其实践特征归纳为三种类型:一是政府逐渐介入以学者为主体的高等教育质量管理过程,在此我们称为学者—政府型;二是社会逐渐介入以政府为主体的高等教育质量管理过程,在此称为政府—社会型;三是学习者逐渐介入以社会为主体的高等教育质量管理过程,在此称为社会—学习者型。

1. 学者—政府型

这一类型以英国的高等教育质量管理发展为典型。在英国,尽管绝大多数高校由政府资助,但政府一直遵守着自中世纪以来院校所具有的学术自由和自治传统,并将高等教育的事务交由大学自己管理。正如上文所介绍的,与许多中世纪大学一样,自中世纪以来,英国高等教育的质量管理均属内部管理,以"教学开业证书"制度保障教师的质量,以严格的入学考试制度保障学生质量,以校外同行评审制度监控教育机构的自治。③

然而,英国自中世纪传承下来的自治传统于 20 世纪 60 年代开始逐渐被打破。正如学者所说:"英国高等教育的发展是英国政府为了适应第二次世界大战后的大发展,从 20 世纪 60 年代起(以《罗宾斯报告》为标记)重视国家介入(State Intervention)后的结果"④。

20 世纪中后期,英国高等教育经历了由单轨制向双轨制,再向单轨制转变的一系列变革。在从单轨制向双轨制变革的过程中,为了满足高等教育扩招、社会发展的需要,出现了一种新的大学——多科技术学院。多科技术学院与传统大学是不同的,这类学院属于公共高等教育部门,接受地方政府和全国学位授予委员会(Council for National Academic Awards, CNAA)的监督和管理以及学位授予委员会的外部评估,这类学院没有学位授予权。80 年代,由于高等教育大众化体系、学生人数的变化以及经济和社会的长期需求,英国高等教育迫切需要变革。于是,一方

---

① 〔英〕路易斯·莫利:《高等教育的质量与权力》,罗慧芳译,北京师范大学出版社 2008 年版,第 132 页。

② 同上书,第 131 页。

③ 参见田恩舜:《高等教育质量保证模式研究》,华中科技大学 2005 年博士学位论文,第 82—83 页。

④ 张建新:《高等教育体制变迁研究——英国高等教育从二元制向一元制转变探析》,教育科学出版社 2006 年版,第 49 页。

面一些改革措施开始施行，另一方面，人们对高等教育质量和标准规则的政治关注也随之出现。

1988 年，英国政府出台《教育改革法》，宣告地方教育当局不再享有对多科技术学院和多数其他学院的外部管理权。该法案确定建立新的基金委员会，即多科技术学院和其他学院基金委员会（Polytechnics and College Founding Council，PCFC），负责对这个部门的院校分配政府资金。与此相应，政府也为大学部门设置了大学基金委员会（University Founding Committee，UFC）替代原来的大学拨款委员会（University Grants Committee，UGC）。两个新的基金委员会都对英格兰政府教育和技术部（Department for Education and Skills，DFES）负责。就此，标志着所谓"自治的"大学部门和地方控制的多科技术学院及其他学院部门在教育和科学部的总的职责的一次重大集中。①

1991 年 5 月，英国政府颁布了《高等教育：新框架》白皮书，该白皮书建议废除原"双轨制"的高等教育拨款与质量保障体系，允许理工学院获得大学资格和学位授予的权力，从而建立起新的统一的大学质量保障制度。这是英国首次将所有高等院校的质量管理统一到一个法定的框架里。② 新的大学质量保障制度废除了原先的学位授予委员会，并强调两个方面，一个是"教学质量评定"，另一个是"质量控制审核"。教学质量的评定交由各高等教育基金委员会（Higher Education Founding Councils，HEFCs，包括英格兰、苏格兰和威尔士三个高等教育基金委员会），这一机构取代了大学基金委员会和多科技术学院及其他院校基金委员会。另外，由高等教育质量委员会（the Higher Education Quality Council，HEQC）审核高校教育质量控制的机制。③ 同时，各高等教育基金委员会还负责对大学统一拨款，并"按照条例监控其所拨款的大学的质量，从而确保根据质量资助经费"④。高等教育基金委员会虽为非政府组织，但其中很多官员来自政府部门，并对英国国会负责，具有亲政府组织的性质。⑤

1997 年，英国高等教育质量保障局（the Quality Assurance Agency for Higher Education，QAA）建立，该机构接替了原高等教育质量委员会的职能，即承担大学教学质量评定与大学质量控制审核工作，并吸收了原高等教育质量委员会的全体

---

① 参见〔荷〕弗兰斯·F. 范富格特主编：《国际高等教育政策比较研究》，王承绪等译，浙江教育出版社 2001 年版，第 373 页。
② 参见郭朝红：《英国高等教育质量保障体系发展述评》，载《教育理论与实践》2007 年第 2 期，第 12—14 页。
③ 同上。
④ 〔英〕路易斯·莫利：《高等教育的质量与权力》，罗慧芳译，北京师范大学出版社 2008 年版，第 17 页。
⑤ 参见田恩舜：《高等教育质量保证模式研究》，华中科技大学 2005 年博士学位论文，第 88 页。

工作人员。同年,威尔士高等教育基金委员会教学质量评定部门的功能也转交给了英国高等教育质量保障局。英国高等教育质量保障局将评定与审核融合起来,强调保障高校的学术质量标准,即后来为人熟知的大学学术质量评估(从学科专业层面和学校质量管理层面进行)。[①]

发展到今天,英国高等教育基金委员会、高等教育质量保障局、政府以及院校间又是什么关系呢?实际上,总的拨款数目还是由中央政府决定,地方政府部门则对如何拨款进行指导并给予拨款单位相应的权力。如在英格兰,政府部门就是教育技术部[②],拨款部门则是英格兰高等教育基金委员会。但是将款项分配到具体的院校则由拨款单位(funding bodies)全权负责。而理论上,作为评估机构的高等教育质量保障局则向高等教育基金委员会和大学负责,因为高等教育基金委员会会根据高等教育质量保障局的评估审核决定如何分配资金。通过下图,我们能对这几者的关系有更直观的认识:

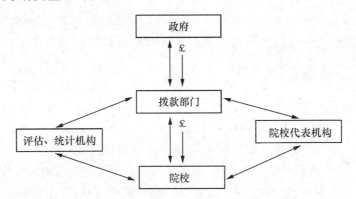

图1-3 政府、评估、统计机构、拨款部门、院校、院校代表机构之间的关系[③]

(图中双向箭头表示机构间的相互负责关系,单向箭头和£ 表示资金流向)

可以发现,在英国高等教育质量保障实践的发展过程中,自1965 年《罗宾斯报告》开始,政府作为质量管理主体的作用在逐步加强,上述政府不断主导全国高等教育质量管理制度变化的过程就是明证。因为"绝大部分基金来源最终来自国库,尽管通过不同的渠道。大部分学生学费由政府偿还,同时政府各部门乃是科研的

---

① 参见郭朝红:《英国高等教育质量保障体系发展述评》,载《教育理论与实践》2007 年第2 期,第12—14 页。

② 此为2005 年时的名称,2007 年改为创新大学技术部(DIUS),2009 年又改为商务创新技能部(BIS)。

③ See HEFCE, Higher Education in the United Kingdom［EB/OL］(2005-02),http://www.hefce.ac.uk/pubs/hefce/2005/05_10/05_10.pdf,2009-08-23.

主要承揽人"①。

2. 政府—社会型

这一类型以法国的高等教育质量管理发展为典型。在法国,高等教育机构有四类——大学、大学校、中等教育的附设机构(包括高级技术员培训班、高等学校预科班等)、医疗辅助和社会性职业培训学校。②

过去,法国一直遵循拿破仑时代高度中央集权的领导系统,政府也牢牢地控制着国家的教育事务。然而,二战后,情况发生了一些转变。第二次世界大战对法国高等教育的破坏极其严重,战后的高等学校到处是一片破败衰微的景象。恢复和发展高等教育已迫在眉睫。③ 至20世纪60年代的高等教育发展的黄金时期,法国高等教育的规模也随着经济的发展而迅速壮大,但高等教育却无法满足经济增长和产业结构调整对人才的需求,因为"高度集中的高等教育管理体制导致法国的高等教育既难以适应科技迅猛发展所造成的产业结构和就业结构的巨大变化,也在很大程度上束缚了地方发展教育事业的积极性和主动性,限制了高等教育大众化的持续发展"④。于是,法国政府逐渐向高等教育质量管理领域引入社会中介力量,希望加强对高校的问责。

自20世纪60年代开始,法国政府陆续颁布了几部旨在鼓励大学自治、扩大高校自主权及提高高等教育质量的法律,包括1968年的《高等教育方向指导法》、1984年的《高等教育法》、1989年的《教育指导法》以及1999年的《创新与研究法》等。⑤ 这些立法在法国高等教育质量保障模式发展的过程中起到了非常大的作用,因为它保障了政府行为的合法性,确保了高等教育质量管理的权威性。

有了法律的保障,法国政府开始改革传统的高等教育质量管理制度,并积极构建新的质量保障体系。其中值得一提的是法国政府引入"合同制"的质量保障方法。

实际上,合同是政府将高等教育权力下放到高校的一种行为。因为上文所述的一系列原因,中央集权式的高等教育管理体制在法国高等教育走向大众化的发展过程中为政府增加了财政上的负担,并且也使政府越来越无法应对来自社会各界对于高等教育的问责,所以急于卸下一部分负担以减轻各方面的压力。于是"合

---

① 〔荷〕弗兰斯·F. 范富格特:《国际高等教育政策比较研究》,王承绪等译,浙江教育出版社2001年版,第382页。

② 参见范文曜、马陆亭:《国际视角下的高等教育质量评估与财政拨款》,教育科学出版社2004年版,第14—15页。

③ 参见杨建生、廖明岚:《法国高等教育质量保障立法及启示》,载《高教论坛》2006年第1期,第174—177页。

④ 同上。

⑤ 同上。

同制"应运而生。"合同"的概念于 1984 年在《高等教育法》中开始出现,目的在于重建高校与政府之间的关系。1989 年之后,合同发挥作用的范围从原来的科学研究领域扩大到大学的各个方面。"合同"的形成是政府与院校协商的结果,合同的形成要经过院校规划阶段与相互磋商阶段,即公立高等院校先进行各方面的自我发展规划,呈交政府,进行几轮磋商,最后双方通过协调达成合同。① 合同到期时,如何判断合同内容是否实现呢? 此时,评估机构"闪亮登场"! 评估机构对大学合同的实施情况以及目标实现程度进行评估,而评估结果会影响到政府对大学的拨款。通过"合同",政府加强了对高等教育机构的问责,同时,高等教育机构的自主权也相应扩大了。

那么在法国有哪些评估机构? 主要职责是什么? 又是如何运作的呢? 法国高等教育质量评估主要包括四个方面:院校评估、学科评估、科研评估、人员评估。院校评估与学科评估由法国国家评估委员会承担;科研评估主要由国家科研机构如法国科研评估委员会和国家科研中心来负责;高等教育行政审查局负责对高等教育行政人员进行评估;法国大学委员会负责对教师进行评估。② 其中国家评估委员会是最重要的一个评估机构,它于 1984 年创立,是一个独立于政府的第三方客观评估机构,但却接受政府的财政拨款,其职责是帮助政府评估拨款产生的效益,进而调整对大学的拨款额度。③ 显然,评估结果影响到政府对高等教育机构的财政拨款。

总体来说,在法国高等教育质量管理的发展过程中,政府主体的作用自始至终都是很强大的。然而,从法国政府引入"合同制"并建立具有中介组织性质的国家评估委员会等举措来看,法国高等教育质量管理正在引入"社会"这一价值主体,并且,趋势越来越明显。

3. 社会—学习者型

美国的高等教育质量管理发展属于这一类型,也是其中的典型。美国向来标榜自己是民主与自由的国度,无论山姆大叔是否表里如一,我们到处都能看到民主的蛛丝马迹,包括在高等教育领域。美国高等教育的质量通过认证(accreditation)与认可(recognition)两种方法得以保障。美国人偏爱通过权力制衡达到民主,而美国的高等教育质量保障模式也秉承这一理念,认证与认可相互制约权力,联邦政府与民间组织、州政府之间相互制约权力。

---

① 参见傅芳:《西欧大陆国家高等教育质量保障中的政府行为研究——以法国、荷兰、瑞典为例》,华东师范大学 2006 年硕士学位论文,第 11 页。

② 同上书,第 13—14 页。

③ 参见范文曜、马陆亭:《国际视角下的高等教育质量评估与财政拨款》,教育科学出版社 2004 年版,第 20 页。

美国的高等教育机构分为公立与私立两部分。联邦政府向来只是间接对院校和学生的特殊目的拨款和资助项目发挥作用，对高等教育的管理并不起直接作用。对于公立院校来说，州政府的问责总是比联邦政府的问责重要，因为美国公立院校接受各州的拨款与管理。同时，庞大的非公立教育部门（包括一半以上的高校，招收全美大约 1/4 的学生）一直保护着自己的独立，通过依靠六个协调松散的地方性自发的认证机构提供公众信任的质量保障。在以上条件下产生的全国质量保障体系包含了一个稳定的"三合一"结构：联邦权力部门、州立机构以及一些运行了许多年未变的自发性认证组织。①

那么，美国高等教育的认证制度从何而来，又为何而来呢？美国的高等教育认证制度起源于 19 世纪末期，当时由于美国历来的放任政策导致了学院、大学对于教学任务、教学规划、课程安排及教学质量的种种不一致。教学质量认证的引入是为了"减少教育机构间不断增大的差异——美国国内一个很怪异的现象——使之达到表面上的协调一致"②。认证制度是从两个方面逐步发展起来的：③一是院校认证，即院校协会为其会员院校制定共同质量标准并代言共同关心的问题；二是专业认证，即由专门职业协会会同该专业领域的教育工作者一起进行的，它为学生进入专门职业界工作之前的预备教育提供质量保障。目前，美国的认证机构可以分为三类，即地区性认证机构、全国性认证机构和专门职业性认证机构。④

正如上文所介绍的，最初，几个认证机构协调松散，它们彼此间不大往来，活动也不受什么监督。到 1949 年，民间才成立了一些协调机构，即我们常说的认可机构，随后联邦政府也成立了相关的认可机构，监督上述认证机构的认证活动。

正如有研究者所指出的那样，美国高等教育认可制度是沿着两条路径发展起来的：⑤一方面，也是首先出现的，是从民间发起的具有自治性质的高等教育认可制度；另一方面是由联邦教育部（U. S. Department of Education，USDE）⑥管辖下的政府性质的高等教育认可制度。从 1989 年开始，联邦政府对各级教育事业起了越来越直接和重要的作用。联邦政府对高等教育事业的越多介入主要出于以下两方

① See Peter T. Ewell, Quality Assurance Processes in U. S. Higher Education: A Brief Review of Current Conditions, The Proceedings of International Conference on Quality Assurance and Evaluation in Higher Education, Beijing, 1996. 胡祖莹、曲恒昌编：《高等教育评估与质量保证：来自五大洲的最新经验与发现》，北京师范大学出版社 1998 年版，第 67—68 页。

② 〔美〕E. 格威狄·博格、金伯利·宾汉·霍尔：《高等教育中的质量与问责》，毛亚庆等译，北京师范大学出版社 2008 年版，第 21 页。

③ 参见田恩舜：《高等教育质量保证模式研究》，华中科技大学 2005 年博士学位论文，第 105 页。

④ 同上书，第 107 页。

⑤ 参见王昕红：《美国高等教育认可制度的演变、结构及权力》，载《清华大学教育研究》2008 年第 6 期，第 85—89 页。

⑥ 20 世纪 80 年代之前称为联邦教育办公室（US Office of Education，USOE）。

面的压力:第一,企业领导越来越担心大学毕业生的知识和技能水平是否能够满足不断变化的工作要求;第二,联邦官员致力于保证高校为学生(或潜在学生)提供精确的"消费者信息"。联邦政府对高等教育的影响在 20 世纪 90 年代初期达到顶峰。但由于 1994 年 11 月的大选,政府的积极参与戛然而止,因为新选出的国会强烈赞同对高校撤销管制,并且对高校提出的保护学术自治的需要表示赞同。①

最终,在两股势力的共同影响下,形成了今天的美国高等教育认可体系,即联邦政府与高等教育机构共同对高等教育认证进行认可的局面。

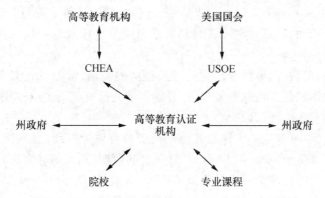

图 1-4　高等教育认可机构、认证机构、州政府、院校之间的复杂关系②

尽管美国高等教育质量的认证与认可均有州或联邦政府的力量参与,但却不难看出,民间力量对于制度的产生起了主导作用。无论是认证还是认可,都是由民间机构首先开始,政府才逐步介入,而非由政府通过立法等手段强制性地进行质量保障的行为。可以说,美国的高等教育质量管理都是从非政府机构的社会中介组织开始的。因此,美国的高等教育质量管理是以社会为主体的。

然而,随着美国高等教育的普及,学习者在高等教育质量管理中的参与热情和积极性开始凸现。美国高校管理特别强调学生服务(student service)的理念,并认为学生有权利参与教学计划的制定和目标规划等事务。此举明确地突出了学生在教学质量管理中的主体地位。在美国高等教育领域,有许多委员会都有学生的参与,一些高校还设立了学生院长、学生助理之类的职位。当涉及高等教育质量管理事宜时,作为委员会成员的学生可以通过委员会或是拥有某些职位的学生可以通

①　See Peter T. Ewell, Quality Assurance Processes in U. S. Higher Education: A Brief Review of Current Conditions, The Proceedings of International Conference on Quality Assurance and Evaluation in Higher Education, Beijing, 1996. 胡祖莹、曲恒昌编:《高等教育评估与质量保证:来自五大洲的最新经验与发现》,北京师范大学出版社 1998 年版,第 68 页。

②　See Judith S. Eaton, Accreditation and Recognition in the United States［EB/OL］(2008-09), http://www. chea. org/pdf/Accreditation_and_Recognition_PP_Nov08. pdf,2009-08-08.

过自己所在的职位"对学校的各种决策进行讨论、审议、建议，并拥有一定的决策权"①。学生参与管理的一个重要组织形式是学生参议院（Student Senate），"它对学术事务拥有一定的管理权力，为学生提供了自我管理的平台和机会"②，在立法方面，美国有些州的法律要求公立高中和大学生代表担任州教育董事会成员。③同时，有许多机构还开展针对学生的问卷调查，如全国学生学习投入调查（national survey of student engagement，NSSE）、大学就读成果调查（collegiate results survey，CRS）、大学生就读经验调查（college student experiences questionnaire，CSEQ）和大学生调查（college student survey，CSS）等，这些从学生视角出发的关于教育教学服务质量的评价活动，就是对学习者在高等教育质量管理过程中的话语权的尊重和落实。

因此，可以说，在高等教育已达到普及程度的美国，学习者在高等教育质量管理过程中的主体地位正在逐渐显现，尽管学习者并没有起到主导作用，但重视学习者这一主体的理念已经深入人心。

除此之外，学习者这一主体在其他的高等教育质量管理发展过程中也有所体现。如法国参议院于 1986 年 10 月 29 日通过的《德瓦凯高等教育法》规定：每个公共高等教育机构的行政管理委员会最多由 60 人组成，其中学生占 15%；该法还规定"大学生参与所在机构的管理。他们享有信息和言论自由；在不破坏教学及科研工作、不扰乱公共秩序的条件下，他们可以行使这一权利"。④ 1997—1999 年颁布的《大学教育改革法》明文规定：改革法国各地区大学和学校事务中心，增加大学生在法国各地区大学和学校事务中心的职位和职能，在学校的管理委员会中增设一名大学生，并建立学生评价教师的制度。⑤ 在英国，也曾开展多项针对大学生的问卷调查，如全国大学生满意度调查（national student survey，NSS）等，从学生角度了解高等教育质量。总之，如图 1-5 所示，学习者已逐步成为高等教育质量管理过程中不可或缺的一部分，在未来随着高等教育的不断发展会被更多地引入各国高等教育质量管理框架之中。

---

① 徐小洲：《自主与制约——高校自主办学政策研究》，浙江教育出版社 2007 年版，第 325 页。
② 同上。
③ 同上书，第 324 页。
④ 参见吕达、周满生：《当代外国教育改革著名文献（德国、法国卷）》，人民教育出版社 2004 年版，第 306—312 页。
⑤ 参见徐小洲：《自主与制约——高校自主办学政策研究》，浙江教育出版社 2007 年版，第 324 页。

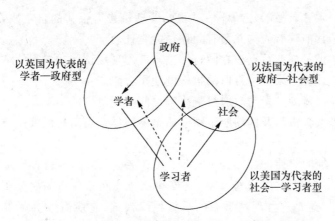

图 1-5　各国高等教育质量管理的三种主要发展类型

（图中实线箭头表示一种主体向以另一种主体为主的高等教育质量管理模式的介入过程,虚线箭头表示学习者这一主体的介入趋势）

第四节　高等教育质量管理的发展趋势

随着高等教育全球化的推进,通过分析各国质量保障模式、质量管理特征以及质量管理影响机制,人们发现高等教育质量管理存在着往相同方向发展的趋势。在质量保障模式方面,各国都在往"多元复合型模式"发展;在质量管理的特征方面,各国都在努力建立多元评价体系,并针对不同的评价主体制定相对应的评价标准等;在质量管理的影响机制方面,各国高等教育质量管理外部环境的影响因素尽管复杂但大致相同,同时各国政府大致通过对高等教育机构进行奖励、改变内部政策和结构、改变高等教育文化这三种方法来保障其质量。

一、质量保障模式的趋同

从以上几类高等教育质量保障模式中可以发现,尽管各国高等教育质量保障模式存在差别,但却在某些方面存在共性。陈玉琨教授将之总结为六条构成高等教育质量保障一般模式的核心要素:①

（1）每一模式都包括了内生要素（intrinsic elements）和外生要素（extrinsic elements）。它们以自我评估、同行评估以及"教学效能核定"或称"问责"的形式表现出来。

---

① 　参见陈玉琨:《高等教育质量保障体系概论》,北京师范大学出版社 2004 年版,第 45—50 页。

（2）高等教育质量的外部评估过程的管理机构有很大的自主权，它们在很大程度上独立于其他政府机构并负有元评估的责任。

（3）日益把关注的重点放在同行评估与应用现场访问或参观的结合上。

（4）关于评价结果的报告以及报告的使用方法。

（5）质量保障的结果与政府投资决策之间可能具有的关系。

（6）高等教育机构及其高层组织在质量保障体系与质量保障过程中的地位与作用。

在这些共性的驱使下，"多元复合型模式"将是未来高等教育管理模式的发展趋势。"多元复合型模式"是指政府、高校和社会共同参与高等教育质量保障的质量管理制度。① 这是一种理想形态的质量保障模式，它能有效协调多元主体的价值需求与价值冲突，在行政力、市场力、学术力之间达成平衡，并实现实质性和工具性目的的统一。② 实际上，在今后的发展中，影响高等教育质量管理的力量不太可能只局限于一种，因为政府不可能完全负担一个庞大的高等教育系统，而高等教育最初的学术自由与自治思想也不可能在短期内销声匿迹，并且"随着高等教育专业化和国际化程度的加深，利益相关者越来越多"③。因此，"多元复合型模式"符合未来的发展趋势。

实际上，随着全球化继续发展和深化，随着国际沟通越来越快捷和便利，高等教育质量管理模式的趋同现象是必然的。不仅质量管理的总体模式趋同，在各国质量管理模式下的质量保障特征、质量保障影响机制也很明显存在趋同现象。

二、特征的趋同

范富格特（F. A. Van Vught）与韦斯特海登（D. F. Westerheijden）1993 年通过研究法国、荷兰与英国高等教育质量保障框架发现了一些共同的特征。在接下来的几年中，许多专家学者，包括弗洛占斯丁（A. I. Vroeijenstijn）、马森（P. A. M. Maassen）、唐纳德森等（J. Donaldson et al）、瓦伦（S. Wahlén）、伍德豪斯（D. Woodhouse）以及哈曼（G. Harman），根据自己的研究结果，在范富格特和韦斯特海登所得研究结果的基础上，增加了许多特征。归纳起来，主要有以下几点：④

① 参见田恩舜：《高等教育质量保证模式研究》，华中科技大学 2005 年博士学位论文，第 76 页。
② 同上书，第 Ⅲ 页。
③ 〔英〕路易斯·莫利：《高等教育的质量与权力》，罗慧芳译，北京师范大学出版社 2008 年版，第 20 页。
④ See David Billing（2004），International Comparisons and Trends in External Quality Assurance of Higher Education：Commonality or Diversity？ *Higher Education*，47（1）：113—137.

（1）有一个国家机构在独立于政府的高等教育机构内协调和支持质量保障。

（2）运用外部同行评议进行高等教育机构的自我评价。

（3）对评价活动公开报导。

（4）外部质量保障的结果与高等教育机构的拨款没有直接的关系。

（5）有效的机构内部质量保障过程。

（6）在表现有效性方面的标准定量数据支持自我评价。

（7）评价课程、学科、系、高校等不同目标不同等级之间的差异。

三、影响机制（mechanism of impact）的趋同

布伦南等人通过对 14 个国家 29 个机构的研究，揭示了高等教育质量保障环境的相同点，包括规模的扩张（例如新院校的建立，现有院校的发展），更多样化（包括院校类型的多样化，课程的多样化，入学学生的多样化）以及资金的减少。该研究同时指出，许多国家的高等教育在资助模式上发生了改变，并且高等教育机构寻找其他资金来源的压力越来越大。这项研究认为，这些改变往往伴随着高等教育机制的改变，并且政府希望通过改变机制来掌控高等教育，通常包括更多的院校自治，更多的竞争和更多的问责。[①]

在环境趋同的情况下，布伦南和沙赫发现高等教育质量保障的影响机制也存在趋同的现象。[②] 他们认为，各国高等教育质量评估的方法不外乎三种，分别为：自我评价、院校质量保障和外部评价报告。各国的质量保障对高等教育机构施加影响的机制也有三种：通过奖励、通过改变内部政策和结构、通过改变高等教育文化。这三种影响机制与三种评估方法相互影响：奖励可能起到公开地评估成果的功能，特别是对总结性判断（数字或其他）的本质，而这些判断也影响着大学资金、名誉、影响力等。不断改变的政策与结构可能是对内部质量评估方法整体模式的回应，而高等院校进行自我重组以回应外部评估的要求。另外，对具体评估报告中所提建议的回应会影响到具体的课程/系科或整个院校的政策和结构变化。自我评估的经验和院校质量评估程序的影响则可能改变文化。从表 1-1 中便可以更直观地看出两者的相互关系：

① See J. Brennan & T. Shah (2000), Quality Assessment and Institutional Change: Experiences from 14 Countries, *Higher Education*, 40(3): 331—349.

② Ibid.

表 1-1　评价方法和影响机制之间的相互关系①

评估方法	影响机制		
	奖励	结构/政策	文化
自我评价			×
院校质量保障		×	×
外部评价报告	×	×	

　　尽管各国的高等教育管理呈现趋同现象，但不可能完全相同，相似中仍然体现了自身的个性。从各国质量管理模式的发展中可以很清晰地看出，不同国家的质量管理模式尽管趋同，尽管在相互学习，但却是有取舍的。在高等院校内部质量管理中，差异之处则更多，因为各个大学或学院的校园管理文化是千差万别的。

第五节　质量管理对高等教育的影响

　　"没有任何一项制度已经达到——或能够达到——所有的标准，部分原因是因为合法、高效和有力的要求可能有矛盾，部分原因是因为参与大学管理的群体之间的利益存在冲突。不同制度服务于不同的目的。对一项管理制度的接受不仅是一种技术上的抉择，而且同样也是一种为谁的利益服务的政治抉择"②。波恩鲍姆（Robert Birnbaum）对于高等教育质量管理的上述看法带有明显的批判性，他认为从高等教育第一次引入企业理性主义的管理制度后，一次又一次高等教育管理制度的更新变化只是高等教育对"时尚"③的一种追逐罢了。从 1960 年的"规划—设计—预算法"到"目标管理"，从"基预算"到"战略规划"，从"标杆管理"到"全面质量管理"再到如今的"企业再造流程"，在近五十年的时间里，高等教育一直在变换着管理制度。经过这一次次的改变，高等教育的质量改善了吗？没有！反而带来了许多负面影响。看来，或许在高等教育领域引入质量管理只能说是各取所需的权力之争罢了。布伦南对比过澳大利亚、丹麦和瑞士的质量保障框架，提出了与波恩鲍姆相似的结论，"关于质量保障的争论常常是高等教育领域有关权力与变革的争论"④。那么，高等教育质量管理究竟带来了哪些不良影响呢？

---

　　① See J. Brennan & T. Shah（2000），Quality Assessment and Institutional Change：Experiences from 14 Countries，*Higher Education*，40（3）：331—349.

　　② 〔美〕罗伯特·波恩鲍姆：《高等教育的管理时尚》，毛亚庆等译，北京师范大学出版社 2008 年版，第 24 页。

　　③ 同上书，第 4 页。

　　④ Cf. David Billing（2004），International Comparisons and Trends in External Quality Assurance of Higher Education：Commonality or Diversity? *Higher Education*，47（1）：113—137.

首先,致使高校优秀人才流失严重。因为高等教育质量保障运动要求顺从、绩效和无休止的规则,这就使得高等教育领域的职业吸引力日益丧失。质量保障被大学教师看做是一个牵制工具,因为它反对各种批评和聪明的创造。① 因此,对于那些正在进行质量保障的单位或个人来说,这很少是一个完全自发的活动。然而,为了"保障质量",权力部门引入不同程度的强制性力量,包括外部机构、大学管理和外部事件。有研究者说得好,人们参与质量保障是因为他们不得不参与其中。② 各种质量保障和评估活动也使得大学教师的许多科研教学的自主性正在遭受侵害。师生关系也遭到了全面质量管理(total quality management, TQM)理念的挑战,学生还是学习的人吗? 教师的责任还是传道授业解惑吗? 或许在教师眼里,"学生是顾客、客户、利益相关者、委托人,或者(实际上)是产出"③;教师呢? 是在传授知识还是在"管理、协调"④,或者只是秉承"顾客至上"的理念为学生提供他们想要的服务。在这样一种强制性的环境下,优秀人才的流失就在所难免。

其次,大学固有的管理文化受到损害。布伦南和沙赫认为,引入外部质量保障弱化了基于学科的大学文化,改变了高等教育内部的权力分配,并将权力从基本单位(如系)转移到了管理、政策和规章制度的院校层面,也增加了外在(社会/经济的)价值,使其超过内在(学术的)价值。⑤ 外在的价值又是什么呢? 当大学被视为一种企业,成为"技术进步的源泉、经济增长的发动机、社会政策的工具和满足顾客需求的机构"⑥,它就增加了社会、经济价值,因为它可以创造价值、拥有经济效益。然而,大学可以被视为企业吗? 这些工具性的观点破坏了大学固有的核心传统——学术自治与自由。不断变革的体制真的能够使大学拥有源源不断的生命力吗? 不能。回顾大学发展的漫长旅程,不难看出,大学就像一列神奇的火车永无尽头地在向前行驶,历史就像火车旁边的风景不断更新,却又不断消逝。为什么大学有这般神奇的力量? 正是因为"它们内在一致性的、使命驱动的价值观已经被其参与者所内化,被其运行的文化确证为重要的"⑦。然而,因为质量管理的引入,大学的管理文化正在受到损害,正如王英杰在"京师高等教育译丛"这套书的总序中所

---

① 参见〔英〕路易斯·莫利:《高等教育的质量与权力》,罗慧芳译,北京师范大学出版社 2008 年版,第 163、167—168 页。

② See J. Brennan & T. Shah (2000), Quality Assessment and Institutional Change: Experiences from 14 Countries, *Higher Education*, 40(3): 331—349.

③ 〔美〕罗伯特·波恩鲍姆:《高等教育的管理时尚》,毛亚庆等译,北京师范大学出版社 2008 年版,第 176 页。

④ 同上。

⑤ Cf. David Billing (2004) International Comparisons and Trends in External Quality Assurance of Higher Education: Commonality or Diversity? *Higher Education*, 47(1): 113—137.

⑥ 〔美〕罗伯特·波恩鲍姆:《高等教育的管理时尚》,毛亚庆等译,北京师范大学出版社 2008 年版,第 172 页。

⑦ 同上。

提到的：大学被商业化，市场规律和竞争法则被不断引入高等教育机构；大学被官僚化，大学管理超越了学术成为应对激烈的市场竞争的主要动力；大学似乎被视为工具，用于满足各利益集团的要求。

质量管理的引入并没有完全解决高等教育发展中的质量问题，因为还牵涉到政府、高校自身、社会制度等一系列因素。更有甚者，若质量管理的手段使用不当，会产生更多的负面效应。然而，没有质量管理也不行，质量的保障在任何地点、任何时间都是有必要的。这就像潘多拉的神奇盒子，当被打开后，它在带给人间各种不幸的同时，也带来了希望。

尽管轰轰烈烈的质量管理把大学搞得乌烟瘴气，但这并不是高等教育质量管理本身的错误，根本的还是在于如何应用质量管理的问题，在于高等教育质量管理各主体间如何理解高等教育的价值、如何理解质量管理的本质。

无论如何，高等教育质量管理在满足多方要求的道路上必然会继续前行，虽然艰难，却仍然会以"路漫漫其修远兮，吾将上下而求索"的精神坚持下去。或许它永远也不能做到皆大欢喜，但至少可以做得更好。

第二章
高等教育质量管理的基本问题

在高等教育质量管理的理论研究和实践探索中,有一些基本问题是无法绕开的。首先,谁来开展高等教育质量管理? 也就是说,高等教育质量管理的主体是谁? 这些主体因何参与高等教育质量管理? 指导其管理行为的宗旨也就是质量管理观又是什么? 其次,为什么要开展质量管理即质量管理的目的是什么? 如何理解高等教育质量管理的目的?

第一节　高等教育质量管理的主体

研究高等教育质量管理,首先要弄清高等教育质量管理的主体。何谓"主体"?《辞海》的解释有以下三种:第一,指事物的主要部分;第二,为属性所依附的实体;第三,是一个哲学名词,同"客体"相对,指"赋有意识和意志的人或思想"。[①]据此,可将高等教育质量管理的主体理解为哲学概念。在《现代汉语词典》中,主体指"有认识和实践能力的人"。[②] 在马克思主义哲学中,主体是人,客体是自然。可见,主体含有以下两层意思:一是主体的基本单位是人;二是活动必须要有目的性。

在高等教育质量管理过程中,管理主体是指管理活动的出发者和执行者。它由两个部分构成:一是根据组织既定目标将目标任务分解为各类管理活动、工作任务和负有最终促成既定目标实现的人,这类人通常是组织的核心人物,或者说是组织的高级领导人员;二是具体执行计划、组织、协调、控制、经营等管理活动的管理

---

① 参见中华书局辞海编辑所修订:《辞海(试行本)(第 1 分册)》,中华书局辞海编辑所 1961 年版,第 3 页。

② 参见中国社会科学院语言研究所词典编辑室:《现代汉语词典》,商务印书馆 2002 年版,第 1643 页。

人员。在现代社会中，处于管理活动中的人由于隶属于不同组织或部门并代表不同的利益群体，于是，主体也可理解为由利益群体所组成的各类组织或机构。

对于高等教育质量管理的主体，不同学者有不同看法，大体可以分成"双主体"说、"三主体"说和"四主体"说等。

"双主体"说认为，高等教育质量管理的主体由内部保障主体和外部保障主体构成。据此，可将高等教育质量管理分为宏观的体制层面和微观的院校层面。持此观点的学者认为，宏观的体制层面也可以称为外部质量保障体系，由国家建立或主导建立；微观的院校层面也可称为院校自我（或内部）保障体系，由各高校自己建立。[①] 这种理解和划分的主要依据是高等院校是否参与质量管理活动。此类观点的特点在于使人们比较容易辨别高等院校在质量管理活动中的主动性与被动性，但同时也无法深入呈现外部质量管理活动中的诸多细节。因为相对于内部质量管理的主体而言，外部质量管理的主体要丰富得多，它其实还可细分为更多主体，如政府、社会中介组织等。

"三主体"说认为，在高等教育质量保障体系中，主要存在着三种力量，即国家、社会和院校。从实然层面看，发达国家高等教育质量的保障模式实际上是依据学校、社会（或市场）、国家三者在评估活动或在质量保障体系、质量保障过程中的不同地位与作用来区分的。从应然层面看，高等教育质量保障体系必须拥有多方的保障主体。因为从高等教育的运行机制看，由于价值取向的不同，高校、政府和市场会产生不同的高等教育质量的观点。[②] 此种观点深受克拉克（Burdon R. Clark）三角协调图的启发和影响。在这里，克拉克所说的学术权威就相当于高校。"三主体"说是目前大多数学者所认同的观点，也可以说是主流观点。但是，随着高等教育的不断发展，克拉克三角图中的三类主体已经很难解释高等教育普及化阶段的实际情况，也就是说，三角图中的三类主体只适合于解释大众高等教育时期的情况。

由此可以看出，不同的主体说实际上有着专属于它的时空环境。"双主体"说适合于解释精英高等教育阶段的情况，"三主体"说适合于解释大众高等教育阶段的情况。那么，普及高等教育阶段又是怎样呢？

有研究指出，高等教育从大众到普及过程中，高等教育质量的话语权发生了变化。从普及化阶段的现实状况来看，学生具备了行使权力的能力和条件。因此，"三角图"变成了"四方图"，高等教育的主体也变成了"四分天下"的局面——政

---

① 参见赵超、白璐：《从评估主体视角出发对高等教育质量保障体系要素、问题的分析》，载《现代教育科学》2006 年第 4 期，第 133—135 页。

② 参见许杰：《发达国家高等教育质量保障主体发展的新趋势及其启示》，载《国家教育行政学院学报》2007 年第 5 期，第 46—50 页。

府、社会、学者、学习者。①

上述分析已经清楚地表明：首先，高等教育质量管理的主体并非一成不变，而是受时空环境的影响；二是高等教育的发展阶段是影响质量管理主体变化的主要因素；三是高等教育质量管理主体多元化已是一个不争的事实。

第二节　基于利益关系人的高等教育质量观

高等教育质量观是指人们在特定的时空条件下对高等教育质量的看法和观点。质量观是质量评价和开展质量管理的基础和前提，它总是与特定的教育价值取向紧密联系在一起。由于有多元的管理主体，相应地也就有多元的价值取向以及多元的质量观。

与此同时，由于不同类型的大学职能与办学重点不同，针对这些不同点，还需要解释不同的利益关系人（或管理主体）各自不同的质量观，于是就可将高等教育质量分为高等学校教学质量、科学研究质量和社会服务质量。②

一、基于政府的高等教育质量观

1. 政治性的教学质量观

这种质量观包括两个方面：一是政府从代表国家需要和民族利益角度出发对教学质量的基本看法和观点，主要是通过国家的一系列有关高等教育的法律、法规和条例体现；二是指政府作为用人单位（或雇主）对教学质量的基本看法，这里的政府实际上指政府部门。高等学校通过教学活动发挥政治职能和公共职能进而满足政府的需要的程度就是政府的教学质量观。此种质量观的主要特征是具有政治性。

2. 竞争性的科学研究质量观

当今各国都将科学研究水平作为国家之间竞争的主要"砝码"。因此，政府主要是从竞争需要的角度来要求和衡量科学研究质量的，竞争性是政府科学研究质量观的主要特征。竞争性的科学研究质量观是基于时代的特征而总结的，也是符合时代需要、国家发展与竞争需要的。

---

① 参见韩映雄、李华萍：《大众到普及过程中高等教育质量话语权的变化》，载《教师教育研究》2009 年第 5 期，第 3 页。

② 相关内容可参见韩映雄：《高等教育质量研究——基于利益关系人的分析》，上海科技教育出版社2003 年版，第 55—204 页。

3. 政治性的社会服务质量观

高等学校要想使政府满意，就必须先要弄清楚政府的需要，然后才能对症下药，有目的地开展社会服务活动，这是保证社会服务质量的前提和基础。因此，是否满足政府作为国家代言人的政治性需要就是社会服务质量的标准之一。政治性是社会服务质量观的主要特征。

二、基于产业界的高等教育质量观

1. 资本性的教学质量观

对于产业界而言，人才是一种生产资本。产业界衡量教学质量的标准就是人才是否满足了他们的需要。因此，产业界的教学质量观主要指人才满足其人力资源需要的程度，产业界的教学质量观的主要特征就是具有资本性。

2. 营利性的科学研究质量观

产业界中的企业等社会组织的根本目的就是获得利润，它们在满足社会需要的同时就是要营利。产业界投资科学研究，获得生产需要的专门技术和成果，由此带来生产或经营中的利润。因此可以说，产业界把科学研究当做投资并能够营利的行为来对待，其质量观的主要特征是具有营利性。

3. 契约性的社会服务质量观

产业界为了追求利润与高等学校合作并直接与高等学校签订合同。高等学校可以依照合同，有的放矢地针对产业界的需要开展服务活动，就此，产业界与高等学校之间实际上就是一种契约关系。因此，社会服务质量观的主要特征就是具有契约性。

三、基于学者的高等教育质量观

1. 职业性或目标性的教学质量观

学者们的教学质量观往往是多样的，既包括出于职业需要的职业性的教学质量观（指学习者能够像学者们一样具有渊博的知识和素养），也包括出于教学目标需要的目标性的教学质量观（指学习者能够完全符合学校的专业培养目标）。

2. 专业性的科学研究质量观

学者是科学研究的直接承担人，是知识的"操纵者"。他们首先是将科学研究视为一种专业，因此专业性是学者科学研究质量观的主要特征。

3. 检验性的社会服务质量观

学者的需要包括两个方面：一是想通过社会服务活动来检验他们的发现是否具有价值或者是否正确；二是社会责任的需要。因此，学者的社会服务质量观就是指通过社会服务活动满足他们检验知识价值性或正确性的需要及满足社会责任的需要的充分程度。

四、基于学习者的高等教育质量观

1. 适合性的教学质量观

这种质量观是指以学习者为主体,以学习者在教学过程中的所有学习活动适合自己的需要为原则,以使学习者获得适合个体发展为目的,从而实现个体价值的质量观。

2. 方法性的科学研究质量观

对学习者而言,他们的主要需要在于科学研究方法方面。高等学校的科学研究恰恰有条件在这方面给予学习者帮助,能够满足学习者这方面的需要。因此,方法性是学习者科学研究质量观的主要特征。

3. 参与性的社会服务质量观

学习者是社会服务的参与者之一,学习者在参与过程中的需要是直接经验的获得,学习者的社会服务质量观主要指通过社会服务满足学习者获得直接经验的需要的充分程度。与学习者的社会服务观相比较,学习者的社会服务质量观对学校的社会服务质量观的影响相对较小。

第三节 高等教育质量管理的目的

"目的"一词在《现代汉语词典》中的解释是"想要达到的地点或境地,想要得到的结果"[①],在工商企业管理中,有时也可理解为是一种愿望、宗旨或使命。相应地,高等教育质量管理的目的就是指高等教育质量管理所要达到的预期结果。结合当前的客观需要和高等教育发展的实际情况,这个预期结果就是高等教育质量的提高。

但是,仅仅将其理解为笼统的高等教育质量的提高不能满足管理活动的需要,还有必要对高等教育目的进行更为细致的分析。

有学者借助于管理学中有关目的的理解和阐述,将高等教育质量管理的目的分为实质性目的和工具性目的。实质性目的是指高等教育质量的改进。工具性目的则指绩效责任、用户信息和决策。绩效责任是指高等教育要对社会、政府、学生、雇主和学术同行等利益关系人或管理主体负责;用户信息是指必须实现信息对称,使高等教育的当前及潜在的用户(包括学生、家长、雇主等)能够及时、准确地了解

---

① 中国社会科学院语言研究所词典编辑室:《现代汉语词典》,商务印书馆 2000 年版,第 904 页。

与掌握高等教育质量信息。决策则指评估者根据既定的目标和质量标准，收集被评估对象的相关信息资料，用一定的手段进行选择和处理信息并将处理结果与有关标准进行对比分析，从而对高等教育机构和有关学科专业的办学条件、办学水平、教育质量合格与否、发展程度高低以及办学状态优劣等作出价值判断。①

也有学者从质量保障的主体角度出发，认为高等教育质量管理的目的在于使高等教育有效地满足社会和个人的发展需求。② 对社会公众和学生来说，一方面，他们需要高等学校提供高质量的教育服务，使他们能够在激烈的社会竞争中处于有利地位；另一方面，他们要确认自己对高等教育的投入是否得到了有效使用，是否"物有所值"。因此，高等教育质量保障就成为保护社会公众和消费者利益的有效手段。

除了上述各种目的之外，高等教育质量管理还会产生一些非预期目的。这其中，既有积极作用的，也有负面的或消极作用的。比如，高等学校内部质量保障体系的建立会帮助维护学术自由和自治，这一非预期目的就是具有积极作用的。有关消极作用的非预期目的将在下文作专门讨论。

对目的的细致分析也可理解为是将目的分解为可操作的目标体系的过程。正如德鲁克（Peter F. Drucker）所说的"应努力把有关企业宗旨和使命的基本定义转化成各种目标，否则，它们依旧是永远不会产生成果的构想、良好的愿望和漂亮的警句。目标必须有可操作性，即必须能够转化为具体的小目标和具体的工作安排；同时，目标还必须能够成为工作和工作成就的基础和激励因素"③。

也有学者认为，"目标是目的或宗旨的具体化，它是指个人或组织根据自身的需求而提出的在一定时期内经过努力要达到的预期效果。目标能够为管理决策确立方向，并可作为标准用以衡量实际的成效。目标具有多样化、层次性、网络化的特点。目标还具有不同的类型，如主要目标和次要目标、控制性目标和突破性目标、长期目标和短期目标、明确目标和模糊目标、定量目标和定性目标等"④。

在高等教育质量管理中，提高高等教育质量是我们良好的愿望。但仅有愿望是远远不够的，也需要将其拆解为许多具体的可执行的目标。

例如，为了提高高等教育质量，我国教育部于2007年1月发布了"高等学校本科教学质量与教学改革工程"（简称"质量工程"）。"质量工程"是继"211工程"、"985工程"和"国家示范性高等职业院校建设计划"之后我国在高等教育领域实施的又一项重要工程，是新时期深化本科教学改革，提高本科教学质量的重大

① 参见田恩舜：《高等教育质量保证模式研究》，华中科技大学2005年博士学位论文，第23页。
② 参见史秋衡、余舰等：《高等教育评估》，贵州教育出版社2004年版，第200—201页。
③ 〔美〕彼得·德鲁克：《管理：使命、责任、实务（使命篇）》，王永贵译，机械工业出版社2006年版，第103页。
④ 吴照云等：《管理学通论》，中国社会科学出版社2007年版，第109—111页。

举措。该工程的总体建设目标是:通过质量工程的实施,使高等学校教学质量得到提高,高等教育规模、结构、质量、效益协调发展和可持续发展的机制基本形成;人才培养模式改革取得突破,学生的实践能力和创新精神显著增强;教师队伍整体素质进一步提高,科技创新和人才培养的结合更加紧密;高等学校管理制度更加健全;高等教育在落实科教兴国和人才强国战略,建设创新型国家,构建社会主义和谐社会中的作用得到更好的发挥,基本适应我国经济社会发展的需要。

可以看出,上述表述尽管比笼统地使用"提高高等教育质量"这句话要具体多了,但依然有一些目标是很难作为标准来衡量和评估的。例如,如何判断"高等教育规模、结构、质量、效益协调发展和可持续发展的机制基本形成"这一建设目标呢? 正因如此,政府又根据上述总体建设目标,对"质量工程"制定具体的九大基本目标,包括信息化手段与技术在人才培养中广泛应用,改变现有人才培养模式,实现课程、图书、实验设备等优质资源的全国共享;初步实现专业设置和社会需求的互动,建立专业设置预测系统;通过开展自主学习、研究性学习和对实践教学改革,提高学生的学习和研究兴趣,培养学生动手能力和创新精神;用信息技术实施英语教学,4 年后使 60% 以上的大学本科毕业生解决英语听说问题;推进各种科技和有益健康的体育协会、俱乐部活动,建设和谐校园,培养学生的社会主义人文精神和创新精神;建设一批教学团队,完善教授上讲台的政策机制;初步建立用于网络教育的公共服务体系,打通普通本科教育和网络教育的课程体系;不断完善高等学校教学质量定期评估制度,改进评估手段和方法;通过对口支援,为西部高校培养师资和教学管理干部,促进高等教育的协调发展。

第四节　高等教育质量管理的非预期目的

质量问题在我国当代高等教育发展与改革中注定要成为一个重大而又棘手的课题。说其重大,是因为关于质量下降的责难或担忧在新中国成立后的 60 年时间里从未像今天如此强烈。言其棘手,是因为尽管政府和高校采取了许多有助于提高质量的措施和手段,但目前尚未有足够可信的证据表明质量问题已经得到妥善解决。相反,一些有可能危及质量的影响因素却越加突显,如学术生态的恶化等。其实,在高等教育发展中出现质量问题本是一个合乎教育发展规律的正常现象。因为在几乎所有国家,教育规模的急速扩张都会影响质量。问题的关键并不在于是否出现质量问题,而是如何及时有效地处理和解决质量问题。

从国家或政府的角度看,在出现质量问题时,都或多或少地出台了一些有关质量管理的政策。这些政策的初衷毫无疑问都是为了保障质量或提升质量,但事实上，是否真的实现了政策目标呢？对这个问题的回答就涉及政策分析。政策分析是近年来在学术界逐渐兴起的一个较新的研究领域，高等教育领域的政策分析更是一个相对热门的研究领域。政策分析的关键在于研究方法与内容的选择。在分析方法方面，可分为经验式研究方法、评估式研究方法和规范式研究方法。① 在内容方面，蔡瑜琢在引用格尼兹卡观点的基础上，提出政策分析的内容包括政策问题、政策目标、政策规范、政策工具、政策联系及政策执行六个方面。②

基于此，本书拟以经国务院批准，教育部、财政部联合下发的《关于实施高等学校本科教学质量与教学改革工程的意见》为研究对象，运用评估式研究方法分析该政策目标的合理性以及在实施过程中出现的"非预期效应"，即非预期目标。③

一、目标多重

"质量工程"的建设目标共有九个方面，涉及学生学习兴趣、学生创新精神、专业设置预测、信息技术应用、课程体系共享、教学团队、教学质量评估以及西部支援等。④

值得肯定的是，上述建设目标涵盖了人才培养工作的主要环节，既包括学生、教师，又注意到了专业设置、课程教学以及评估。可以说，这些目标包含了目前人们所发现的影响人才培养质量的主要因素。但遗憾的是，该政策却并没有交代这些目标之间的主次关系。换句话说，该政策尚未清楚地指明主要目标、次要目标以及目标之间的层次关系。这个问题可以说是该政策目标的最大缺陷。当一项政策带有多重目标时，政策执行的结果将很难保证，与此同时，还会衍生许多预期外目标。因为太多目标往往使人要么无所适从、要么随意选择个别目标。

事实上，人们对"质量工程"的期待是借此提高高等教育质量，特别是人才培养质量。因此，提高高等教育质量才应该是该政策的根本目标。可惜的是，这个目标似乎只是人们观念中的一个目标，它游离于政策文本之外作为"潜目标"而存在。正因如此，在政策实施中，人们往往只是紧盯上述九个方面的目标而建设，有些时候全然忘记了这些建设方面的真正价值和用意。

导致上述多重目标的根本原因是在该政策出台时，决策者并没有完全把握当前高等教育质量问题的症结所在。这也说明，决策者对政策环境的分析不够准确和客观。在该政策酝酿和出台时，至少有两种观点在决策者的头脑中交织着。一种观点认为，办学条件不足，专业设置及培养目标与社会需要脱节，教授不上课，高

---

① 参见蔡瑜琢：《高等教育政策分析方法研究》，载《高等工程教育研究》2004 年第 4 期，第 47—51 页。
② 同上。
③ 本节相关内容参见韩映雄：《我国高等教育"质量工程"政策目标分析》，载《复旦教育论坛》2009 年第 5 期，第 19—21 页。
④ 参见高思：《"质量工程"：提高高校本科教学质量重大举措》，载《中国教育报》2007 年 1 月 26 日。

等教育质量还不能完全适应经济社会发展的需要,毕业生就业压力大等问题和矛盾是该政策出台的主要外部环境。① 另一种观点认为,高等教育质量是有保证的,总体情况是好的,主要问题是教学投入严重不足,教学管理相当薄弱,教学改革亟待深入。② 这三个问题才是实施"质量工程"的主要动因和环境因素。上述两种观点除了关于高等教育质量的判断不一致之外,对高等教育领域存在的问题和困难的判断也明显不同。可见,"质量工程"政策实际上是建立在对环境的多种不一致看法基础上的产物。相应地,也就出现了文本中所描述的多种政策目标。

二、目标偏差

"质量工程"实施两年多以来,教育行政主管部门以及参与建设的高等院校都特别重视资金投入以及项目的建设数量,体现这两个方面建设成就的主要指标无非就是数字。但是,这些数字背后是否隐含着质量提高呢? 似乎没有人愿意仔细去论证它们之间的逻辑性,或者说,包括决策者在内的很多人本来就认为投入增加一定会提高质量。可事实并非如此简单,投入与质量提高之间并没有明显的线性关系。增加投入一定会提高质量的逻辑仅仅能用来帮助决策者制造并渲染有利于政策实施的舆论氛围。事实上,办学条件的改善充其量只能阻止或减缓质量的下滑,也就是说,如果不改善办学条件,质量肯定会下降或停滞不前。但是,办学条件的改善是否一定能够促进质量提高呢? 纳依曼的研究表明,由数量增长带来的投资危机仅仅是高等教育快速发展进程中的一种危机,除此之外,还有高等教育目的危机以及大学与社会关系危机。其中,后两个危机才是所有危机的根源。③ 因此,客观地说,"质量工程"的最大贡献在于使质量不再下滑或原位停滞,但在提高质量的效果方面却并不令人满意。

严格地说,政府基于办学条件改善的投入并不能作为质量管理措施,因为这本来就是政府该负责的事务。特别在像我国这样的以公立院校为主体的高等教育体系中,增加投入用于改善办学条件的做法与其说是管理质量,倒不如说是政府在为过快的高等教育规模扩张支付拖欠的"账单"。由此可以说,政府将其作为质量管理工具的选择并不是十分妥当的。

1. 非预期目标之一:资金崇拜症

"质量工程"建设计划包括专业结构调整与认证、课程教材建设与资源共享、实践教学与人才培养模式改革创新、教学团队与高水平教师队伍建设、教学评估与

---

① 参见高思:《"质量工程":提高高校本科教学质量重大举措》,载《中国教育报》2007 年 1 月 26 日。

② 参见周济:《实施"质量工程",贯彻"2 号文件",全面提高高等教育质量》,载《教育部通报》2007 年 2 月 28 日第 3 版。

③ 参见〔前南斯拉夫〕德拉高尔朱布·纳依曼:《世界高等教育探讨》,令华译,教育科学出版社 1982 年版,第 20 页。

教学基本数据监控等具体项目。除此之外，还有许多由地方政府出资的类似建设项目。上述建设计划给高等院校带来的明显变化是极大地改善了办学条件并增加了有关教学的研发经费。可是，也使院校将提高质量的"兴奋点"集中到是否获得上述建设项目的立项目标上，而至于究竟建设得怎样以及到底是否真正有助于教学质量提高倒成为次要目标。院校之所以对立项如此热心，缘于上述立项数据恰恰是目前教育行政部门衡量学校办学水平的重要参考指标。再则，获得立项还可以有相当数额的资金收入。因此，可以说，这些建设计划无非就是给政府资金投入设立一个载体，以便于给不同院校进行拨款。站在教育系统内部说，基于各种计划和项目的建设策略不失为一种从财政获取资金的明智之举。但是，当这些资金到达教育行政部门的掌控之后，现行的建设办法却并非是提高质量的良策。

一个明显的事实是，现行的竞争规则很明显有利于那些进入"985"和"211"工程建设行列的重点大学，也就是说，并不是所有院校都均等地获得改善办学条件的机会，受惠面依然是一部分院校。尽管中央政府希望借此发挥示范效应和引领作用，但实质上就是经济改革中"一部分先富起来"的思路在高等教育领域的翻版，示范和引领的作用表现并不突出。于是，就自然形成了高等院校教学投入上的"马太效应"。再则，对于一些参与政府各项建设计划的少数大学而言，建设项目以及经费如同富翁的财富一样——一种数字记录而已，项目和经费本身的刺激和激励作用已经消失殆尽。之所以这些大学仍然乐此不疲地参与竞争，只不过是它们在竞争潮流中的好胜心在作怪罢了！

上述问题是现行政策的固有缺陷，不从根本上改变现行政策，实现质量提高的目标将更遥远。在目前的政策中，政府一方面对资金在质量提高中的价值抱有太大的期望，另一方面忽视了院校在质量提高中的主体地位。因为资金的强有力吸引，院校不但没有意识增强在质量提高中的责任意识和主观能动性，相反成了资金的"奴隶"或是被资金"绑架"。

2. 非预期目标之二：叠加效应

尽管没有基于系统翔实的统计数据的专门研究文献，但从"质量工程"的各种项目的立项表中便可发现，这些项目的负责人、获奖人大多是学科领域的知名学者、各种人才计划的承担者，或是高等院校的校级领导及职能部门领导（教学成果奖在这方面尤其明显）。这就很容易使人产生这样的误解：好的研究者就是好的教师，或者说研究质量与教学质量之间有很高的相关性。关于这个问题，美国诸多学者早在上世纪90年代就曾经作过多项研究，他们至今并未找到研究水平与教学水平之间高度相关的足够证据。与此同时，在院校内部，上述各种计划和建设项目往往集中在为数不多的一些学科领域，这些学科要么是各级重点建设学科，要么是依托于重点建设或研究基地，均是列入研究或学科建设领域的重点建设行列的。当然,造成这种现象的原因与申报和评价制度有关,如有些项目要求申请者必须是何种职位或曾承担何种项目等。如此态势貌似一幅教学与科研相辅相成的欣欣向荣景象,实则反映了立项评估标准或程序的偏差。

于是,一方面,一些教授因不断增加新项目而疲于应付,甚至因疏忽而导致学术失范;另一方面,一些刚入行的年轻人却只能"望项兴叹",对他们来说,出路只有两条,要么参与到大教授的课题中充当廉价的高级研究技工,要么在一边"默默地承受孤独"。当然,这不是我国所特有的现象,当今的学术界就是这么残酷,因为学术成长就是大浪淘沙的过程。

"叠加效应"所带来的后果具有两面性。对一所具体的院校来说,如果重点建设的学科选择得当,则有可能会提升该所学校的研究水平或是教学质量。反过来,如果选择不妥,后果便可想而知了。

3. 非预期目标之三:抗生素效应

政府对待质量问题就像有些医生治病一样,头疼医头、脚疼医脚。医生治病的杀手锏是抗生素,政府对待质量的杀手锏就是设立名目繁多的建设计划。这种思路看起来解决了眼前的问题,但过一段时间,老毛病还会重犯。于是,医生只有使用更大剂量或是更先进的抗生素方可解决问题,政府只有投入更多的资金设立更多的建设计划和项目,如此周而复始。久而久之,病人的肌体免疫力更弱,院校的质量问题更多,这就是典型的"抗生素效应"。究其原因,是因为抗生素治标不治本,滥用可能会导致无药可用的下场。同理,太多的建设计划和项目只会导致各种计划的名称十分雷同或接近,以至于很难区分。

事实上,质量问题并不是孤立存在的,它更多地是由系统固有的弊端所引起的。以课程为例,课程质量不高仅仅是表面现象,是问题的表现形式。但引起此问题的根本原因则是教师管理制度的偏差或不当,是现行的教师评价政策并不鼓励教师努力提高课程质量,因为好的教学并不能保证教师肯定能成为教授。就此问题而言,改革的关键点在于教师评价制度,而不是拼命投入资金以增加课程建设项目。因此,在解决质量问题上,如果没有找到问题的症结,投入再多的资金也无济于事。

最后有必要指出的是,或许政府尚未完全掌握院校在"质量工程"建设中的真实想法和相关信息,也或许大学给政府提供的是放大的建设效应。不管怎样,质量管理已经处在高等教育发展的十字路口,当该系统科学地评估现行政策以便为未来的改革奠定有效的决策基础。

第五节　与高等教育质量管理相关的其他概念

早在"质量管理"一词出现之前，人们已经开始了对高等教育质量管理的实践探索和理论研究。学者们使用过很多与质量管理相关的称谓或词语，如"质量保证"、"质量保障"、"质量评估"等，这些词语其实都是质量管理大家族的成员。在"质量管理"一词出现并被人们取得共识之前（事实上目前尚未取得共识或正在发展中），这些概念在不同时代或地区曾经深入人心。因此有必要对这些概念进行梳理并对他们进行异同比较。①

一、质量保证（quality assurance）

"质量保证"是一个含义广泛的术语（很多学者有时将它与"质量保障"不作区别），它不仅包括质量评估，还包括其他所有用来改善和提高教育质量的活动。它作为一项专门管理活动是从 19 世纪末的工业生产开始的。英国国家学位委员会认为，质量保证是指成功地实施一整套多种多样的程序来帮助确定一门课程的标准是否达到或已经超过了国家所要求的最低水平。它表明为全体在校生保持和提高学术标准以及培育合适的学术环境确立必要的质量保证机制的重要性。② 质量保证在 ISO8402：1994 中的定义是"指为了提供足够的信任表明实体能够满足质量要求而在质量体系中实施并根据需要进行证实的全部有计划和有系统的活动"③。对于高等教育质量保证，英国学者格林（Diana Green）认为：高等教育的质量保证是指特定的组织根据一套质量标准体系，按照一定程序，对高校的教育质量进行控制、审核和评估，并向学生和社会相关人士保证高等教育的质量，提供有关高等教育质量的信息，其基本理念是对学生和社会负责、保持和提高高校的教育质量水平、促进高等教育整体发展。而高等教育质量保证活动是以高等教育机构的自我评价为基础，由高等教育质量保证机构组织同行专家对高等教育机构或者专业等进行质量审计和评价的活动。其功能在于组织有关教育管理的各种活动，对教育

---

① 本节相关内容参见仲雪梅：《与高等教育质量管理相关的若干概念辨析》，载《现代教育管理》2010 年第 4 期，第 8—10 页。

② 参见孙金玉：《高等教育质量相关概念的阐释及质量保证》，载《经济与社会发展》2007 年第 1 期，第 206—208 页。

③ 李铁男：《ISO8402-1994 质量管理和质量保证——词汇（2）》，载《工程质量》1995 年第 3 期，第 37—40 页。

质量作出评价,及时反馈评价信息,从而保证有关部门进行准确调控。[1] 高等教育质量保证包括了旨在确保维持并提高教育供应质量的所有政策、系统和过程,质量保证的落实与全员参与密切相关,它包括如下几个具体方面:单位中的每个人都对维持产品或服务的质量负有责任;单位中的每个人都对提高产品或服务的质量负有责任;单位中的每个人都理解、利用并感到维持和提高质量的体系的存在;管理层(有时是消费者或顾客)定期地检查质量保证系统的合理性和可行性;将"单位"理解为高等学校时,学校就成为一个由致力于持续的质量提高并为之作出贡献的学生、教师、教辅人员和高级管理者所组成的自我批评的社团,认真地履行质量保证。[2] 根据质量保证的主体不同,高等教育质量保证体系可以分为内部保证和外部保证两个子体系。高等教育质量的内部保证体系是指高等教育机构内部为了实施连续有效的质量管理、质量控制和自我评估所建立的管理体系,主要负责高等教育机构内部的质量保证活动。高等教育质量的外部保证体系则是指在高等学校自我评估的基础上,由高等学校以外的全国性或区域性的高等教育质量保证机构(其成员包括高等教育界与高等教育界之外的专家)对高等学校所进行的质量审计、质量评估和社会评价活动。高等教育质量的外部和内部保证体系结合起来,以内为主,以外促内,内外并举,共同实现对高等教育质量予以保证的功能。[3]

二、质量控制(quality control)

质量控制在 ISO8402:1994 中的定义是指"为达到质量要求所采取的作业技术和活动"[4],其目的在于监视过程并使过程处于受控状态,对形成产品质量的所有阶段进行控制,消除导致不满意的因素。这里的"作业技术和活动"是为了达到质量要求所采取的,而不是指组织中所有的作业技术和活动。英国政府 1981 年的《高等教育白皮书》将质量控制界说为"大学内部为维护和提高教育质量而实施的管理过程"。这种说法看起来表述得很全面,但容易和"质量保证"一词有所混淆。此外,有的学者还作了这样的总结:质量控制是最早的质量观念,意义为找出或去除未达标准的产品成分或最终产品。它重视的是找出并去除有缺陷的项目,检验和测试是质量控制最普遍的方法,此方法在教育中被广泛使用,以决定是否达到标

---

① See Diana Green, What is Quality in Higher Education, *The Society for Research into Higher Education*, 1994, pp.3—21.

② 参见赵中建:《高等教育全面质量管理的概念框架》,载《外国教育资料》1997 年第 5 期,第 37—42 页。

③ 参见韦洪涛:《高等教育质量评价与保证体系研究》,吉林人民出版社 2006 年版,第 175—176 页。

④ 李铁男:《ISO8402-1994 质量管理和质量保证——词汇(2)》,载《工程质量》1995 年第 3 期,第 37—40 页。

准。① 质量控制强调事先控制因为任何教育质量问题都是在教育投入和教育过程中逐步形成的，如果对一些异常因素、消极因素在过程的形成中不加以排除，必然会在教育的最终环节中表现出来，因此，只有对提供教育的"过程"进行有效的控制，才能最终取得对教育的"结果"进行有效控制的目的；另一方面，教育质量同产品质量不同，产品质量不合格可以返修、重新制造，而教育质量具有不可逆性，所以重视对教育投入和教育过程的事先控制就显得更为重要。②

三、质量审核（quality audit）

审核是指对某项工作进行独立的审查，即由与被审核者无直接责任关系、具有相应资格的人进行的一种检查活动。在 ISO 9000:2000 标准中，审核的定义是"为获得审核证据并对其进行客观的评价，以确定满足审核准则的程度所进行的系统的、独立的并形成文件的过程"③。高等教育质量管理中的质量审核是指国家和社会对高校的质量活动及结果是否符合计划安排，以及安排是否有效实施并达到预定目标进行的系统而独立的检查过程。④ 由此可知，高等学校的质量保证和质量控制的过程是否合适、其运作是否合理，主要是通过校外的某种机构进行检查的，这种检查就是质量审核。它的重点不是评估高校的教育质量，而是评估高校内部质量保障机制的有效性。质量审核一般包括审核准备、短期访问、审核访问和发布审核报告等环节。⑤ 高等教育中质量审核的引入，首推英国上世纪 90 年代初的高等教育改革。英国大学副校长委员会在 1990 年组建了由学术专家组成的"学术审核单位"，负责对大学为实现其既定目标而用来检查和提高其学术标准的方法和技术活动进行评审，对大学维持其教育质量的程度及其在实践中的应用情况进行评审，并对各校现存的校外检查系统的作用进行评审。⑥

四、质量认证（quality certification）

"认证"在 ISO/IEC 指南 2-1991《标准化、认证与实验室认可的一般术语及其定义》中是指"第三方依据程序对产品、过程或服务符合规定的要求给予书面保证（合格证书）"。习惯上把认证所包含的产品质量认证和质量管理体系认证通称为

---

① 参见叶俊超：《构建研究型大学全面教育质量管理体系初探》，浙江大学 2008 年硕士学位论文，第 46 页。
② 参见王东：《高等教育质量控制初探》，载《吉林工商学院学报》2008 年第 11 期，第 80—83 页。
③ 龚益鸣：《现代质量管理学（第二版）》，清华大学出版社 2007 年版，第 72 页。
④ 参见熊志翔等：《本科院校质量保障体系研究》，广东高等教育出版社 2008 年版，第 42 页。
⑤ 同上。
⑥ 参见赵中建：《高等教育全面质量管理的概念框架》，载《外国教育资料》1997 年第 5 期，第 37—42 页。

"质量认证"。① 在高等教育质量管理中,认证亦称"鉴定"、"鉴认"或"判定",是一种以院校自我评估和同行评价为基础,以满足公众问责和提高教育质量为目的的保障活动,旨在通过对学校整体办学水平和学科专业水平是否达到某种合格标准的确认,使它们有资格得到学生、社会和政府的信任。认证主要由政府的或非政府的认证机构负责进行,非政府的认证活动以美国最为典型,主要特点是:认证标准由院校和认证机构共同制定;认证程序主要包括院校自我评价、认证小组实地考察和委员会评判三个方面;认证活动属自愿、非政府性活动,不介入学校管理与运作。认证统筹了大学的自主与自律,政府的作用主要体现在对认证机构的认可上。② 虽然该术语最早出现在美国,但是过去几年其主要观念已被专业协会和国际政府机构所采用,它可以是针对某一门课程、某课程培养计划或某一项新的改革方案进行的,但主要是针对一所学校或学校内的某专业进行的;认证的结果将使被评价对象按某些公认的或约定的标准获得认可,也可以有其他的结果,例如"不合格"等,这种认证一般由教育主管部门进行,也可以由校际协会或协作组织进行。③

五、质量评估(quality assessment)

在工商企业的质量管理中,并无质量评估一说。但在高等教育中,质量评估是存在的,而且近年来已经日显重要,这在英国的高等教育改革中尤为突出。早期的质量评估是指对学校的教育质量所作的外部评价,其基本特点有二:一是质量评估的标准是外来的;二是评估必须主要由校外人士实施。④ 现在的质量评估是指国家、社会或高校对学校教育教学水平以及学科专业课程质量的估量性价值判断。按评估主体不同,有政府主导的评估和元评估,社会主导的以认证和排行榜为特色的评估,学校主导的自我评估。根据欧盟的经验,质量评估一般包含四个元素:国家评估机构及其评估步骤和方法的制定,学校依据这些步骤和方法的自我评估,同行专家的实地考察,公布评估报告以帮助学校改进教学科研质量,有的国家和地区还将评估结果与财政支持挂钩。⑤ 英国曾经设立的质量评估委员会就是专门向高等教育基金委员会提供立法咨询的机构。德国、美国、日本、法国等西方发达国家亦有类似评估机构。但是,各国都认为,质量评估不应仅仅与抉择基金相联系,评

---

① 参见李钧:《质量管理学》,华东师范大学出版社 2006 年版,第 123 页。

② 参见熊志翔等:《本科院校质量保障体系研究》,广东高等教育出版社 2008 年版,第 41 页。

③ 参见李兵:《国际比较视野中的高等教育质量评估与保障问题研究》,华东师范大学 2004 年硕士学位论文,第 5—7 页。

④ 参见赵中建:《高等教育全面质量管理的概念框架》,载《外国教育资料》1997 年第 5 期,第 37—42 页。

⑤ 参见〔美〕约翰·布伦南、特拉·沙赫:《高等教育质量管理——一个关于高等院校评估和改革的国际性观点》,陆爱华等译,华东师范大学出版社 2005 年版,第 59 页。

估报告与经费决定之间不应建立呆板的直接关系。因为任何这样的关系都隐喻评估是进入经费决策的唯一因素，并在二者之间形成简单的线性关系。质量评估还可用于其他目的，譬如，澳大利亚建立了学术标准机构，在每个大学许多学科领域（如物理、历史、心理、计算机科学）评议其课程，检测并定级统计。[①]

六、相关概念的异同比较

通过以上的概念阐述可以看出，质量保证和质量控制都有校内机构参与其中，而质量审核和质量认证则是由校外机构负责。表 2-1 是从主体、时间、对象、目的和行为等各个维度对这些概念所作的比较。在质量管理中，质量保证和质量控制都是高校为了建立高等教育质量保证内部体系所作的努力，它们的最终目的都是维持并提高高等教育的质量。在时间和管理对象上，这两个概念也有相似之处。在时间维度上，质量保证和质量控制贯穿于质量管理的全过程，尤其是质量管理的事前和事中。质量保证就是要在事前预防错误的发生，质量控制是在质量管理的过程中，监视管理过程并使整个活动处于受控状态。在管理的对象上，质量保证和质量控制针对的都是高等教育系统，并需要对其进行全部有计划、有系统的作业和活动。

表 2-1   与质量管理相关的若干概念比较

概念	主体	时间	对象	目的	行为
质量保证	内部：高校 外部：政府、社会	质量管理全过程	高等教育系统	确保维持并提高高等教育质量	实施需要证实的全部有计划和有系统的活动
质量控制	高校	质量管理全过程	高等教育系统	监视过程并使过程处于受控状态，以提高高等教育质量	为提高教育质量而实施的作业技术和活动
质量审核	主要为校外机构	质量管理后期	高等教育系统	检查质量保证和质量控制的过程是否合适、其运作是否合理	对质量保证系统进行审核，不涉及具体项目，审核结束后给予改进建议

①   参见李兵：《国际比较视野中的高等教育质量评估与保障问题研究》，华东师范大学 2004 年硕士学位论文，第 5—7 页。

（续表）

概念	主体	时间	对象	目的	行为
质量评估	政府、社会或高校	质量管理后期	高校或学科	评估教育质量，促进质量改进	针对学校或专业进行评估，具有价值判断作用
质量认证	主要是非政府的第三方机构	院校周期 10 年；专业认证周期 5—7 年	院校或专业	确保高等教育基本的质量达到社会可接受水平，确保院校或专业获得联邦资助	评估学校和专业的质量，并向公众公布获得认证的院校和专业的名单

把质量审核和质量评估这两个概念放在一起时，往往会引起人们的混淆，这里需要作一下区分。质量审核的目的是检查质量保证和质量控制的过程是否合适、其运作是否合理，需要注意的是它针对的是质量保证和质量控制的过程，且是为确定质量活动是否遵守了计划安排，以及结果是否达到了预期目的所作的系统的、独立的检查和评定。它对于质量管理中的运作程序进行评价、鉴定并提出改进意见。而质量评估是要评估教育质量，重在评估以后能使质量得到改进。它针对的是学校或专业，具有价值判断的作用。另外，质量认证与质量评估的目的又有所不同，质量认证的主要目的是确保高等教育基本的质量达到社会可接受水平，确保院校或专业获得联邦资助。经过认证的高校表明其质量得到公众认可并可以申请联邦财政支持，学校没有通过认证则无法得到联邦政府的资助，其学分也得不到跨校认可。与质量评估的相似之处就在于质量认证所面向的对象也是院校或专业。尤其在美国高等教育认证制度中，院校认证和专业认证是互为补充的。进行院校认证时，专业课程及其质量情况要作为院校工作的一部分接受检查，但没有专业认证那样详尽；而进行专业认证时，院校的整体背景情况也要加以考虑。

需要注意的是，在质量管理的理论研究和实践探索中，这些概念并不是一成不变的，它们的内涵和外延都会不断地被补充或修订。就目前而言，大家对这些概念并没有形成共识，而这也恰恰说明高等教育质量管理正处于一个从成长逐步走向成熟的阶段。本书对这些概念的梳理也是对高等教育质量管理的进一步认识和反思，有助于今后社会各界更有效切实地开展质量管理活动。

第三章
高等教育质量管理中的政府角色

高等教育质量管理既涉及高等教育系统内部,又涉及系统外部,尤其政府的力量不可忽视。政府在高等教育质量管理中应当扮演何种角色? 是事事亲为还是放任自由? 前者显然不符合高等教育的历史发展规律,但放任自由的做法经过实践检验后也逐渐被各国摒弃。就世界高等教育质量管理的发展趋势而言,不论是宏观的全球性和区域性合作,还是国家和地区高等教育质量评估体系的建立,又或是微观的高等教育质量评估机构的建立,都受到政府的直接或间接影响。因此,把握政府在高等教育质量管理中的角色定位,帮助高等教育政策的决策者找到高等教育质量管理权的放权与控制之间的平衡点,对未来的高等教育质量提高尤为重要。

第一节　政府在高等教育质量管理中的合法性及其基础

为什么各国政府总是不断调整自身在高等教育质量管理中的角色定位,力求在放权与控制之间找到最佳的平衡点? 重要的理由之一就是政府希望以此巩固在高等教育质量管理领域中的合法性。合法性对政府来说如此重要,以至于政府愿意下放部分权力,谋求最佳的途径和方式去获得这种合法性。探讨政府的合法性问题,将扫清解构高等教育质量管理中的政府角色道路上的迷雾。

一、政府在高等教育质量管理中的合法性

当人们讨论政府应当在经济社会生活的某一领域中怎么做时,往往将政府在其中起作用视为理所当然。如同很多人在讨论高等教育质量管理中,政府所应当扮演的角色前,忘记多问几个为什么——人们是否以及为什么认为政府应当参与高等教育质量管理,认可政府在其中行使权力和发布命令,并且乐意支持与服从?

实际上这是对政府合法性的提问。

政府的合法性即不通过强制手段,其统治权力和下达的命令是否和应否获得足够多社会成员的认可、支持和服从。在社会生活的某一具体领域,政府的合法性概念往往跨越三个层次:第一个层次为人们对各级各类国家权力机关的统治管理是否和应否认可和支持,对其命令是否和应否服从;第二个层次突破了国家权力机关的局限,扩充到整个政治制度之中,即社会政治领域中要求政治实体遵行的各类准则(或规范)①,包括各种具体制度、政策法律、程序规则等;第三个层次是最高层次的政府合法性概念,脱离政府本身的概念限制,指人们是否、应否认可和支持代表民族意志和国家意志的政府行使统治权力,以及服从其发布的命令。

政府在高等教育质量管理中的合法性,即指在高等教育质量管理领域中,政府是不是以及为什么应当行使权力和发布命令,并得到相关利益群体,如社会、高校、教师、学生等的认可、支持和服从。

首先,在国家权力机关层次的合法性上,是指直接或间接管理高等教育质量的政府体系,包括决策系统、执行系统和监督保障系统,各级各类介入高等教育质量管理的政府机构的数量、地位、组成和职权是否和应否获得相关利益群体的认可和支持。其次,在政治制度层次的合法性上,是指涉及高等教育质量管理的制度体系,包括高等教育质量管理相关立法和政策,政府机构制定的规则体系和配套措施是否和应否获得相关利益群体的认可和服从。最后,在民族自治和主权国家层次的合法性上,是指为了提高民族素质,促进国家发展,维护社会稳定,政府对高等教育质量管理发展战略的把握是否和应否获得大多数社会成员的认可和支持。

上述三个层次构成了高等教育质量管理中政府合法性的完整概念。在分析高等教育质量管理的实际问题时,这三个层次也往往交织在一起。那么,在高等教育质量管理中,上述三个层次的合法性的来源是什么?

二、政府在高等教育质量管理中的合法性基础

与"何谓合法性"定义的漫长争论不同,学者们对"何谓合法性基础"的定义早已达成共识,民众以此树立起对统治者统治权利的内心认同的因素或来源即为合法性的基础。② 因此,高等教育质量管理中政府的合法性基础是指一个政府成为介入高等教育质量管理的合法政府的正当根据。

首先,就国家权力机关层次的合法性基础而言,政府的主动角色会减少高等教育质量管理过程中的成本。政府可以将各种高等教育机构归入一个体系中,对质量管理工作实行统筹协调管理,从而有利于推行区域性或宏观调整或改革。另一

---

① 参见浦兴祖:《中华人民共和国政治制度》,上海人民出版社 1999 年版,第 5 页。
② 参见刘莘:《诚信政府研究》,北京大学出版社 2007 年版,第 95 页。

方面,高校自身管理和依靠市场管理高等教育质量各自存在难以克服的缺陷。仅靠高校或市场或者这两种管理高等教育质量,可能产生经费短缺、价值失衡、动力缺乏、效率低下、与社会经济改革不相配套等一系列问题,因此需要政府相关机构加以宏观管理和监督。

其次,就政治制度层次的合法性基础而言。一是政府介入高等教育质量管理的权力是经过法定程序和方式而获得的,自然地使其具有合法性。二是政府通过立法和制定相关政策,使得高等教育质量管理活动规则化、标准化,使相关利益群体便于把握,避免了认识主体不同所造成的概念混乱、规则冲突或程序紊乱。三是高等教育质量管理属于高等教育宏观管理的一部分,存在于一个国家的教育制度中,因此政府介入高等教育质量管理能够使教育制度更好与社会、经济现状和发展需求相契合。

最后,就民族自治和主权国家层次的合法性基础而言。其一,政府介入高等教育质量管理是与社会、经济状况和发展需要相适应的。一方面,政府介入高等教育质量管理,能够保证高校根据国家制定的教育方针、教育目的和培养目标,通过传递规定的教育内容,培养具有符合统治阶级意志与政治意识的各行各业的专门人才;①另一方面,高等教育不仅具有提高公民个人素质、文化修养、知识技能的作用,还肩负着提高公民的民主意识,推进民主政治建设的重任,政府介入高等教育质量管理,有利于民主政府、法治政府的建设。其二,政府介入高等教育质量管理,与人民的自由意志相一致。一方面,公民让渡部分权力交与政府,政府作为其代理人,必须有效地保障高等教育的质量,从而维护公民个人及团体的利益;另一方面,政府介入高等教育质量管理,有利于民主政府、法治政府的建设。其三,高等教育不仅仅事关人才培养,对经济发展、科技进步、文化繁荣都有巨大的推动作用,因此要求政府代表全社会对其质量加以重视。

总之,人们之所以认为政府应当参与高等教育质量管理,认可、支持政府在其中行使权力,并且服从政府发布的命令,是由于政府在高等教育质量管理中的合法性得到了确立。合法性的确立要求"表明现存的或被推荐的制度,如何以及为什么适合于通过这样一种方式去运用政治力量——在这种方式中,对于该社会的同一性具有构成意义的各种价值将能够实现"②。简单来说,即政府在高等教育质量管理领域中,如何以及为何如此运用自己的政治力量,从何获取相关利益主体的认可、支持和服从。

---

① 参见田恩舜:《高等教育质量保证模式研究》,华中科技大学 2005 年博士学位论文,第 45—48 页。
② 〔德〕哈贝马斯:《交往与社会进化》,张博树译,重庆出版社 1989 年版,第 188—189 页。

第二节　高等教育质量管理中的政府角色定位

由于高等教育领域的特殊性,各国政府为了谋求高等教育质量管理中的合法性,会自我约束从中央到地方各级各类权力机关行使权力的范围和介入的程度,并且力求寻找和建立最优的制度模式及行为方式,以得到相关利益群体的认可、支持和服从——这就是高等教育质量管理中的政府角色问题。

学者们对于政府角色概念的认识,一般蕴含在他们对某一社会经济领域中的政府角色如何定位的看法之中。根据休斯(Owen E. Hughes)的划分,政府的角色涉及五个方面的内容,包括政府的工具,即政府的行为方式以及通过某种途径用以调节政府行为的机制;政府供应,即政府通过预算形式直接供应商品和服务;政府干预,即政府的介入程度;政府的基本职能,即政府的作用;政府规模,即政府或政府行为的规模水平,常用标准是政府支出的总量在经济总体中所占的比重。①

可以发现,政府角色主要包含政府该做什么和不该做什么,做到什么程度和采取何种方式的问题。因此,可以从四个维度来探讨政府角色,即政府的权力范围、介入程度、基本职能和行为方式。

一、政府在高等教育质量管理中的权力范围

政府的权力既不可能无边际地扩张,也无法任意地延伸。在社会、经济某一领域中,政府在法律的授权之下,在一定范围内行使它的权力,这一范围即是政府的权力范围,或称政府的权限。应当注意的是,其中的立法权也是有限的。政府的权力范围包含纵向和横向两个维度。② 纵向分权即中央与地方(联邦与州)之间的权力关系;横向分权是指同级政府内部的权力划分,按政府介入的社会、经济领域的不同而有所差别。明确而有效地划清政府的权力范围,并使之制度化、法律化,是政府角色定位的基础。

同样,政府在高等教育质量管理中也必须根据法律的授权,在一定范围内行使权力。过去50年中,许多国家政府在高等教育质量管理中的角色都经历过修正,尤其是20世纪70至80年代进入大众化阶段后,各国政府在高等教育质量管理中的权力范围都发生了较大的改变。高等教育质量管理起步较早的国家,如英国,经历了高等教育质量从大学自主保证到国家控制,再到政府与大学合作的演进过程。

---

① 参见〔澳〕欧文·E. 休斯:《公共管理导论》(第三版),张成福等译,中国人民大学出版社2007年版,第96—109页。

② 参见张千帆:《宪法学导论——原理与应用》,法律出版社2004年版,第51页。

法国由于中央集权管理的传统，高等教育质量长期受到国家严格控制，直至 1984 年《高等教育法》的出台，才逐渐开始缩小政府的权力范围。一直实行高等教育地方分权管理的美国和德国，州和地方政府在高等教育质量管理中的主导作用日益受到重视。

虽然各国因历史和现实因素，高等教育质量管理中政府权力范围的改革方向各有特点，但仍然存在许多共同点。政府通常是高等教育质量的监督主体，是高等教育质量管理活动的宏观指导和管理者，是高等教育质量管理沿着正确的方向进行的保证者。[①] 可以发现，就横向划分来说，政府在高等教育质量管理中拥有宏观管理权和监督权。

1. 宏观管理权：不可下放的权力

高等教育质量管理中的宏观管理权主要包括三方面内容：首先，宏观管理权针对的是最根本，关乎整个国家高等教育质量命脉的大政方针，如设计高等教育质量管理的制度，把握高等教育质量发展方向，承担对高等教育质量管理活动的统筹规划等；其次，宏观管理权不可下放给私人部门，权力的行使主体必须是各级政府；最后，高等教育质量管理中的宏观管理权是相对于直接的行政管理而言的，政府负责决定的是怎么管和由谁管的问题，因此政府行使宏观管理权是指通过制定法律或发布政策，决定高等教育质量管理中的某个具体领域的管理方式，以及授权给其他管理主体进行具体的管理。

高等教育质量的宏观管理权一般由国家主管教育的政府部门掌握，从纵向分权的角度，存在三种类型：

第一类，中央政府主导型。俄罗斯联邦政府的教育管理权限很大，1992 年的《俄罗斯联邦教育法》中规定，俄罗斯联邦的教育权限包括"制定和实施联邦教育政策"，"创建、改建和撤销属于联邦的教育机构，对教育机构进行检查和国家评估，建立独立于教育管理机构之外的评估和检测中心系统（国家评估局）"，"规定对教育机构的鉴定、验收和颁发许可证的程序"，以及"教育工作者的教育资格"等。[②] 1992 年俄联邦部长会议审议并通过了《俄罗斯高等教育至 2005 年发展纲要》，明确提出了俄罗斯高等教育新体系应实现的目标之一是确保高等教育的广度和质量。[③] 1996 年《俄罗斯联邦高等和大学后职业教育法》则更明确地将高等教育质量管理方面的上述权力赋予俄联邦政府。[④] 1992 年《俄罗斯联邦高等教育法》中规定，"有权从事教育活动的许可证，由国家教育管理机关或其授权的教育机构所

---

① 参见肖晓春：《高等教育全面质量管理研究》，湖南大学 2002 年硕士学位论文，第 18—19、27、56 页。
② 参见吕达、周满生主编：《当代外国教育改革著名文献（苏联—俄罗斯卷）》，亦兵等译，人民教育出版社 2004 年版，第 236—237 页。
③ 参见史万兵：《教育行政管理》，教育科学出版社 2005 年版，第 254 页。
④ 同上。

在地地方(市)教育管理机关根据鉴定委员会的结论颁发";"对教育机构的国家承认资格鉴定,由联邦(中央)和主管部门的国家级教育管理机关或受其委托的其他国家级教育管理机关……进行";"对教育机构的评定,根据其申请由国家评定服务部门以及由其授权的国家权力和管理机关、地方自治机关吸收重点教育机构、社会各界共同进行……每五年评定一次"①。1994 年俄联邦国家高教委批准发布了《俄联邦高校毕业生国家考评条例》,成立"国家考评委员会",以评价毕业生的培养水平,根据考评结果决定是否发给技术等级证书和学历证明(学位)。② 2000 年《俄罗斯联邦教育部条例》中提出俄罗斯联邦教育部的基本任务之一是"建立对教育机构的评估系统"③。俄罗斯联邦政府在高等教育质量管理的方方面面都有所介入,而各地方政府则在上述一系列法律规定的权限之下,被适当地赋予了本辖区内高等教育质量的管理权。

自 19 世纪初拿破仑将法国高等教育至于中央政府的严格控制之下后,法国在高等教育质量管理上长期表现为中央集权。1984 年《高等教育法》规定了"高等教育的使命","大学学位和职衔的发放只属于国家","教员—研究员的资格要得到一个全国性决策机构的承认"等。④ 不过,这一法案的颁布推进了法国政府加快实行分权政策,给予地方政府更多的高等教育质量管理权,高校也获得了更多的自治权。同时,中央政府开始改变对高等教育质量实施直接的行政干预,转而倾向于间接、宏观的管理。1984 年《高等教育法》宣布设立"科学、文化和职业公立高等学校评估委员会"(Le Comite National d'Evaluation,CNE)(以下简称法国国家评估委员会),并在第 65 条中赋予其"同负责制定和执行教育和研究政策的机构一起,评议一切公立高等学校,评价由其执行的合同的结果"⑤。1986 年《德瓦凯高等教育法案》赋予国家评估委员会在政令规定的范围内,对公共高等教育机构进行评估的权力。⑥ 其后政府出台的《大学教育改革法》(1997)、《技术创新与科研法》(1999)、《大学自由和责任法(大学自治法)》(2007),以及规划的 1991 年的"大学 2000 年计划"(U2000 计划),1998 年的"第三个千禧年的大学计划"(U3M 计划)等都对提高法国高等教育质量起到了推动作用。

---

① 吕达、周满生:《当代外国教育改革著名文献(苏联—俄罗斯卷)》,亦兵等译,人民教育出版社 2004 年版,第 241 页。
② 参见白美玲、邓志伟:《市场经济条件下俄罗斯高等教育的质量保证》,载《中国高等教育评估》2005 年第 4 期,第 33—36 页。
③ 吕达、周满生:《当代外国教育改革著名文献(苏联—俄罗斯卷)》,亦兵等译,人民教育出版社 2004 年版,第 275 页。
④ 参见吕达、周满生:《当代外国教育改革著名文献(德国、法国卷)》,亦兵等译,人民教育出版社 2004 年版,第 277—295 页。
⑤ 同上书,第 297 页。
⑥ 同上书,第 309 页。

第二类，中央政府和地方政府合作型。在英国，中央政府不直接干预高校的管理与发展，而是通过法律、政策对高等教育质量进行宏观调控。无论英国地方教育管理机构还是社会中介性组织，如高等教育质量保证署（Quality Assurance Agency in Higher Education，QAA）（以下简称质保署），它们的政策规定都必须符合政府的政策精神。[1] 1985 年政府绿皮书《20 世纪 90 年代英国高等教育的发展》中指出"政府非常重视提高学术标准"[2]。1987 年政府白皮书《高等教育——应付新的挑战》中提出"代表公众的政府能够也必然会设法建立适当的体制，以促使高校负起提高教育标准的责任，并对其进行监督。……政府也将不断地关心自己在维护与提高教学质量上所作的事情"[3]。并且对质量的评定依据、学术标准及负责对标准执行情况进行监督的机构、教学质量等相关内容作了规定。1991 年的政府白皮书《高等教育的框架》废除了两轨制，建立了统一的高等教育体制，并对质量控制、审计、审批、鉴定和评估等进行了详细的诠释，尤其对高等教育中质量保证措施的要点提出建议。[4] 1992 年《继续教育和高等教育法》则要求英格兰高等教育基金委员会（Higher Education Funding Council for England，HEFCE）、苏格兰高等教育基金委员会（Scottish Higher Education Funding Council，SHEFC）和威尔士高等教育基金委员会（Higher Education Funding Council For Wales，HEFCW）各自下设一个"质量评估委员会"（Quality Assessment Committee，QAC，以下简称质评委），并赋予它实施教育质量评估的权力。[5] 在英国政府推动下，1997 年建立了高等教育质保署，作为英国质量和学术标准的直接管理机构，检查高校履行自身职责的情况。[6]

澳大利亚 1945 年颁布的《国家教育法》中提出联邦政府可以对高等教育加以协调，并建立联邦教育局；随后 1946 年的宪法修正案中补充第 51 条，为后来联邦政府干预教育提供了重要的依据。[7] 不过，澳大利亚作为教育分权制国家，具体的教育管理权在州和地方。联邦政府制定了澳大利亚学位资格框架（australian qualifications framework，AQF），作为一个统一的学校、职业教育和培训以及高等教育部门（主要是大学）的国家资格认证制度；[8]制定了《高等教育基金法案》（1998 年），

① 参见刘忠学：《英国高等教育质量保证体系的发展及现状分析》，载《比较教育研究》2002 年第 2 期，第 38—42 页。
② 吕达、周满生：《当代外国教育改革著名文献（英国卷第 1 册）》，亦兵等译，人民教育出版社 2004 年版，第 27—50 页。
③ 同上书，第 101—102 页。
④ 参见吕达、周满生：《当代外国教育改革著名文献（英国卷第 2 册）》，亦兵等译，人民教育出版社 2004 年版，第 17—21 页。
⑤ 同上书，第 148—149 页。
⑥ See About Us[EB/OL]，QAA．（s. d.），http://www. qaa. ac. uk/aboutus/default. asp，2009-07-28.
⑦ 参见秦晓红：《中外高校师资管理比较研究》，湖南教育出版社 2007 年版，第 59 页。
⑧ See About the Australian Qualifications Framework [EB/OL]，AQF（s. d.），http://www. aqf. edu. au/aboutaqf. htm#whatis，2009-07-28.

要求所有受到三年一次教育资助的机构向联邦递交一个机构质量保证和提高计划。① 2000 年,当时的澳大利亚教育、就业、培训和青年事务部长级委员会(the Ministerial Council on Education, Employment, Training and Youth Affairs, MCEETYA)②建立了澳大利亚大学质量署(Australian Universities Quality Agency, AUQA),作为一个独立的、非营利性的国家机构,促进、审计和报告澳大利亚高等教育质量保证。③ 同年,澳大利亚联邦政府建立澳大利亚大学教学委员会(Australian Universities Teaching Committee, AUTC),以促进澳大利亚大学教学和学习的质量并使之更为卓越。④ 澳大利亚教育、就业和劳资关系部(Department of Education, Employment and Workplace Relations, DEEWR)⑤通过澳大利亚大学教学委员会资助那些提高教学质量的项目。⑥ 上述举措,不仅推动澳大利亚高等教育质量保证制度的建立,也表明澳大利亚政府通过越来越多的间接管理行为实现高等教育质量的宏观管理权。

在日本,"保证高等教育质量"被认为是国家的责任。⑦ 中央政府对高等教育质量握有首要的宏观管理权力,主管高等教育的最高政府行政部门是文部科学省(Ministry of Education, Culture, Sports, Science and Technology, MEXT,以下简称文部省),它与其下的地方教委通力合作,在一系列法律、政策的规范下,对全国和地方的高等教育质量进行宏观管理。这些法规包括《学校教育法》(1947 年颁布,1976 年修订,2002 年修订)、《大学设置基准》(1956)、《大学院(研究生院)设置基准》(1974 年颁布,1989 年修订)、《短期大学设置基准》(1975)、《高等专科学校设置基准》(1961)、《专修学校设置基准》(1976)等。1991 年起,日本政府对高等教

---

① 参见郑晓齐:《亚太地区高等教育质量保障体系研究》,北京航空航天大学出版社 2007 年版,第 78 页。

② 2009 年 7 月 1 日,原澳大利亚教育、就业、培训和青年事务部长级委员会与原澳大利亚职业技术教育部长级委员会(Ministerial Council for Vocational and Technical Education, MCVTE)合二为一,成立了新的教育、儿童早期发展和青年事务部长级委员会(the Ministerial Council for Education, Early Childhood Development and Youth Affairs, MCEECDYA)。See About MCEECDYA [EB/OL],MCEECDYA (s. d.),http://www. mceecdya. edu. au/mceecdya/about_mceecdya,11318. html,2009-08-29.

③ See Mission, Objection, Vision and Values[EB/OL],AUQA(s. d.),http://www. auqa. edu. au/aboutauqa/mission/,2009-07-23.

④ See ATUC 2000—2004[EB/OL],Australian Learning & Teaching Council(s. d.),http://www. altc. edu. au/autc,2009-08-10.

⑤ 2007 年 12 月 3 日,原澳大利亚教育、科学与培训部(Department of Education, Science and Training, DEST)更名为澳大利亚教育、就业和劳动关系部(DEEWR)。See Welcome to the Department of Education, Employment and Workplace Relations[EB/OL],Australian Government(s. d.),http://www. dest. gov. au/,2009-08-29.

⑥ 参见郑晓齐:《亚太地区高等教育质量保障体系研究》,北京航空航天大学出版社 2007 年版,第 71 页。

⑦ See Quality Assurance Mechanisms[EB/OL],MEXT(s. d.),http://www. mext. go. jp/english/koutou/002. htm,2009-07-29.

育体制进行改革,将严格的高校设置审查变更为宽松的设置基准大纲化,即把有关高校的详细规定简略化,依靠高校自我评价来保证高等教育质量。① 由于仅靠内部质量管理的效果差强人意,驱使日本政府转变对高等教育质量管理的控制点,转而对建立高效外部质量管理制度越来越重视。2000 年,根据新修订的《国立学校设置法》,将学位授予机构改为"大学评价·学位授予机构"(National Institution for Academic Degrees and University Evaluation, NIAD-UE),对所有国立大学(国立短期大学除外)和提出申请的公立、私立大学进行评价。② 2002 年日本政府提出了《构建大学质量保障新体系》,结束了以上述《大学设置标准》等为准则的质量管理体系,加强学校设置后的质量检查、评估。③ 同年修订的《学校教育法》,成为这一新型外部质量管理体系的法律保障。2003 年通过《国立大学法人法》和《独立行政法人通则法》及个别法,在文部省下设国立大学法人评价委员会,对本系统的国立大学进行评价。④

第三类,地方主导型。美国宪法未赋予联邦政府管理教育事务的权力,高等教育质量管理权完全属于各州。美国联邦教育部(U.S. Department of Education, USDE)权力相对较小,主要通过联邦支持的研究,对认证机构进行评估和信息分享来促进高等教育质量的提高,协调联邦教育计划和改善联邦教育活动的管理。⑤ 但是,美国联邦政府出台的一系列法案,对高等教育质量的发展起到十分重要的作用。如 1965 年的《高等教育法》授权联邦政府向高等教育提供大量经费,从而间接赋予政府对高等教育质量的监督责任。1992 年《高等教育再授权法案》规定认证机构在审核学院时应从包括课程设置、教师资格认证以及就业岗位比率等 12 个方面进行,该法案中提出两项有关高等教育评估的改革,一是实施"中学后教育审查计划",要求各州对被教育主管官员认为在执行联邦助学金方案上有问题的学校进行检查,被判定有问题者将不能享受联邦助学金;二是要求各州政府必须成立评估机构以评估高等教育的质量,并把鉴定结果作为衡量高校能否取得联邦助学金的条件,使政府机构得以直接参与高等教育的评估活动。⑥

德国也是类似情况,1969 年成立的德国联邦教育与研究部(Federal Ministry of

---

① 参见徐国兴:《日本高等教育评价制度发展 15 年述评》,载《高教探索》2008 年第 1 期,第 69—71 页。

② 参见徐国兴:《日本高等教育评价制度研究》,安徽教育出版社 2007 年版,第 117—118 页。

③ 参见张玉琴、周林薇:《日本大学质量保障体系转换的重要举措》,载《日本学刊》2008 年第 3 期,第 125—160 页。

④ 参见张玉琴、赵晓凤:《日本大学质量保障新体系研究》,载《复旦教育论坛》2005 年第 3 期,第 78—82 页。

⑤ See Mission[EB/OL], U.S. Department of Education(s. d.), http://www.ed.gov/about/overview/mission/mission.html,2009-07-24.

⑥ 参见史秋衡、余舰等:《高等教育评估》,贵州教育出版社 2004 年版,第 66 页。

Education and Research，BMBF)拥有高等教育领域总体政策的调控权和教育规划权。① 另一联邦教育机构各州文教部长联席会议(Standing Conference of the Minister of Educational and Cultural Affairs of the Länder in Federal Republic of Germany，KMK)负有保证高等教育质量标准的责任，②但也仅对各州教育事业发展起咨询、协调作用，其建议需写入各州和直辖市的法律、政策中才具效力。③ 德国《高等教育框架法》第 6 条中规定："高校的教学、科研以及促进新的人才出现的工作应定期评估，学生应参与教学质量评估，并将该评估结果予以公布。"④各州和直辖市政府也在此法基础上，结合本辖区情况制定了高等教育质量管理的相关条例。作为成文法国家，德国各州和直辖市制定的《学校教育法》、《高等教育法》及其他各类教育单项法，成为地方政府对本辖区内高等教育质量开展管理的法律基础。但德国各州和直辖市对一般的课程设置、教学大纲、教师工作条例、学校守则等不作立法，仅作为管理规章由教育行政部门颁布并刊载于政府公报。⑤

第一类中央政府主导型的优势在于国家能够最大幅度地调度起各种资源，有效地控制高等教育质量的发展速度和方向，避免产生政策上的不统一，从而保证了一个国家整体的高等教育质量。弊端在于，一方面在向高等教育质量宏观管理者转变的期间，一旦国家政策发生偏差，或者政策不力，则会对全国的高等教育质量产生较大影响；另一方面，统一的质量标准使高等教育评估变得僵化，难以适应高等教育机构的多样性。另外，由于原先政府集权的色彩难以脱去，导致在地方政府的分权管理、社会中介组织的定位和有效利用，以及高校内部的高等教育质量管理制度等方面难免存在缺憾。

第三类地方政府主导型，由于中央政府对高等教育质量的宏观管理力度相对较小，能够满足高等教育多元化、个性化发展的需求。但是，没有全国统一的质量指标和标准，会造成各地的高等教育发展水平不均衡。同时，中央政府对高等教育质量的宏观调控力度比较小时，一方面对于各个地方政府推行的高等教育质量相关政策措施，难以从全局的观念做到协调和互补；另一方面，政府若要推行全国性的改革，更是困难重重。

① See The Tasks of the BMBF[EB/OL]，Federal Ministry of Education and Research(s. d.)，http://www.bmbf. de/en/90. php，2009-07-25.

② See Functions[EB/OL]，Kultusminister Konferenz(s. d.)，http://www. kmk. org/information-in-english/standing-conference-of-the-ministers-of-education-and-cultural-affairs-of-the-laender-in-the-federal-republic-of-germany/organization-and-proceedings. html，2009-07-25.

③ 参见马陆亭、徐孝民：《国际教育投入与学生资助》，高等教育出版社 2007 年版，第 86 页。

④ See The Framework Act for Higher Education(HRG)[EB/OL]，Federal Ministry of Education and Research(s. d.)，http://www. bmbf. de/pot/download. php/M:2764Framework Act for Higher Education/ ～/pub/hrg_20050126_e. pdf，2009-08-18.

⑤ 参见史万兵：《教育行政管理》，教育科学出版社 2005 年版，第 249 页。

第二类中央地方合作型，即中央政府拥有比较强大的高等教育质量宏观管理权，同时实行地方分权政策，目前正成为各国的改革方向。例如美国联邦政府正在持续加强对高等教育质量的宏观管理力度，规范第三方高等教育质量评估机构，增加联邦政府在高等教育质量管理中的影响力和控制力；而法国则一直致力于增强地方政府在高等教育质量中的作用，尤其是 2007 年 8 月通过《大学自由和责任法（大学自治法）》，使地方政府代表进入大学行政委员会这一核心机构。[①] 中央政府限制自身权限，地方政府获得更大权限，高校获得更大自治权，从而在适应民族、地区发展和提高高等教育整体质量三者间寻找到平衡的支点。

2. 监督权：强大的制衡力量

政府对高等教育质量的监督权是指通过立法监督、行政监督和司法监督，对高等教育质量进行外部监控。没有哪个政府不是紧紧握住高等教育质量的监督权进行监控的。各国一般将政府高等教育质量的监督权法律化，从而在法律的基础上建立高等教育质量监控制度，以防止高等教育教学质量下降，丧失在国际上的声望和认可。

立法监督指特定主体在其监督权限范围内，依据一定的程序对有权机关制定法律、行政法规、地方性法规、官治条例、单行条例以及规章的活动所实施的监察和督促。[②] 在高等教育质量管理的立法监督方面，各级高等教育管理机构应当对下一级高等教育管理机构所制定的各种相关法规，或其他规范性文件进行立法监督，以防止出现矛盾或不协调的情况，保证高等教育质量相关法律和上级高等教育管理机构制定的相关法规的效力。另外，由于高等教育领域的特殊性，立法监督还应当延伸到高等教育中介组织和高等教育机构制定的内部规章、行动准则、质量评估指标和标准。1992 年《俄罗斯联邦教育法》规定"俄罗斯联邦的联邦法令成为教育立法的基础。联邦各主体根据各自的地位和权限范围，可以制定与联邦教育法令不相矛盾的教育法、法规和（或）其他法令"[③]。一些国家即使未将高等教育的立法监督权在高等教育立法中体现，但也往往蕴含在其他上位法之中。

司法监督是指国家司法机关依照司法程序以司法手段对国家行政机关及其工作人员的行政行为进行监督。[④] 各国高等教育质量管理的司法监督一般都没有脱离国家司法监督体系，主要包括司法审查、行政诉讼和行政仲裁等方式。有的国家设立了专门的行政法院，如法国；有的国家则准许一般的法院管辖，如英国。行政

---

① 参见陆华：《建立"新大学"：法国高等教育改革的逻辑》，载《复旦教育论坛》2009 年第 3 期，第 63—67 页。

② 参见马怀德：《中国立法体制、程序与监督》，中国法制出版社 1999 年版，第 277 页。

③ 吕达、周满生：《当代外国教育改革著名文献（苏联—俄罗斯卷）》，亦兵等译，人民教育出版社 2004 年版，第 224 页。

④ 参见沈亚平、吴春华：《公共行政学》，天津大学出版社 2005 年版，第 233 页。

相对方可以就政府在高等教育质量管理方面的具体行政行为,诉至国家司法机关寻求相应救济。

行政监督是指国家行政机关作为监督的主体,按照法定的权限、程序和方式,对行政机关自身的组织行为和行政行为进行的监察督导活动。在高等教育质量管理的行政监督方面,指国家行政机关对自身及下级行政机关作出的关于高等教育质量的具体管理行为,就是否具有合法性和有效性进行监督。同样地,应当延伸至高等教育机构的内部质量管理行为。1992 年《俄罗斯联邦教育法》规定俄罗斯联邦的教育权限之一是"监督联邦教育法以及高等教育机构国家教育标准中联邦部分内容的执行情况"①。1996 年《俄罗斯联邦高等和大学后职业教育法》阐述了高等和大学后专业教育质量的国家监督机制。② 1987 年英国政府白皮书《高等教育——应付新的挑战》中提出政府对高校提高教育标准有监督权。③ 法国 1986 年《德瓦凯高等教育法案》第 16 条规定:"公共高等教育机构均受国民教育行政总监察处的行政监督。"④德国《教育基本法》第 7 条第 1 款规定,全部教育事业接受国家的监督;州议会对教育事业的规划和政府工作的监督具有决定性意义,对学校的监督和管理是州的事务,由联邦举办的专科学校、专业学院和专业大学(如联邦国防军所属的大学),也要接受州的有关教育行政管理部门的法律监督。⑤ 我国 1998年《高等教育法》第 44 条规定,"高等高校的办学水平、教育质量,接受教育行政部门的监督和其组织的评估"。

上述三种监督方式,构成了一国政府对高等教育质量的监督权,这种权力不仅仅由立法确定,也由各级政府部门自身的法律地位决定。政府妥善承担高等教育质量的监督职责,能够有效地保证各级政府依法行使职权,同时维护高等教育机构的学术自治,提高高等教育质量并向着国家、人民和社会需要的方向发展。

二、政府在高等教育质量管理中的介入程度

划清政府的权力范围之后,政府在其权限之内也不可且无法大包大揽,必须留有一定的空间,以维护其他利益关系人的权力及发挥他们的能动性。因此政府的

---

① 吕达、周满生:《当代外国教育改革著名文献(苏联—俄罗斯卷)》,亦兵等译,人民教育出版社 2004年版,第 236 页。

② 参见史万兵:《教育行政管理》,教育科学出版社 2005 年版,第 254 页。

③ 参见吕达、周满生:《当代外国教育改革著名文献(英国卷第 1 册)》,亦兵等译,人民教育出版社2004 年版,第 101 页。

④ 吕达、周满生:《当代外国教育改革著名文献(苏联—俄罗斯卷)》,亦兵等译,人民教育出版社 2004年版,第 309 页。

⑤ 参见马陆亭、徐孝民:《国际教育投入与学生资助》,高等教育出版社 2007 年版,第 87 页。

介入程度是政府权力范围和基本职能之间的连接地带。①

相对于横向的权力范围而言，政府在高等教育质量管理中的介入程度是指政府介入高等教育质量管理纵向的程度。与高等教育质量宏观管理权的纵向划分不同，政府在高等教育质量管理中的介入程度是指政府下放给社会、高校的权力空间大小。不同国家的政府由于国体和政体的不同，社会、经济、政治环境的差异，教育体制的历史和现实差别，按政府介入程度的不同，相应可以分为低介入、中介入和高介入三种类型。

如何划分高等教育质量管理中政府低介入、中介入和高介入呢？可依据以下三点标准：第一，在国内居主要地位和起主要作用的高等教育质量管理组织机构的法律性质和法律地位；第二，对高等教育质量进行外部评估的主体，以及对高等教育质量管理中介组织进行元认证或评估的主体；第三，高校在高等教育质量管理中享有的自治权力空间。

1. 低介入："放"多于"收"

根据上述三个标准，政府在高等教育质量管理中的低介入具有如下几个特征：第一，居主要地位和起主要作用的高等教育质量管理机构是独立的法律主体，有独立的法人财产权，对外独立承担民事责任，有完整的组织机构并且独立于政府或其他组织。第二，主要由与高等教育发生联系的专门性组织和具有民间性质的社会中介组织承担高等教育机构认证以及质量评估。对上述社会中介组织的元评估和元认证，也可以由独立的中介组织承担。第三，政府没有制定统一的高等教育质量标准，高校的自治权很大，院系设置、课程设置、入学资格、教师聘任等都可自主决定。

美国是非常典型的政府低介入型国家。首先，美国的社会中介组织非常发达，它们是美国院校认证和专业认证的主力军，并将认证结果和相关信息提供给联邦和州政府。通过这些独立运作的中介组织，一方面政府得以实现对高等教育质量的间接管理；另一方面这些机构本身要接受官方或非官方的元认证，相当于存在一个相对统一的程序要求和最低标准。相对于发育成熟的市场力量，由于分权制的高等教育管理体制，联邦政府对高等教育质量没有直接的管理权，仅进行间接的宏观调控，主要包括立法，财政拨款，教育部长对认证机构的认可，②数据收集和信息发布，美国联邦教育部握有的高等教育法授权管理的联邦助学金项目及其他联邦项目，以及其对高校财政和行政管理的最低标准要求等。③ 而州和地方政府虽然

---

① 本部分相关内容参见雷丽丽：《政府在高等教育质量管理中的介入程度》，载《现代教育管理》2010年第5期，第47—51页。

② 参见陈学飞、秦惠民：《高等教育理论研究精论集（中）——135位学者论高等教育大众化与高校扩招》，中央编译出版社2004年版，第159页。

③ 参见牟延林、吴安新等：《高等教育质量法律控制系统》，中国经济出版社2006年版，第69页。

握有法律赋予的高等教育管理权力,但该权力在高等教育质量管理方面还是相对薄弱的,主要是通过州和地方立法,财政拨款,州对私立学校的许可证评估,对公立学校的绩效评估等方式。① 当然,州政府也要负责将上述信息反馈给联邦政府。其次,无论高等教育机构接受外部评估,还是认证机构选择的美国联邦教育部的官方认可,或是美国高等教育认证委员会(Council for Higher Education Accreditation,CHEA)的非官方认可,政府并无立法或政策强制规定,只在《1998 年高等教育法修正案》中有一项指导性条款,将高等教育机构定义为经国家承认的认证机构或组织认证的机构,或未经此种认证,但已获得被教育部长认可的机构或组织所授予的预认证资格的机构,即教育部长确信该机构会在合理的时间内达到前述机构或组织的认证标准。② 因此,在美国,认证机构接受联邦教育部的元认证实际上还是采用自愿申请原则,但是政府有效地利用了财政拨款这一间接调控方式。一方面,联邦政府规定,只有在已通过认证的高校报名的学生,才能申请联邦政府的各项奖助学金和贷款。③ 这间接地使学生在择校时倾向选择经过认证的高校。再加上高校须向公众证明其教育和科研质量以提高声誉,通过认证的院校间学分才可互换等原因,美国高校往往积极接受认证。而另一方面,和高等教育认证委员会的元认证不同,只有经联邦教育部认证的机构,政府才会将其对院校和专业的评估结果,采纳为高校获得联邦政府各种助校助学资金项目的依据。④ 高校需要联邦政府的上述拨款和项目资助,这就间接地使认证机构不得不接受联邦教育部的认证。最后,对高校的质量评估而言,政府并无统一的一套官方质量准则。评估准则由认证机构自行制定。此外,也未对高校建立内部质量管理制度作要求,只是各州政府对各高等院校的办学条件有一套最低标准,据此授予各院校办学许可,其余均由高校自治,不受政府控制。

政府在高等教育质量管理中实现低介入的优势在于:一是高等教育质量管理的市场化程度相对较高,使政府减少直接的干预,且节约了行政资源,转而充分利用社会资源和力量。二是最大限度地维护了高校的自治权利,高校通过对认证机构的自愿选择和自觉接受评估,实现个性发展。但其缺陷在于:一是对法律的健全度和中介市场的成熟度要求很高,一旦存在法律漏洞或出现市场失灵,可能对高等教育质量管理造成不利影响。二是导致高校往往要接受双重乃至三重认证,增加了它们的负担。加之没有统一的质量指标和标准,不仅导致高等教育最低质量要

---

① 参见史万兵:《教育行政管理》,教育科学出版社 2005 年版,第 301 页。

② See 1998 Amendments to the Higher Education Act of 1965 [EB/OL], U. S. Department of Education(s. d.),http://www.ed.gov/policy/highered/leg/hea98/sec101.html,2009-08-14.

③ 参见吕小梅:《美国高等教育认证制度研究》,武汉理工大学 2006 年硕士学位论文,第 14 页。

④ 参见熊耕:《简析美国联邦政府与高等教育认证之间控制与反控制之争》,载《比较教育研究》2003 年第 8 期,第 21—25 页。

求缺失，更不利于高等教育整体质量的提高。

2. 中介入："放"与"收"相当

中介入型政府在高等教育质量管理中的介入程度较低介入型政府有所加深，但高等教育机构仍然有比较大的自治空间，因而该介入模式具有如下特点：

第一，政府往往将高等教育质量评估权下放给独立于政府的、非官方或半官方的认证组织或机构来进行，并给予它们认证资格。这些机构最初往往由政府建立，或是由政府与高等教育行业协会联合组建，并且在国内的高等教育外部质量管理中占据主要地位和起到重要作用。政府通过提供资助、指导、政府人员参与等方式对它们施加影响，避免直接或高介入的僵硬或刚性。

例如，英国高等教育质保署作为一个独立的中介性组织，负责为英国的高等教育提供整体性的教学质量保证。它是英国政府为了协调原质评委和高等教育质量委员会（Higher Education Quality Committee，HEQC），在 1996 年成立的高等教育质量合作规划小组的基础上建立的。因此，该机构是英国政府与学术组织达成妥协，在统一管理全国高等教育质量上紧密合作的产物。英国政府于 1997 年发布咨询报告《学习社会中的高等教育》（即《迪尔英报告》），建议强化质保署的功能，由其承担质量保障、公众信息、标准确认和证书框架的管理责任，并为各高等教育机构申请政府拨款制定可操作的规范。① 可见，政府政策对质保署运行和发展起到指导性的作用。从经费来源看，除合同和会费等收入外，质保署也可以接受来自政府的资助。与英国质保署不同，澳大利亚大学质量署是一个独立的、非营利性的国家机构，它于 2000 年由澳大利亚政府部门——原教育、就业、培训和青年事务部长级委员会建立，独立于政府和高等教育部门而由董事会领导。澳大利亚大学质量署被作为教育、就业、培训和青年事务部长级委员会成员的联邦、州和地区高等教育部长所承认，其核心的运行经费亦来源于此。② 其董事会的 12 名成员中有 6 个来自政府，其中 3 个由联邦政府任命，3 个由州和地区政府任命。③ 因而，它与政府的联系较英国质保署紧密。法律性质介于两者之间的是日本大学评价·学位授予机构，根据《独立行政法人——大学评价·学位授予机构法》，该机构作为独立行政法人，既脱离政府机构，又非民间机构，是日本独创的一种法人类型。

有些国家会通过立法或出台政策，要求高等教育机构接受外部质量保证机构的评估和认证。如日本 2004 年 4 月后，所有的国立、公立和私立大学都必须定期

---

① 参见赵恒平、龙婷：《20 世纪 60 年代以来英国高等教育政策的文本分析》，载《理论月刊》2007 年第 5 期，第 151—153 页。

② See Mission, Objection, Vision and Values[EB/OL]，AUQA(s. d.)，http://www. auqa. edu. au/aboutauqa/mission/，2009-08-08.

③ See Board Members[EB/OL]，AUQA(s. d.)，http://www. auqa. edu. au/aboutauqa/board/，2009-08-08.

接受外部认证机构的认证,并且这些认证机构须经文部省鉴定。① 澳大利亚教育、科学和培训部部长尼尔森博士在其报告《我们的大学——支撑澳大利亚的未来》中提到在高等教育质量保障问题上,联邦政府要求原澳大利亚教育、就业、培训和青年事务部长级委员会下属的澳大利亚大学质量署负责对所有高校办学情况,包括各大学在海外办学的运行情况,进行审查。②

第二,中介入的政府会制定或认可一整套国家高等教育质量标准,以规范国内高等教育质量的认证或评估规则或准则。如澳大利亚联邦政府制定了澳大利亚学历资格框架,这是澳大利亚学校、职业教育和培训以及高等教育部门的质量保证国家框架,其中包括对高中、职业教育和培训,以及高等教育部门印发现行国家资格证明进行指导的国家准则。③ 英国则是由高等教育质保署与高等教育部门共同制定一套建立和维护质量及学术标准的准则和参考点。④ 2002 年荷兰议会通过了《高等教育和研究法案》,要求对大学和高等职业教育学院提供的学位课程按照一套教育、文化和科学部制定的标准进行认证。⑤

第三,推动高校内部质量管理制度建设也是中介入型政府间接管理高等教育质量的重要方式。政府往往通过立法或出台政策,督促高等教育机构建立完善的内部质量管理机制,但不过多施加行政干预,给予高校较大的自治权力。1991 年日本修订了《大学设置基准》,其中第 2 条规定:"大学……必须尽力进行自我检查和评价。……还要准备适宜的体制。"⑥英国 1985 年政府绿皮书《20 世纪 90 年代英国高等教育的发展》中要求高校建立明确而公开的教学质量监督和控制制度,以及可由校外代理机构进行教学质量评价。⑦ 其后在 1991 年的政府白皮书《高等教育的框架》中也提出:"每一所高等院校承担着保持和提高教学质量的主要责任……质量控制:在高等院校内部完善院校质量保证的机制。"⑧

虽然中介入型政府在市场利用上不如低介入型政府,但是与低介入型政府相

---

① See Quality Assurance Mechanisms〔EB/OL〕,http://www.mext.go.jp/english/koutou/002.htm,2009-08-16.

② 参见吕达、周满生:《当代外国教育改革著名文献(日本、澳大利亚卷)》,亦兵等译,人民教育出版社 2004 年版,第 481 页。

③ See The Australian Qualifications Framework〔EB/OL〕,AQF(s.d.),http://www.aqf.edu.au/AbouttheAQF/TheAQF/tabid/108/Default.aspx,2009-07-28.

④ See Academic Standards and Quality〔EB/OL〕,QAA(s.d.),http://www.qaa.ac.uk/academicinfrastructure/default.asp,2009-07-28.

⑤ 参见田恩舜:《高等教育质量保证模式研究》,华中科技大学 2005 年博士学位论文,第 92—138 页。

⑥ 张维平、张诗亚:《中小学依法治校实用全书(下)》,世界知识出版社 2007 年版,第 1561 页。

⑦ 参见吕达、周满生:《当代外国教育改革著名文献(英国卷第 1 册)》,亦兵等译,人民教育出版社 2004 年版,第 27—50 页。

⑧ 吕达、周满生:《当代外国教育改革著名文献(英国卷第 2 册)》,亦兵等译,人民教育出版社 2004 年版,第 17—21 页。

比，中介入型政府自有其优势：首先，由于在高等教育质量管理中的介入程度更高，中介入型政府能够更好地引导、协调和监督国内高等教育质量管理活动，也能够在一定程度上发挥中介组织的作用。其次，国内只有一套高等教育质量评估认证体系，避免加重高校的负担。最后，政府制定或认可的统一质量评估标准，能够起到"标杆性"的作用，有利于高等教育整体水平的提高。

3. 高介入："放"少于"收"

在政府高介入型的国家，高等教育质量管理体系中处处体现着国家和政府的意志。其一，高等教育质量管理机构作为国家行政权力机构，自然要对国家负责，并且统一控制全国高等教育质量管理活动。其成员任免、经费来源等都带有强烈的官方色彩。其二，高等教育质量的外部管理力量明显强于内部管理力量。高校内部质量管理制度无论在建立目的、运作方式还是质量指标和标准上，都或多或少受到政府的影响，因而高校的自治权相对较小。

法国政府是典型的高介入型政府。根据 1984 年法国《高等教育法》成立的法国国家评估委员会是一个独立于其他教育部门的，负责评估所有科学、文化和职业公立高等学校的国家行政权力机构，直接向共和国总统报告。[①] 它评价一切公立高等学校合同执行的结果，拥有对每件事到现场调查研究的权力，可以建议旨在改进学校管理、提高教学和科研效率的措施。[②] 2006 年，法国政府因参与博洛尼亚进程（bologna process）而建立了研究与高等教育评估局（agence d'évaluation de la recherche et de l'enseignement supérieur, AERES），它同样作为一个独立的行政权力机构，以每 4 年为一个周期，总体评价高等教育和研究。[③] 法国国家评估委员会和研究与高等教育评估局的经费都由政府提供。法国国家评估委员会的董事会中有 25 名成员，其中 4 名成员来自政府有关机构。[④] 研究与高等教育评估局的董事会也有 25 名成员，其中 2 名来自政府有关机构，主席由总统任命。[⑤]

俄罗斯高等教育质量评估体系由许可、评定和鉴定三个环节组成，根据 1992 年《俄罗斯联邦教育法》的规定，许可是指教育机构必须获得办学许可证，评定是指评估教育机构毕业生培养工作的内容、质量与国家教育标准的要求水平是否一致，鉴定是指鉴别教育机构为完成教育过程所提供的条件与地方提出的要求是否

---

① See Les issions et les principes d'action[EB/OL], CNE(s. d.), http://www. cne-evaluation. fr/fr/present/som_mis. htm,2009-08-06.

② 吕达、周满生：《当代外国教育改革著名文献（德国、法国卷）》，亦兵等译，人民教育出版社 2004 年版，第 297 页。

③ See Missions[EB/OL], AERES(s. d.), http://www. aeres-evaluation. fr/Missions,2009-08-06.

④ See Composition[EB/OL], CNE. (s. d.), http://www. cne-evaluation. fr/fr/present/som_mis. htm,2009-08-08.

⑤ See Organisation[EB/OL], AERES. (s. d.), http://www. aeres-evaluation. fr/Organisation,2009-08-08.

一致。① 俄罗斯教育部组建认可、鉴定和评定部的主要职能包括接收并审查来自教育机构的需要进行认可、评定和鉴定的申请;组织并协调一切与教育大纲和教育机构活动质量评价有关的程序;颁发教育活动的许可证和国家鉴定的证明。② 2003年,俄罗斯签署了《博洛尼亚宣言》(Bologna Declaration),由此,俄罗斯引入新的高等教育质量标准和要求,并创建了新的质量评价体系——全俄教育质量评价体系,新的高等教育质量标准体系和鉴定指标体系及其他相关文件,为俄罗斯高等教育质量提供了规范上的保证和执行依据。③

政府高介入的国家中,高等教育质量管理机构本身是国家行政部门,其差别仅在行政级别高低,主要是政府牵头对高校的教学、科研质量和绩效管理等工作进行监督和督促,高等教育行业自律较少或缺失。由此导致高校内部质量管理制度的建立目的和准则往往只是为了配合国家质量评估机构的工作和要求,处于从属地位。另外,由于法律与制度不健全,外部市场环境没有形成等原因,留给高等教育质量评估社会中介组织发展的空间较小。

目前国际上的改革趋势是,高等教育质量管理低介入的国家,逐渐开始重视政府的作用。这些国家一方面认识到政府在高等教育质量管理上有难以推卸的责任;另一方面,由于政府的全局性意识,掌握各种资源且便于调度,以及由上至下推动改革的行政效率等,政府的适度介入将会达到其他主体所达不到的影响力。如美国高等教育认证制度的完善,就得益于联邦政府不断地积极介入。而高介入和一些中介入的国家,政府则逐渐下放权力给高校和市场。如法国 2007 年出台的《大学自由和责任法》(即《大学自治法》),就将教师聘用权下放给高校。④ 又如日本 2003 年后大学建立标准和审议程序变得更为灵活,大学如设立不太偏离现有学术领域的院系或部门,无需经过事先审议便可通过,以便大学完善组织架构,跟上学术进步和社会变革。⑤

因此,在高等教育质量管理中,政府介入程度的适宜得当能够提高管理的有效性和效率。一方面,既要切合本国的教育体制和社会、经济的实际情况,又要关注国际教育大环境的动态发展对本国高等教育的影响;另一方面政府应当牢固把握

---

① 参见吕达、周满生:《当代外国教育改革著名文献(苏联—俄罗斯卷)》,亦兵等译,人民教育出版社 2004 年版,第 240—241 页。

② 参见刘娜、许明:《俄罗斯高等教育质量评估体系概述》,载《内蒙古师范大学学报(教育科学版)》2005 年第 9 期,第 77—80 页。

③ 参见单春艳:《俄罗斯高等教育质量标准及评价体系的革新》,载《外国教育研究》2008 年第 6 期,第 40—43 页。

④ 参见尹毓婷:《博洛尼亚进程中的法国高等教育改革研究》,载《复旦教育论坛》2009 年第 3 期,第 68—72 页。

⑤ See Quality Assurance Mechanisms[EB/OL], MEXT(s. d.), http://www. mext. go. jp/english/koutou/002. htm,2009-08-05.

宏观管理的界限,避免直接介入高等教育质量管理实践,将具体的高等教育质量相关事务授权中介组织和高校实施,使高等教育内部和外部质量管理体系共同、协调发展。

三、政府在高等教育质量管理中的基本职能

政府的基本职能,指政府的行为方向和基本任务。[1] 这是政府内部的一种横向划分,根据广义的政府定义,包括立法机关、行政机关和司法机关在内的各类国家权力机构的功能和效用。

高等教育质量管理中政府的基本职能,指政府进行高等教育质量管理时,与工作内容和目标相关的基本任务和作用。主要是将政府的宏观管理权进一步切分,细化为规划、执行、保证和提高四个职能环节。规划职能是指政府计划某一时期的高等教育质量发展目标或关于高等教育质量管理方面的某一项任务,制订、选择并实施方案;执行职能是指政府按照规划,设立机构或者组织协调人员,提供必要信息和资源,有效达成目标或完成任务;保证职能是指政府通过完善各种配套机制,保证某一时期关于高等教育质量管理方面的某一项任务的整个过程与结果达到预期目标;提高职能是指政府在原有成果的基础上,总结成功和失败的经验,弥补不足,发挥优势,提高管理能力。确保政府在这四个基本职能上履行到位,做到高等教育质量管理工作有限、有效、有序地进行。

四、政府在高等教育质量管理中的行为方式

政府的行为方式,指政府在履行其基本职能时所选择的具体方式,可以将其比做政府可资利用的影响经济社会发展的工具箱中的一系列工具,包括经济的、法律的、政策的或制度的工具及其组合;由于价值(意识形态)中性,这些工具可以服务于任何时候、任何类型的政府。[2]

政府在高等教育质量管理中的行为方式,是指在上述基本职能之下,政府可以采取具体的工具与手段,如建立健全高等教育质量管理法律框架,借助各种质量评估或认证组织,改变财政拨款方式或依据,推进与高等教育质量相关的国际合作等,以解决政府直接控制所无法解决或会引起冲突的实际问题。

1. 以法律为基石:建立健全高等教育质量管理法律体系

高等教育质量管理法律体系是指国家现行的、关于高等教育质量管理的法律规范有机联系的统一整体。建立健全高等教育质量管理法律体系,是政府从直接的行政管理转变为宏观管理的第一步,也是一国高等教育质量管理制度的基石。

---

[1]　参见燕燕:《社区自治与政府职能转变》,中国社会出版社 2005 年版,第 94 页。

[2]　参见张钢:《公共管理学引论》,浙江大学出版社 2003 年版,第 114 页。

　　首先,高等教育质量管理法律体系是国家高等教育法律体系的重要组成部分,是保证和提高高等教育质量的前提条件和重要基础。其一,教育法或高等教育法是高等教育质量管理法律体系的核心组成部分,占有统领性的地位。如美国《高等教育法》、英国《继续教育和高等教育法》和2004年《高等教育法》、俄罗斯《高等教育法》、法国《高等教育法》、日本《学校教育法》、德国《高等教育框架法》(Hochschulrahmengesetz, HRG)等。其二,其他众多的调节高等教育质量管理各个领域的法律规范,与教育法或高等教育法一起构成了有机联系的整体。如日本《国立大学法人法》、《独立行政法人通则法》及《独立行政法人——大学评价·学位授予机构法》,法国《大学教育改革法》、《技术创新与科研法》及《大学自由和责任法》等。还有地方政府制定的法律规范。如美国各州的教育法、德国各州的《学校教育法》、《高等教育法》等。另外,各级政府部门出台的一系列政策,作为贯彻执行法律的配套实施细则,对机构设置、运行方式、人员配置、提供资源和保障等作出进一步规定。其三,法律与政策各司其职、互相配合,架构起了一个相当完善的高等教育质量管理政策法律框架,指引高等教育质量的发展。

　　其次,高等教育质量管理法律体系确立了高等教育质量管理主体的法律基础和合法地位。如德国课程认证基金会建立的法律基础之一德国《高等教育框架法》第9条第2款①规定:"各州应共同确保相应课程、学分、学位的等值性,且转学至其他高等教育机构的可能性有所保证。"②又如法国1989年的《教育指导法》第24条确立了具有科学、文化、职业性质的公立机构进行评估的国家评估委员会是个独立的行政权力机构。③日本2003年《国立大学法人法》和《独立行政法人——大学评价·学位授予机构法》使大学评价·学位授予机构脱离文部省,成为非政府、非民间的独立行政法人。

　　最后,高等教育质量管理法律体系能够理顺法律调整的对象与方式,明晰各对象之间的法律关系。一方面使它们的行为有法可依,另一方面又规范了它们的行为。如日本政府除建立大学评价·学位授予机构外,又于2003年成立了国立大学法人评价委员会。它是属于文部省内部的一个行政组织,其职能之一就是检查、评价2004年4月法人化以后的国立大学教育研究质量。④显然,与同样评价国立大

---

　　① See Legal Framework[EB/OL], Accreditation Council(s. d.), http://www. akkreditierungsrat. de/index. php? id = 20&L = 1&size = title%3Dlegal,2009-08-17.

　　② The Framework Act for Higher Education(HRG)[EB/OL], BMBF. (s. d.), http://www. bmbf. de/pot/download. php/M:2764 + Framework + Act + for + Higher + Education/ ~ /pub/hrg_20050126_e. pdf,2009-08-18.

　　③ 参见吕达、周满生:《当代外国教育改革著名文献(德国、法国卷)》,亦兵等译,人民教育出版社2004年版,第323页。

　　④ 参见张玉琴、赵晓凤:《日本大学质量保障新体系研究》,载《复旦教育论坛》2005年第3期,第78—82页。

学质量的大学评价·学位授予机构的职能重复了。在日本《国立大学法人法》及其相关法律草案中，理顺了这两个组织之间的关系：国立大学法人评价委员会先接收国立大学的自我评估结果，再将其中有关教育和研究的部分委托大学评价·学位授予机构评价，最后由后者将结果反馈给前者。[①]

因此，各国政府都在致力于构建一个权责明确、层次分明、协调配合的高等教育质量管理法律体系，创造一个高等教育机构内部与外部质量管理制度互为补充、互相促进；社会中介组织有序、蓬勃发展；地方相关法律、政策既体现地方特色，又兼顾整体统一；人们对高等教育质量满意；国际上声誉卓著的高等教育质量管理环境。

2. 以制度为中心：推动和完善高等教育外部质量管理制度建设

政府往往是国家高等教育质量外部管理制度建立的推动者，从近三十年各国高等教育发展历史来看，凡是已经建立相对成熟的高等教育外部质量管理制度的国家，政府必定是改革的推动者、支持者和提供保障者之一。

以澳大利亚高等教育质量外部管理制度的建立为例。澳大利亚政府于20世纪90年代开始，逐渐重视高等教育质量，开始反思原先仅靠高等教育内部质量管理制度的缺陷并寻求更为合理和有效的保证方法，于1993年设立高等教育质量保证委员会，审核高校内部质量保证制度和程序，并根据评估结果对政府分配大学补助经费提出建议。1995年建立澳大利亚学历资格框架，此后在这一质量保证国家框架下，澳大利亚的内、外部质量保证制度开始协调发展。1998年开始，当时的教育、培训和青年事务部（Department of Education，Training and Youth Affairs，DETYA）要求大学制订质量保证与改进计划，且与大学年度资金安排挂钩等。[②] 2000年3月，当时的教育、就业、培训和青年事务部长级委员会颁布了《高等教育审批规程的全国性协议》，决定相应调整原先比较薄弱的外部质量管理制度，建立一个独立的质量评估机构，而不再采取政府直接介入评估的管理方式。同年，澳大利亚大学质量署成立，澳大利亚新的高等教育质量保障体制逐步形成。联邦政府负责宏观管理、监督和财政拨款。[③] 州和地方政府则负责本辖区大学建立的资格认定，可以由州和地方政府注册机构或专业组织进行，也可以由州和地方政府设立或授权认可机构负责接受大学的认可申请。[④] 由澳大利亚大学质量署负责建立统

---

① 参见徐国兴：《日本高等教育评价制度研究》，安徽教育出版社2007年版，第119页。

② 参见孙金玉：《澳大利亚高等教育质量保证体系阐述及启示》，载《黑龙江教育（高教研究与评估）》2007年第5期，第87—89页。

③ 参见李雪飞：《高等教育质量话语权变迁——从内部到外部的历史路径探析》，载《清华大学教育研究》2006年第8期，第89—94页。

④ 参见侯威、许明：《澳大利亚高等教育质量保证机制概述》，载《比较教育研究》2002年第3期，第22—27页。

一的质量标准，开展高等教育外部质量评估并报告。① 由此，在澳大利亚联邦和地方政府的协同推动下，形成了相当完全的高等教育外部质量管理制度。

可见，政府推动和完善高等教育质量外部管理制度建设时，不可能单靠自身力量，而应一方面行使宏观管理权和监督权，对高等教育机构的内部质量保证，以及高等教育行业自律进行监控；另一方面则下发部分权力给予独立于政府和高等教育部门的第三方中介组织，依靠它们的力量避免政府对高等教育质量进行直接管理，从而形成政府与高校，以及非政府组织、民间团体等共同参与评估、共同管理的多边共治的新模式。②

细数各国的高等教育质量管理中介组织与政府的关系，其一，在这些组织或机构的初始建立上，往往与政府有千丝万缕的关系。有些直接由政府创立，如澳大利亚大学质量署和德国认证委员会（Deutscher AkkreditierungsRat，DAR）。有些本身就是国家行政部门，如法国国家评估委员会、研究与高等教育评估局，又如日本的大学评估·学位授予机构原是文部省的下属机构，2004 年后才成为独立的行政法人。有些在成立时获得政府的大力支持和认可，如英国高等教育质保署、美国高等教育认证委员会等。其二，政府为这些高等教育质量管理中介组织提供了法律保障、正常运行的资金支持，并且促进它们不断完善，因而政府虽不直接干涉，但对它们还是有一定的影响力，差别在于影响力的强弱上。除了前述已经提及的法律基础和保障外，在资金支持方面，如前述的法国国家评估委员会、法国研究与高等教育评估局、日本的大学评估·学位授予机构、澳大利亚大学质量署、德国认证委员会等，其主要的运行资金来源都是政府财政拨款，主要成员的构成中也都有来自中央或地方政府部门的人员。而前述的英国高等教育质保署虽然也接受政府拨款，但并非主要来源。在促进其完善上，如前述英国政府在 1997 年的《迪尔英报告》中，建议强化质保署的功能。

政府在放权与控制之间寻找到的最好行为方式是高等教育质量管理中介组织。政府设立、支持，以及有效利用高等教育质量管理中介组织，能够借由这些中介机构传达和实现政府的政策和目的，从而对高等教育质量进行有效的宏观管理。这些中介组织由于独立于政府和高等教育机构，因此可以成为政府和高校间矛盾的"缓冲器"和"减震器"，既避免了政府涉入高等教育质量管理的具体事务，给高校留下了较大的自治空间，又使高等教育质量按政府的意愿和规划发展。

---

① 参见李雪飞：《高等教育质量话语权变迁——从内部到外部的历史路径探析》，载《清华大学教育研究》2006 年第 8 期，第 89—94 页。

② 参见田恩舜：《我国高等教育质量保证模式变革中政府、高校与社会的行动策略》，载《黑龙江高教研究》2007 年第 1 期，第 1—3 页。

3. 以元评估为保障:充当元评估者和元认证者

政府部门经常作为元认证和元评估的主体,从宏观层面参与到高等教育的质量认证和评估中。

以美国高等教育质量认证制度为例。美国联邦教育部对认证机构的官方认证和高等教育认证委员会对认证机构的非官方认证,加上全国性认证机构,地区性认证机构和专门职业认证机构,构成了相当完善的美国认证制度。由于前述要申请联邦各种助学项目的高校,必须通过由美国联邦教育部所认可的认证机构的认证,因此联邦教育部在美国整个高等教育质量认证制度中起到十分重要的作用。至2009 年 4 月,美国所有 8 个地区性认证机构,11 个全国性认证机构(其中 4 个为宗教性院校认证机构,7 个为职业性院校认证机构),以及 66 个专业认证机构中的 39 个——总共 58 个认证机构都接受了美国联邦教育部的认证(另有 20 个曾接受过联邦教育部的认证),其中有 37 个认证机构接受的是联邦教育部和高等教育认证委员会的"双重"认证。[1] 联邦教育部进行元认证的具体程序是:先由认证机构提出申请并等待教育部审核,若审核通过,即向机构质量和完整性国家咨询委员会(National Advisory Committee on Institutional Quality and Integrity, NACIQI)提出书面报告和推荐认可,经该咨询委员会的评审会议后,由教育部长进行终审并作出决定。[2] 该咨询委员会根据 1965 年的《高等教育法》第 11 条和 1992 年的《高等教育修正法案》(公法 102-325)设立,2008 年的《高等教育机会法案》第 106 条(公法110-315)改变了联邦教育部的成员结构,原本 15 名成员都由教育部长任命,现在改为由众议院、参议院和教育部长各任命 6 名,共 18 名成员。[3] 一般要求认证机构至少在学生成就、教育计划、师资、设施、设备与供应、财政与行政管理、学生后助服务、教务、学位与证书、投诉等方面制定了评估标准或准则,认可期最长为5 年。[4]

① See Recognized Accreditation Organizations (as of August 2010) [EB/OL], CHEA (s. d.), http://www. chea. org/pdf/CHEA_USDE_AllAccred. pdf,2010-08-04.

② 参见王建成:《美国教育认证机构的行业认可和官方认可》,载《比较教育研究》2005 年第 6 期,第42—46 页。

③ See National Advisory Committee on Institutional Quality and Integrity[EB/OL],U. S. Department of Education. (s. d.), http://www. ed. gov/about/bdscomm/list/naciqi. html,2009-08-18.

④ 参见牟延林、吴安新等:《高等教育质量法律控制系统》,中国经济出版社 2006 年版,第 69 页。

表 3-1　至 2009 年 4 月联邦教育部和高等教育认证委员会认可的美国认证机构数

认证机构类别		机构数	现获联邦教育部认可	曾获联邦教育部认可	现获高等教育认证委员会认可	曾获高等教育认证委员会认可
地区性认证机构		8	8	/	7	1
全国性认证机构	宗教性	4	4	/	4	/
	职业性	7	7	/	2	
专业性认证机构		66	39	20	46	1
总数		85	58	/	59	

资料来源：Recognized Accreditation Organizations（as of August 2010）[EB/OL]，CHEA（2010-08-10），http://www.chea.org/pdf/CHEA_USDE_AllAccred.pdf，2010-09-04.

作为分权制国家，德国高等教育认证制度的发展历程中，各州和直辖市政府的作用十分巨大。州和地方政府的高等教育管理机构（州文化部或高教局）或者由他们授权认可的评估机构是评估的组织承担者之一，如下萨克森州评估中心和北威州评估站。① 1998 年，德国各州文教部长联席会议与德国高等学校联合会合作，建立了跨地区的德国认证委员会，并于 2001 年正式建立跨州的学位课程认证制度，具体的认证工作由经认证委员会认证的中介组织完成。② 认证委员会的 18 位成员中有 4 位各州政府代表，其中一位任副主席。③ 2004 年底各州文教部长联席会议通过决议出台法令，并经德国 16 个州授权认可，于 2005 年建立德国课程认证基金会（Foundation for the Accreditation of Study Programmes in Germany）。④ 其使命包括对认证机构进行认证，建立认证的程序性规则和标准；向高等教育机构和社会发布认证程序的目标及结果；完善认证制度等。⑤ 该基金会由董事会、认证委员会、基金会、理事会、总部这几个部分组成，其中认证委员会负责决策基金会的所有事务，尤其是对中介机构的认证和再认证。⑥ 目前，经认证委员会认证的中介机构已达 9 所。⑦

2004 年 4 月新修订的《学校教育法》实施后，日本省开始对第三方认证评估机

① 参见刘敏：《当代德国高等教育改革评述》，南京理工大学 2007 年硕士学位论文，第 45—48 页。

② 参见李敏：《德国高等教育认证制度及其借鉴意义》，载《长春工业大学学报（高教研究版）》2008 年第 6 期，第 114—117 页。

③ See Members of the Accreditation Council [EB/OL]，Accreditation Council（s.d.），http://www.akkreditierungsrat.de/index.php?id=18&L=1&size=，2009-08-17.

④ See Legal Framework[EB/OL]，Accreditation Council（s.d.），http://www.akkreditierungsrat.de/index.php?id=20&L=1&size=title%3Dlegal，2009-08-17.

⑤ See Mission Statement[EB/OL]，Accreditation Council（s.d.），http://www.akkreditierungsrat.de/index.php?id=10&L=1，2009-08-17.

⑥ See Organigram [EB/OL]，Accreditation Council（s.d.），http://www.akkreditierungsrat.de/fileadmin/Seiteninhalte/Stiftung/Organigramm/organigram_foundation.pdf，2009-08-17.

⑦ See Accreditation Agencies[EB/OL]，Accreditation Council（s.d.），http://www.akkreditierungsrat.de/index.php?id=5&L=1&size=title%3Daccreditation，2009-08-17.

构进行鉴定。至 2007 年 4 月,已有大学评价·学位授予机构、大学基准协会、高等教育评估机构、短期大学基准协会和法律基金会(评价法学院)通过文部省的鉴定。① 另外除了对认证评估机构的认证外,文部省还对高等教育机构内部的质量管理制度进行评估。日本高校的中期发展目标(6 年)以及实施计划并非校方确定后就可实施,需经文部省认可后才可生效。②

在荷兰,代表政府实行元评估的是高等教育视导团,它作为教育文化科学部乃至政府的代表,负责评估荷兰其他质量评估机构,如荷兰大学协会和高等职业教育联合会等的评估工作。③ 为此,荷兰政府专门制定了《质量评估机构的协议》,对评估机构提出了一系列要求,并定期进行审查。④ 此外,高等教育视导团还对高校按照评估结果所做的改进工作进行评估,评估结果要报告教育文化科学部。⑤

综上所述,政府不介入具体的院校、专业、课程等评估行为,而仅参与元评估,一方面能够在事实上设立高等教育质量的最低标准,另一方面,这是政府在高等教育质量管理权力的下放与控制间较理想的平衡点。政府利用对半官方半民间或民间质量管理中介组织进行元认证,辅以财政拨款等有限的行政手段,既不过多干预,又可有效对高等教育质量发展加以宏观调控。

4. 以拨款为抓手:评估结果与拨款挂钩

如何利用高等教育质量评估或认证机构作出的评估结果,既是高等教育质量管理制度发展中值得探索的一项课题,也是政府对高校财政拨款方式改革可资利用的依据之一。

目前,在大多数国家中,评估结果未与政府的财政拨款直接挂钩,一般只是间接地对拨款产生影响,或受影响的部分在拨款总额中占的比例较小。在美国凡经政府认可的认证机构,其认证结果都被看做政府对高校进行拨款和项目资助的重要依据,但是并非直接挂钩。⑥ 在英国的高等教育质量管理体系中,评估结果也不与拨款挂钩,只是作为一个参照系数。⑦ 但由于生源多少是高等教育基金委员会拨款的重要决定因素,而评估结果是影响学生择校的因素之一,因而质保署的评价

① See Quality Assurance Mechanisms[EB/OL],MEXT(s. d.),http://www.mext.go.jp/english/koutou/002.htm,2009-07-29.

② 参见张玉琴、李锦:《日本高等教育认证评估模式》,载《高校教育管理》2008 年第 1 期,第 16—19 页。

③ 参见傅芳:《西欧大陆国家高等教育质量保障中的政府行为研究——以法国、荷兰、瑞典为例》,华东师范大学 2006 年硕士学位论文,第 32 页。

④ 参见周海涛:《世界高等教育质量评估发展背景、模式和趋势》,载《教育研究》2008 年第 10 期,第 91—95 页。

⑤ 参见傅芳:《西欧大陆国家高等教育质量保障中的政府行为研究——以法国、荷兰、瑞典为例》,华东师范大学 2006 年硕士学位论文,第 32 页。

⑥ 参见王洪斌、张漪:《美、英、法三国教育评估机构的现状与发展趋势》,载《评价与管理》2008 年第 12 期,第 14—18 页。

⑦ 参见刘萍:《英国高等教育质量保障体系探析》,西南大学 2007 年硕士学位论文,第 26—32 页。

报告间接地影响到大学所获教学拨款的数额。[①] 在德国,高校的评估结果与划拨给高校的经费挂钩。[②] 在日本,虽然现在未将评价结果与财政拨款直接挂钩,但2003 年通过的国立大学法人化及其相关法律草案中,有文部省根据评价结果分配财政拨款这一设想,因此可以预计具体操作方法正在摸索之中。[③]

评估结果与拨款挂钩,确实有许多益处:第一,有利于高校建立和完善内部高等教育质量管理制度;第二,促使政府的资金投入向更优秀的高等教育机构倾斜,鼓励高校不断提高质量。但若政府拨款数额完全或主要由评估结果决定,则会产生很多弊端:第一,使高校建立内部高等教育质量管理制度的目的和原则过于功利化,其评估准则和指标为了配合政府的要求,可能会变得僵化,而不利于高校个性发展。例如过度追求生源数量,而忽视实际容纳能力,以及学生数超过负荷造成质量下降、不利长远发展等弊端。第二,有可能造成院校为了获取更多经费而在数据上造假,导致评估结果与拨款挂钩的目的出现偏差。第三,不利于中、低水平高等教育机构的发展。政府拨款时过度注重评估结果,在一定程度上有失公平,反而会损害到中、低水平高等教育机构提高质量的积极性。

与高等教育质量评估结果不同,许多国家将高校绩效评估结果与政府拨款直接挂钩。绩效评估指对大学的办学目标、发展优势、运行效能、内部满意度和办学业绩所实施的价值测评活动。[④] 其指标体系与高等教育质量评估或认证不同。在法国,建立了以绩效换经费的竞争机制,政府依据财力对大学执行"四年制合同"的年度评估报告,确定财政拨款总额;其指标包括教学科研、学生职业融入、人员招聘、评价要求及参加"科研与高等教育园区"等。[⑤] 在俄罗斯,近年来也开始以竞标方式向高校分配补给资金,表明俄罗斯对高等教育的财政支持逐步转向以质量作为重要衡量标准。[⑥] 在日本,2004 年国立大学法人化之后,政府对国立大学法人实行目标管理,拨款和绩效评价的结果挂钩。[⑦] 荷兰 2000 年引入了新的拨款机制,称为绩效拨款模式(PMB),其中教学拨款 50% 的预算将以绩效为基准,指标包括文

① 参见史秋衡、吴雪:《英国高等教育质量管理制度变迁探析》,载《厦门大学学报(哲学社会科学版)》2009 年第 3 期,第 106—113 页。

② 参见刘敏:《当代德国高等教育改革评述》,南京理工大学 2007 年硕士学位论文,第 45—48 页。

③ 参见徐国兴:《日本高等教育评价制度研究》,安徽教育出版社 2007 年版,第 117—118 页。

④ 参见张庆文、马岺:《大学绩效评估指标系统的信度与效度分析》,载《河北大学学报(哲学社会科学版)》2009 年第 3 期,第 88—92 页。

⑤ 参见胡佳:《法国综合大学面临的困境及应对战略》,载《中国高等教育》2008 年第 19 期,第 58—60页。

⑥ 参见单春艳:《俄罗斯高等教育质量标准及评价体系的革新》,载《外国教育研究》2008 年第 6 期,第40—43 页。

⑦ 参见〔日〕矢野眞和:《改革から政策へ——大学の時間と経営の時間》,载《論座》2006 年第 135 期,第 207—213 页;转引自徐国兴:《日本高等教育评价制度发展 15 年述评》,载《高教探索》2008 年第 1 期,第69—71 页。

凭数量、学生注册数目和大学固定支出，因此大学要通过提高教学质量来吸引更多的学生，以获得政府更多的财政拨款。[①] 将绩效评估与拨款挂钩，能够通过高校间的竞争，激励大学不断完善高等教育内部质量保证制度，最终提高全国高等教育质量，提升在国际上的竞争力。

5. 以项目为动力：发起和主导高等教育质量提升专门项目

政府在高等教育质量管理中另一项常用的行为方式是发起和主导具有本国特色的高等教育质量提升项目，通常是依靠政府大量的财政投入，统合各种资源，联合各方利益群体的力量，开展由政府主导，各方协作，持续数年的有针对性的高等教育质量提高计划。

法国政府曾发起过多次高等教育质量提升项目，如 1990 年的"大学 2000 年计划"（U2000 计划），目的是通过中央政府与地方政府的合作，共同增加对高等教育基础设施建设的投入；1998 年的"第三个千禧年的大学计划"（U3M 计划），目的是增加教育资源，提高教育质量，推动科学研究，确保国家高等教育能够对国家（地区）的经济社会发展作出更多的贡献。[②] 2007 年 8 月，法国通过了《大学自由和责任法》（即《大学自治法》），以此法为基石，法国政府制定了一个为期 5 年的发展规划，推进包括高校内部权力结构调整，高校获得财政预算、人力资源和房产所有等更多方面的自主权，地方政府权力扩大等多项改革，目的是造就"新的大学"。[③] 政府的主要目标包括：进入大学三年级（学士文凭）学生的平均升级率从当时的 37% 提升到 50%；国内两所综合大学的排名要进入世界 20 强，10 所综合大学要进入世界 100 强。[④]

1998 年，德国联邦政府和州政府共同启动了"Q 项目"，旨在制定不同的高等教育质量保证方法并提升德国在整个欧洲质量保证体系中的位置；至 2006 年，联邦政府每年拨款 50 余万欧元用于该项目的实施。[⑤] 2005 年起，德国启动了"为德国打造一流大学"评选活动，根据计划，2007 至 2011 年间，联邦和州政府将投入 19 亿欧元用于大学教育和科研，其中 75% 的资金由联邦政府提供，25% 由各州政府提供，这些资金除了资助评选出的一批"精英大学"外，还将资助一些技术学院和科

---

① 参见博芳：《西欧大陆国家高等教育质量保障中的政府行为研究——以法国、荷兰、瑞典为例》，华东师范大学 2006 年硕士学位论文，第 32 页。

② 同上书，第 12—13 页。

③ 参见陆华：《建立"新大学"：法国高等教育改革的逻辑》，载《复旦教育论坛》2009 年第 3 期，第 63—67 页。

④ 参见胡佳：《法国综合大学面临的困境及应对战略》，载《中国高等教育》2008 年第 19 期，第 58—60 页。

⑤ See Bundesministerium für Bildung und Forschung, Der BolognaProzess, 2008-06-16. 转引自徐理勤：《博洛尼亚进程中的德国高等教育改革及其启示》，载《德国研究》2008 年第 3 期，第 72—80 页。

研中心。① 与此相似,2001 年日本文部省宣布建立"30 所一流大学计划",在 10 个学科领域中,根据评估结果挑选出 30 所学校机构,在 5 年之内将一项专门的研究经费持续地分配到这些教育机构中(主要是研究生院的那些专业)。②

在我国,近年来也规划实施了多项提高高等教育质量的项目。例如,1993 年"211 工程"正式启动,在"九五"期间建设一百所左右高等学校和一批重点学科点,使这些高校在教学、科研质量、办学效益和管理水平等方面得到较大提高。此后,1998 开始实施的"985 工程"以建设若干所世界一流大学和一批国际知名的高水平研究型大学为目标,建设任务包括机制创新、队伍建设、平台建设、条件支撑和国际交流与合作,目前"985 工程"三期已正式启动。2006 年,"国家示范性高等职业院校建设计划"正式启动,以建立结构合理、功能完善、质量优良的高等职业教育体系。继上述三项专项高等教育质量提升项目之后,"高等学校本科教学质量与教学改革工程"("质量工程")全面启动,建设任务包括专业结构调整与专业认证;课程、教材建设与资源共享;实践教学与人才培养模式改革创新;教学团队和高水平教师队伍建设;教学评估与教学状态基本数据公布;对口支援西部地区高等学校六个方面。2012 年,又启动了"2011 计划"。

由政府发起和主导的高等教育质量提升专项项目,一是有利于针对性地弥补高等教育质量发展中的薄弱环节,在一段时期内集中推动高等教育质量大幅提升;二是从系统论的角度看,由于发起和主导者是政府,因而能够整合整个国家的各方力量,充分考虑各种内外因素,资源充足且阻力较小。可见,政府的主导可以使各种专项高等教育质量提升项目有目标、有计划、有步骤、有配套、有保障地进行。同时,地方政府可以制定符合本辖区特点的子项目,使独特性与整体性都得到发挥。如上海于 2009 年启动的高等教育内涵建设"085 工程",其目的就是增强上海地区高校高等教育质量水平,建设若干所世界知名高水平大学和一批国内领先特色院校。

6. 以信息为支撑:提供高等教育质量的相关信息

在几乎所有国家,各种高等教育质量评估或认证机构都会将高校质量评估和认证的结果,以各种方式向公众公布。如英国高等教育质保署大部分的评估活动都会在其官方网站上公布,包括评估方法和对各院校的评估报告,公众都可以免费查询。③ 除此之外,各国政府还肩负着发布其他有关高等教育质量的信息,并使之融入外部质量管理制度的责任。如法国 1984 年《高等教育法》第 9 条规定:"对于

---

① 参见徐晋:《德国高等教育改革及其启示》,载《高等农业教育》2009 年第 4 期,第 86—88 页。

② 参见〔日〕马越彻、陈洁:《日本国立大学的重建问题》,李敏译,载《全球教育展望》2002 年第 1 期,第 30—33 页。

③ See About Us[EB/OL],QAA(s. d.),http://www. qaa. ac. uk/aboutus/ExterReview. asp,2009-09-07.

大学教育、大学教育的发展以及在质量方面社会需求的变化，要在所有高校、地区和全国建立广泛的信息网络。"①1992 年的《俄罗斯教育法》中规定俄罗斯联邦的教育权限包括"为教育系统提供信息……建立俄联邦统一的教育信息系统"②。因此俄罗斯组建了每年都要更新的中央国家鉴定数据库，这个数据库的内容包括俄罗斯高校活动基本指标的信息，以及中等和补充职业教育机关的信息。根据该数据库所包含的信息，不仅可以对鉴定指标标准化意义的有效性进行分析研究，还可对教育机构和整个教育体系活动的效能进行分析研究。③ 澳大利亚教育、就业和劳资关系部负责发布一系列可比资料为学生和高等教育机构提供大学的特征和绩效方面的信息，每年汇总并出版一次各大学质量保证计划和改进计划，作为教育年鉴的一部分。④ 英国建立教学质量信息网（TQI），供各高校定期发布其质量和标准的信息，以满足公众对院校质量信息的需求，增加质量信息和质量监控的透明度和可信度。⑤

可见，政府全方位、多渠道地收集高等教育质量相关信息，并及时、定时地向高校和社会发布，以保障高等教育部门及社会各界人士对高等教育质量的知情权。第一，使高校既了解自身质量情况，又了解在国内、国际上所处的境况和地位，从而不断改进教学、科研及服务质量。第二，勾勒出全国高等教育质量的发展情况和整体水平。第三，了解现行高等教育质量管理制度的优缺点，检查质量评估认证的指标和标准是否全面而科学，过程是否透明、公正，评价主体是否有缺漏等，从而进行改进或改革。第四，使社会得以履行高等教育质量的社会监督。因此，建立高等教育质量相关信息发布机制，是政府对高等教育质量进行宏观管理时不可或缺的一环。

7. 以国际合作为契机：参与高等教育质量管理国际合作

政府履行职能的最后一项重要方式是促进高等教育质量管理在国际上的交流与合作，包括高等教育质量评估认证与国际接轨，进行跨国认证组织合作，建立多国认可的高等教育质量评估指标和标准等。其中最值得一提的是博洛尼亚进程下的欧洲各国高等教育质量管理区域性合作。

---

① 吕达、周满生：《当代外国教育改革著名文献（德国、法国卷）》，亦兵等译，人民教育出版社 2004 年版，第 279 页。

② 吕达、周满生：《当代外国教育改革著名文献（苏联—俄罗斯卷）》，亦兵等译，人民教育出版社 2004 年版，第 236 页。

③ 参见刘娜、许明：《俄罗斯高等教育质量评估体系概述》，载《内蒙古师范大学学报（教育科学版）》2005 年第 9 期，第 77—80 页。

④ 参见郑晓齐：《亚太地区高等教育质量保障体系研究》，北京航空航天大学出版社 2007 年版，第 71 页。

⑤ 参见史秋衡、吴雪：《英国高等教育质量管理制度变迁探析》，载《厦门大学学报（哲学社会科学版）》2009 年第 3 期，第 106—113 页。

1979 年的《欧洲地区高等教育资格证书相互承认公约》(Lisbon Convention)之后,欧洲数国政府围绕学位制度、学分互换与累计、资格认证、质量的评估与保障等方面展开了一系列富有成效的合作。其中影响最大的是 29 个欧洲国家的教育部长们于 1999 年在意大利博洛尼亚共同签署的《博洛尼亚宣言》。① 该公约宣告了"博洛尼亚进程"正式开始。为到 2010 年建成欧洲高等教育区,实现欧洲高教和科技一体化,博洛尼亚进程设立了四个目标,其中之一就是"设立一个包括职业资格框架的共同的质量保障体系"②。《博洛尼亚宣言》中就提出"保证欧洲高等教育的质量",2005 年在柏根第三次双年度评价会议上通过的《柏根宣言》也要求各缔约国"加强建立高等教育质量保证体系"和"实施国家质量体系框架"③。

签署国际公约是一项政府行为,自然由政府在其中起主导作用。博洛尼亚进程的一系列公约作为区域性的国际公约,国家必须签署《博洛尼亚宣言》才能成为缔约国,往往由一国的教育部长签署。许多欧洲国家在成为缔约国后,政府对本国的高等教育质量保证制度进行了较大调整。如法国作为博洛尼亚进程的发起国和参与国,在 2006 年 4 月出台的法国研究计划法案中要求建立与欧洲和国际相适应的独立机构,负责对高等教育和研究进行评估,这促使法国政府于 2006 年 11 月发布第 1334 号法令,宣布建立研究与高等教育评估局,对高等教育科研机构和院校及其活动、高等教育资格和项目,以及对科研机构和院校成员进行评估的程序进行评估。④ 与法国相似,德国认证委员会的建立也是基于对博洛尼亚进程一系列公约的履行,其使命包括在国际上代表德国认证制度,并参与欧洲高等教育区的发展。⑤ 1999 年荷兰成为《博洛尼亚宣言》缔约国,此后政府进一步推动高等教育质量认证制度的建立。2001 年荷兰和弗兰德斯(包括现比利时的东佛兰德省和西佛兰德省以及法国北部部分地区)决定建立一个联合认证机构,2003 年 9 月两教育部长正式签署条约,"荷兰—弗兰德斯认证组织"(Nederlands-Vlaamse Accreditatieorganisatie,NVAO)这一跨国认证组织于 2005 年 2 月正式成立,该机构在荷兰以《高等教育与研究法》为基石,在弗兰德斯地区则基于高等教育结构法运行。⑥ NVAO 通过评估和认证高等教育机构提供的课程,独立地保证和提高荷兰和弗兰

---

① See About the Bologna Process [EB/OL], The official Bologna Process Website (s. d.), http://www. ond. vlaanderen. be/hogeronderwijs/bologna/about/,2009-08-17.

② 〔哥〕卡尔·达尔曼、曾智华等:《终身学习与中国竞争力》,高等教育出版社 2007 年版,第 108 页。

③ 《博洛尼亚进程》,http://www. fmprc. gov. cn/ce/cebe/chn/sbgx/jy/b/,2009 年 8 月 8 日访问。

④ 参见尹毓婷:《博洛尼亚进程中的法国高等教育改革研究》,载《复旦教育论坛》2009 年第 3 期,第 68—72 页。

⑤ See Mission Statement[EB/OL],Accreditation Council(s. d.),http://www. akkreditierungsrat. de/index. php? id = 10&L = 1,2009-08-17.

⑥ See The legal framework[EB/OL],NVAO(s. d.),http://nvao. net/legal-framework,2009-08-17.

德斯的高等教育质量。① NVAO 还承担元认证的作用,在荷兰,NVAO 每年要草拟一份质量评估机构的清单,列出有能力作出达到 NVAO 要求的评估报告的机构,目前经过 NVAO 认证的机构在荷兰已达 7 所,在弗兰德斯地区有 2 所。② 又如前述俄罗斯于 2003 年签署了《博洛尼亚协议》,由此俄罗斯高等教育质量管理制度也像其他国家一样发生了变化,建立了新的高等教育质量标准体系和质量评价体系,大大推进了本国高等教育质量管理制度的发展。③

就上述各国政府参与高等教育质量管理的国际合作而言,欧洲各国政府在达成高等教育一体化的同时,也逐渐给高等教育质量管理制度带来了巨大的变化,并且这些变化都非常可喜。

综上所述,政府可以通过上述七项具体行为方式,履行宏观管理权下的规划、执行、保证、提高四项基本职能。政府在管理过程中,要时刻注重平衡放权与控制力度,选择适合本国国情的介入程度,借助立法、建立中介机构、财政拨款等间接管理行为,避免过多的行政干预及具体的直接管理行为。做到在高等教育质量管理中正确定位自身角色,从而完善高等教育质量管理制度,提高国内高等教育整体质量。

第三节　高等教育质量管理的政府组织体系:以英国为例

政府的组织体系即是政府权力的布局。④ 它涉及政府组织体系中的纵向结构(层级制)和横向结构(部门制)、管理层次和管理幅度等问题。⑤ 一个社会中属于政府所有,使用公共财产和公共资金,在一定程度上贯彻和执行政府意图的实体(机关、事业和企业单位)都属于政府的组织体系。⑥ 因此,一个国家的高等教育质量管理的政府组织体系包括立法、司法、行政部门及政府所拥有的高等教育质量管理事业单位和公共企业。

纵观当今世界上主要国家高等教育质量管理的政府组织体系,一般有两种类型:第一种主要是地方分权制国家,中央政府的最高教育行政部门职权相对较小,

---

① See About NVAO[EB/OL],NVAO(s. d.),http://nvao. net/about-nvao,2009-08-17.

② See Quality Assessment Agencies[EB/OL],NVAO(s. d.),http://nvao. net/quality-assurances-agencies,2009-08-17.

③ 参见单春艳:《俄罗斯高等教育质量标准及评价体系的革新》,载《外国教育研究》2008 年第 6 期,第 40—43 页。

④ 参见孙关宏等:《政治学概论》,复旦大学出版社 2003 年版,第 167 页。

⑤ 参见金太军:《电子政务与政府管理》,北京大学出版社 2006 年版,第 22 页。

⑥ 参见蒋洪:《公共经济学——财政学》,上海财经大学出版社 2006 年版,第 5 页。

主要政策制定者和执行者是各州和地区的教育部门。在这些国家中,州和地方的教育部长会议常常是教育政策的实际决策者,如澳大利亚教育、儿童早期发展和青年事务部长级委员会(the Ministerial Council for Education, Early Childhood Development and Youth Affairs, MCEECDYA)、德国各州文教部长联席会议等。另一种是教育权力相对集中的国家,其中央教育行政部门拥有较大的权力,如日本的文部省、法国教育部、俄罗斯联邦教育部等。

上述两种类型国家都设有全国性和地方性高等教育质量管理机构,区别在于法律性质和权力职能不同,因而对其管理权限和管理方式也有所不同,有国家最高权力部门管理的,如法国国家评估委员会;有中央教育行政部门管理的,如日本国立大学法人评价委员会,俄罗斯认可、鉴定和评定部等;有独立于政府但仍然接受管理的,如澳大利亚大学质量署、日本大学评价·学位授予机构等;有不受政府管理,但政府出台的政策和建议对其有直接影响的,如英国高等教育质保署,美国高等教育认证委员会,日本大学基准协会等。加上地方政府设立或管理的高等教育质量管理部门或中介机构,构成一个国家完整的高等教育质量管理的政府组织体系。

总之,各国政府都在关于如何建立一个中央与地方权责配置合理明晰,分权比例适宜,部门结构合理,沟通渠道流畅的高等教育质量管理政府组织体系的道路上不断探索。下文将聚焦历史比较悠久,体系已经相对成熟,并且相当独特的英国高等教育质量管理政府组织体系,通过对其近距离探析,相信对我们具有一定的借鉴意义。

一、英国高等教育质量管理的政府组织体系的形成背景

20 世纪 80 年代,英国政府开始了一系列对高等教育体制有着重大影响的改革。10 年间,出台了几十种政府文件和专业研究机构发布的研究报告,其中重要的有《雷沃休姆报告》(1981—1983)、《20 世纪 90 年代高等教育的发展》(1985)、《高等教育——迎接新的挑战》(1987)、《教育改革法》(1988)、《高等教育的框架》(1991)、《继续教育和高等教育法》(1992)等。改革举措包括要求高等教育与工商业建立更紧密的联系,以获得更多私人资金;放宽高等教育入学条件,大力发展职业教育和成人教育;加强中央政府对高校的领导,把多科技术学院与大多数高等教育学院由原来的地方教育当局办学改为中央直接管理等。[①]

在高等教育质量管理方面,英国政府由于经济危机对高等教育的财政投入大幅减少,而高等教育规模却由于入学条件的放开持续扩大,造成原先的高等教育行

---

① 参见陈韩晓:《英国高等教育改革和发展的启示》,载《高教探索》2004 年第 2 期,第 83—86 页。

业自律性质量保证明显无法满足需求。当时民众不满高等教育质量滑坡，社会各界批评声不断，英国政府为了维护政治合法性，决定开始介入。首先，1988 年《教育改革法》设立了大学基金委员会和多科性技术学院与其他学院基金委员会，负责对高等教育进行拨款。新的拨款机构在分配政府高教拨款时应遵守政府的附加条件和政策指示，从而削弱了中介机构传统的自主权。① 而后 1991 年的政府白皮书《高等教育的框架》中提出废除双轨制，建立单轨制的高等教育体系；科研经费应根据科研质量评估进行有效的分配；在英格兰、苏格兰和威尔士分别成立高等教育基金委员会，并在教学和科研质量评估工作中进行合作，以取得全国统一的指标和标准；对保证高等教育质量的许多措施进行概念解释；由学术审计机关负责大学的审计工作；解散全国学位授予委员会；在每一个基金委员会内设立质量评估单位。② 上述提议正式写入 1992 年《继续教育和高等教育法》，三个高等教育基金委员会成立，每个委员会下成立一个质评委，具有对履行职责提供咨询的职能。③

但是，英国政府的有力介入又招致各界诟病，一方面由于造成英国出现负责学科层次的评估的质评委和负责院校审计的高等教育质量委员会两套高等教育评估体系，难免出现矛盾，加重院校负担；另一方面，由于质评委隶属于高等教育基金委员会，而高等教育基金委员会又受到政府的资助，因此由质评委负责高等教育评估导致政府的介入过深。于是 1997 年，独立于各级政府的中介组织高等教育质保署应需而生，不但统合了质评委和高等教育质量委员会的职能，而且也使政府在一定程度上变成了隐形管理者。④ 可见近三十年来，英国政府虽然在高等教育质量管理方面的合理定位，权力配置，介入程度和行为重点等方面摇摆于"放"与"收"之间，但始终是朝着建立独立于政府的高等教育质量管理机构的方向努力着。

二、英国高等教育质量管理的现行政府组织体系

英国全称大不列颠及北爱尔兰联合王国，由大不列颠岛上的英格兰、苏格兰和威尔士，以及爱尔兰岛东北部的北爱尔兰以及一系列附属岛屿共同组成，因此相应地存在四个不同的行政区划，即英格兰、苏格兰、威尔士和北爱尔兰。负责英格兰高等教育事务的是商业、创新和技能部（Department for Business, Innovation & Skills, BIS）。1993 年 4 月起，原教育与科学部不再管辖威尔士及苏格兰的高等教育事务，改由各地国务大臣自行管辖，而北爱尔兰自 1965 年起由其国务大臣管理

---

① 参见史万兵：《教育行政管理》，教育科学出版社 2005 年版，第 240 页。
② 参见吕达、周满生：《当代外国教育改革著名文献（英国卷第 2 册）》，亦兵等译，人民教育出版社 2004 年版，第 13—21 页。
③ 同上书，第 148—149 页。
④ 参见史秋衡、吴雪：《英国高等教育质量管理制度变迁探析》，载《厦门大学学报（哲学社会科学版）》2009 年第 3 期，第 106—113 页。

全部教育事务。① 因而目前负责苏格兰高等教育事务的是苏格兰议会中的教育和终身学习内阁大臣(Cabinet Secretary for Education and Lifelong Learning),负责威尔士高等教育事务的是威尔士议会政府下设的威尔士教育与终身学习部(Department for Children, Education, Lifelong Learning and Skills, DCELLS),负责北爱尔兰高等教育事务的是北爱尔兰议会下设的就业与学习部(Department for Employment and Learning, DEL)。但在对高等教育的拨款方面,并非由政府直接拨付,而是由前述的英格兰高等教育基金委员会、苏格兰高等教育基金委员会、威尔士高等教育基金委员会,以及北爱尔兰就业与学习部负责。除北爱尔兰外,其他三个高等教育基金委员会都独立于政府行政机关。这四个拨款机构的运行经费及拨给高校的资金都来自议会批准的政府议案,拨款的总数、分配的指导和比例等都由政府在议案中提出,但资金分配到具体的学校是高等教育基金委员会的独立责任,且它们的操作要与政府保持一定距离。② 下文将以英国和英格兰的高等教育质量管理政府组织体系为主。

1. 英国议会(the Parliament of the United Kingdom of Great Britain and Northern Ireland)

英国议会在高等教育质量管理中最重要的两项权力是立法权和财政议案审议权。第一,议会是英国的立法机构,有权制定、废除或修订任何一项法律,并且拥有立法监督权。1992年《继续教育和高等教育法》和2004年《高等教育法》都是由议会制定并通过的。议会通过制定、废除或修订高等教育质量管理相关法律,表达对高等教育质量管理过去及现状的意见,并且对未来的发展用法律的形式作出规划。可以说,目前的高等教育质量管理制度就是由议会立法缔造的。第二,议会还拥有对内阁政府提出的高等教育拨款议案的审议、表决和批准权。此外,高等教育机构若要获得授予学位权和大学头衔,必须得到英国权力机关的认可,包括英国议会(UK Parliament)、苏格兰议会(Scottish Parliament)、威尔士国民议会(National Assembly for Wales)和北爱尔兰议会(Northern Ireland Assembly)。③

2. 英国商业、创新和技能部(UK Department for Business Innovation & Skill, BIS)

2007年,原创新、大学和技能部(Department for Business, Innovation and Skills, DIUS)从原有的教育与技能部中分出,成为负责高等教育和继续教育事务的专门部门。但短短两年后,该部门于2009年6月就被并入商业、企业和管理改革部(the

---

① 参见吴明海:《中外民族教育政策史纲》,中央民族大学出版社2006年版,第318页。

② 参见范文曜、马陆亭:《国际视角下的高等教育质量评估与财政拨款》,教育科学出版社2004年版,第97页。

③ See About UK Degree Awarding Institutions[EB/OL], BIS(s. d.), http://www. dcsf. gov. uk/recognisedukdegrees/index. cfm? fuseaction = content. view&CategoryID = 8, 2009-08-19.

Department for Business, Enterprise and Regulatory Reform, BERR），重新整合成商业、创新和技能部,作为英国高等教育的最高行政机构,主要负责英格兰地区的高等教育事务。其目的之一就是加强高等教育制度和机构的能力、质量和信誉,以支持国家经济和社会的需要。①

该部部长团队中设有 11 名部长,其中一位是高等教育和知识产权国务部长。② 该部作为英国主管高等教育的行政部门,其职权中与高等教育相关的包括高等教育部门响应国家对高级别技能的需求;扩大高等教育参与;保持和发展世界一流水平的英国高等教育教学质量和科研水平;通过有效的问责制和质量保证减少监管和官僚行为;给予学生在国家决策层面上更大的发言权等。③ 简言之,商业、创新和技能部管理高等教育质量,对上,受议会监督,对它负责,提交的各种高等教育质量相关法案、预算案和政府任选提名名单等由议会审议;对下,一是出台各种高等教育质量管理方面的政策,二是对高等教育质量进行宏观管理,辅以最低限度的行政手段,三是加强行政监督。

另外,商业、创新和技能部推动并监督进行了一系列高等教育国际合作,包括促进欧洲高等教育一体化的博洛尼亚进程,使每年 20 万学生得以出国学习工作,支持欧洲各地高等教育机构间合作的伊拉斯谟计划(Erasmus Programme),以及在国际层面上向部长和政策制定者提供教育方面的支持、咨询和指导的联合国际小组(Joint International Unit)等。④ 这些高等教育质量管理相关的政府间的国际合作不但有利于提高英国高等教育的质量,也有利于增强政府管理高等教育质量的能力和效果。

3. 英格兰高等教育基金委员会(Higher Education Funding Council for England, HEFCE)

根据 1992 年《继续教育和高等教育法》设立的英格兰高等教育基金委员会,是一个由商业、创新和技能部资助的,非政府部门的公共机构。其主要职能包括向大学和学院发放资金,用于其高等教育教学、研究和相关活动;投资课程以支持高等教育发展;监控大学和学院资金和管理的良好状态;确保教学质量接受评估;向提供高等教育课程的继续教育学院提供资金;提供良好做法的指导等。⑤ 其董事会

---

① See Our Objectives[EB/OL], BIS(s.d.), http://www.dius.gov.uk/about_us/what_we_do/objectives, 2009-07-29.

② See Ministerial Team[EB/OL], BIS(s.d.), http://www.dius.gov.uk/about_us/ministerial_team, 2009-08-19.

③ See Higher Education[EB/OL], BIS(s.d.), http://www.dius.gov.uk/higher_education, 2009-08-19.

④ See EU and International[EB/OL], BIS(s.d.), http://www.dius.gov.uk/higher_education/eu_and_international, 2009-08-19.

⑤ See Higher Education Funding Council for England[EB/OL], BIS(s.d.), http://www.dius.gov.uk/higher_education/funding_councils/hefce.aspx, 2009-08-19.

共 16 名成员,除主席和行政长官外,8 人来自高等教育机构,1 人来自生活中心,其余 4 人来自商业、出版业等其他行业。除此以外,还有 1 位评估员,来自商务、创新和技能部;4 位观察员,分别来自苏格兰基金委员会、北爱尔兰就业与学习部、威尔士高等教育基金委员会,以及学习和技能委员会;1 名办事员。①

在英国,科研质量评估由高等教育拨款机构进行。英国大学科研评估(Research Assessment Exercise, RAE)是由英格兰高等教育基金委员会联合所有的英国拨款机构,每 4 到 5 年进行一次,对高等学校的研究工作作出水平评估。② 科研评估活动的量化等级评估结论和高等教育拨款数额直接相关。③ "RAE 2008"的主要目的是对高等教育机构所做的每一项研究行为的提交书作出质量概评,4 所高等教育拨款机构将根据这些质量评估结果决定 2009 年至 2010 年的高等教育机构的研究资金拨款。④

因此,英格兰高等教育基金委员会在高等教育质量管理中的主要作用是向高校拨款和进行科研质量评估。它独立于政府行政部门,对上,受议会监督,对它负责。对下,一是对英格兰所有高等教育机构进行教学拨款;二是进行科研评估并根据评估结果进行研究资金拨款;三是由于与质保署签有合同,因而质保署必须向其报告院校和学科评估结果,但评估结果与教学拨款并不直接挂钩。

就英格兰高等教育基金委员会与商业、创新和技能部的关系来说,一方面英格兰高等教育基金委员会的总体预算是由政府制定的,待议会审议通过政府的财政案后,再由商业、创新和技能部将资金提供给它;⑤另一方面,英格兰高等教育基金委员会是一个非政府部门公共机构,这意味着它虽然在商业、创新和技能部部长制定的政策框架下工作,但并非该部的一部分。⑥

4. 高等教育质量保障署(Quality Assurance Agency in Higher Education, QAA)

质保署的法律地位是一所慈善和有担保的有限公司,作为一个独立的机构,由一个董事会和一个执行委员会管理,其运行经费来源是大学和学院的捐赠,以及与主要的基金委员会的合同收入(目前有英格兰和威尔士高等教育基金委员会),并

---

① See HEFCE Board Members[EB/OL], HEFCE(s. d.), http://www.hefce.ac.uk/aboutus/board/, 2009-08-19.

② 参见刘萍:《英国高等教育质量保障体系探析》,西南大学 2007 年硕士学位论文,第 16 页。

③ 参见史秋衡、吴雪:《英国高等教育质量管理制度变迁探析》,载《厦门大学学报(哲学社会科学版)》2009 年第 3 期,第 106—113 页。

④ See Research Assessment Exercise[EB/OL], BIS(s. d.), http://www.dius.gov.uk/higher_education/research/research_assessment_exercise.aspx, 2009-08-19.

⑤ See Finance and Assurance[EB/OL], HEFCE(s. d.), http://www.hefce.ac.uk/finance/, 2009-08-31.

⑥ See What HEFCE Does[EB/OL], HEFCE(s. d.), http://www.hefce.ac.uk/aboutus/history/, 2009-08-31.

且每年向它们报告其活动。① 因为质保署是英国两轨制转单轨制后，整合了原高等教育质量委员会和高等教育基金委员会下设的质评委两者职能的机构，所以集认证和评估于一身，集院校审计和学科评估于一身，并且负责制定全国认可的控制点——学术基础结构（the academic infrastructure），作为所有高等教育机构设置、描述和保证其高等教育课程的质量和标准的共同"起跑线"。② 其主要职责包括对大学和学院进行审查；发布可被置于一所高等教育机构对标准和质量的管理中的报告；根据学术基础结构，提供大学和学院保证学术标准和提高质量的指导；调查为学术标准和质量担忧的原因；向政府提出机构申请授予学位权和大学称号的相关建议；参与欧洲和更广泛的国际性发展。③

　　从上述的职能中可以发现，质保署与政府的紧密合作，是高等教育质量管理中连接政府与高等教育机构的桥梁。此外，政府出台的政策对质保署的发展有十分重要的影响。除了前述《迪尔英报告》外，2003 年的政府白皮书《高等教育的未来》中指出："质保署在保证高等教育学术质量和标准上起到重要作用。……最近，由于已经取得进展，质保署的外部审查程序发生了根本上的变化，从而减轻高等教育机构的负担。新的模式坚决地将责任加诸于高等教育机构自身，以获得强大的高等教育质量和标准体系的内部保证制度。……高校若得到质保署的令人满意的评价结果，将能够获得教育补助金。并且，高等教育机构的质量和标准被要求公布。"④此后，2006 年起质保署进一步放松对院校质量监控的力度，质量管理的工作重点转变为大规模全方位的院校审计，发布和完善的质量管理标准也从管理指标体系转变为院校准则和指南。⑤

　　质保署的董事会共 15 名成员，其中 4 人由高等教育机构校长们的代表机构任命，4 人由高等教育拨款机关任命，6 人为来自工业、商业、金融业等其他行业的独立董事，1 人为学生；此外还有两个特邀观察员，1 人代表高等教育协会，1 人代表政府教育部门。⑥

　　质保署作为一个独立于政府和高等教育部门的中介组织，一方面不受政府直

---

① See Corporate governance[EB/OL], QAA(s. d.), http://www. qaa. ac. uk/aboutus/corporate. asp, 2009-07-28.

② See Academic Standards and Quality[EB/OL], QAA(s. d.), http://www. qaa. ac. uk/academicinfrastructure/default. asp, 2009-07-28.

③ See Who We Are and What We Do [EB/OL], QAA(s. d.), http://www. qaa. ac. uk/aboutus/WhatWeDo. asp, 2009-08-19.

④ The Future of Higher Education[EB/OL], BIS(s. d.), http://www. dius. gov. uk/higher_education/funding_councils/ ~ /media/publications/F/future_of_he, 2009-08-19.

⑤ 参见史秋衡、吴雪:《英国高等教育质量管理制度变迁探析》,载《厦门大学学报（哲学社会科学版)》2009 年第 3 期,第 106—113 页。

⑥ See The QAA Board[EB/OL], QAA(s. d.), http://www. qaa. ac. uk/aboutus/qaaBoard/board. asp, 2009-08-19.

接管理,有独立的法人财产权;另一方面,受法律和政府监督,政府出台的政策对其影响较大。在这个意义上,可以说政府借助质保署这一中介环节,既贯彻了政府的政策精神,又避免了直接介入,既强调了高等教育内部质量管理制度的建设,又避免了缺乏统一的标准和强有力的外部监督检查机制。

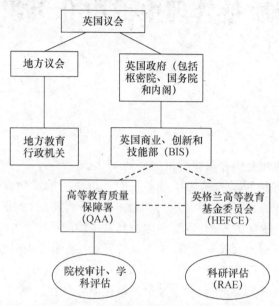

图 3-1 英格兰高等教育质量管理政府组织体系

英国已经建立起了学术团体自我管理与中介机构评估相结合,专业评估等完善,并有科研评估与财政拨款之保障的质量管理体系。[①] 在这一体系中,政府始终处于宏观管理和监督者的身份,其政府组织的独特处在于:第一,设立独立的高等教育拨款机构;第二,质保署是独立的公司法人;第三,表面上只保留很小的高等教质量管理权,实质上却通过立法和政策,与其他组织的协商合作等方式,既不过度介入,又不过度放任。英国政府在高等教育质量管理改革历程中所形成的这套政府组织体系,权责分明,沟通流畅,分权得当,配合默契,可谓理想与实践共展,特色与主流并存,放权与控制平衡,在高等教育质量管理中找到了协调社会、高校和自身之间利益,保证高等教育质量向最理想的方向发展的道路。

---

① 参见刘萍:《英国高等教育质量保障体系探析》,西南大学 2007 年硕士学位论文,第 3 页。

第四章
高等教育质量管理中的中介组织

世界上最早的社会中介组织可以追溯到 17 世纪产生于英国的自主团体,或称为"友谊会"。这些组织最初是为了缓和政府与市民间的阶级矛盾而产生的。社会中介组织所具备的独立性、中介性、公正性等一系列特征,不仅使它们能有效制约和平衡各大利益主体的权力,更是在缓冲利益主体间的矛盾中发挥出巨大作用。伴随着市场经济理论的发展与成熟,中介组织开始在经济领域中大展拳脚,随后它在社会各个领域中都得到广泛应用。随着高等教育市场化的逐步深入,社会、政府与高校之间的矛盾日益突出,社会中介组织也在高等教育领域内应运而生,成为影响学校质量管理的第三种力量。在高等教育质量危机不绝于耳的今天,质量管理成了高等教育领域及学术界的"新宠"。形式各异的社会中介组织也开始以不同的作用方式参与到高等教育质量管理过程中,并对其产生了不同程度的影响。

第一节　高等教育中介组织概要

社会作为高等教育质量管理的四大主体之一,通过中介组织参与到质量管理的过程中,并在协调政府、市场和学校的矛盾中发挥出了积极作用。目前,各种各样的中介组织广泛存在于世界各国高等教育领域内,并不同程度地参与到各国高等教育质量管理过程中。

一、产生与发展

为了缓解政府、市场和学校等主体之间的矛盾,社会中介组织开始出现在教育领域中,在此基础上逐渐形成教育中介组织。高等教育中介组织主要是针对与高等教育领域内相关事物及其主体发生关系的各种社会中介组织而言的。在西方,这类组织一般被称为"中介团体"(intermediary body)、"缓冲组织"(buffer organization)或"减压阀"。这一概念最早见于克拉克(Burton R. Clark)1983 年出版的《高等教育系统》一书中,"20 世纪高等教育最重要的发明是它的组织形式,即通过中层机构来缓和中央集权控制的主要结构本身",克拉克以英国的大学拨款委员会(University Grants Commission, UGC, 1919—1989)作为经典的缓冲组织的范例,证明它"在大学师生和政府官员之间起着中介作用,使两者都免受对方的冲击"。[①]

在我国最早提出类似概念的是王一兵,他在述评西方主要市场经济国家教育运行机制中的社会参与问题时,举例提到了在高等教育领域有"一些起中介作用的机构"作为第三种力量影响学校的微观管理。[②] 1994 年《国务院关于〈中国教育改革与发展纲要〉的实施意见》指出,"要建立健全社会中介组织,包括决策咨询研究机构、高等学校设置和学位评议与咨询机构、教育评估机构、教育考试机构、资格证书机构等,发挥各界参与教育决策和管理的作用"。陈玉琨教授于 1994 年 1 月在长春市召开的"中国高等教育学会高等教育评估研究会成立大会暨第五次学术讨论会"上首次提出了"建立教育评估中介机构"。在后续十几年的发展历程中,教育评估中介机构得到了飞速发展,为高等教育质量的管理和保障作出了积极贡献。

二、类型与特征

1. 中介组织的类型

依据不同的维度,学者们对参与高等教育质量管理的中介组织给予了不同的分类。

有学者按中介组织的独立程度,将其划分为半官方型、学术组织型、民间组织型三种类型。[③] 从这三种类型组织的创办主体和人员构成上可以看出,这种分类实质上是相对高等教育质量管理的三大主体——政府、高校和社会而言的。半官方型中介组织主要由政府人员组成和推动,如英国的高等教育质量保障署(Quality Assurance Agency for Higher Education, QAA),我国的上海市教育评估院、辽宁省教育评价事务所等地方教育评估机构;学术型中介组织主要由学术界人士组成,如英国大学校长委员会(the Committee of Vice-Chancellors and Principals of the Universities of the United Kingdom, CVCP);民间组织是完全独立于政府与大学之外,由社会知名人士举办的非官方组织,如美国卡内基高等教育委员会(the Carnegie Commis-

---

① 参见〔英〕伯顿·克拉克:《高等教育系统——学术组织的跨国研究》,王承绪等译,杭州大学出版社 1994 年版,第 305 页。
② 参见王一兵:《发展、机制与困惑——60 年代以来西方主要市场经济国家教育发展述评与比较》,中国卓越出版公司 1990 年版,第 246—289 页。
③ 参见高艳利:《我国高等教育中介组织生存发展问题及对策研究》,湖南大学 2007 年硕士学位论文,第 13 页。

sion on Higher Education，CCHE）等。

　　还有一种分类是建立在各组织具体的功能作用之上的。根据组织的不同职能，可以将其分为研究咨询型、评估鉴定型、社会服务型三种类型。① 研究咨询型中介组织，如日本的大学审议会，德国高等院校校长会议（Hochschulrektorenkonferenz，HRK）；评估鉴定型中介组织，典型的有美国的高等教育认证委员会（Council for Higher Education Accreditation，CHEA）、芬兰高等教育评估委员会（Finnish Higher Education Evaluation Council，FINHEEC）；社会服务型中介组织，如我国各地的高校毕业生就业指导中心等等。在上述三类中介组织中，评估鉴定型组织实施的教育质量评价是保障高等教育质量最重要的手段。因此，该类型的中介组织也是本节内容中最为关注的焦点。

　　2. 中介组织的特征

　　参与高等教育质量管理的社会中介组织，既要保持作为社会中介组织本身应具有的本质性特征，还要符合高等教育质量管理的实际情况。总的来说要具备独立性、中介性、专业性、公正性和公益性五大基本特征。

　　独立性，有些学者也将其称为自主性。独立性是一切中介组织存在的前提。这种独立性包括形式上的独立和实质上的独立两个方面。也就是说"它既不隶属于政府部门，也不属于某个社会团体或个人，也不操纵于某个或某几个高校手中"②。因此，政府部门不能随意干涉中介组织的日常活动，任何他人或组织也不能影响中介组织的专业判断。当然，这种独立性是"一定范围内的独立，对法律法规的限制是不能逾越的"③。

　　中介性，或称为沟通性、媒介性。高等教育质量管理中的社会中介组织旨在沟通政府与高校、市场与高校、社会与高校之间的各种关系，以促进各方更好地参与到质量管理过程，保障质量的提升。这种桥梁纽带和媒介的角色，也是由中介组织的本质决定的。

　　专业性，也称为权威性。如果没有相关的专业知识，社会中介组织根本无法介入到教育质量管理的过程中去。一般认为，其专业性体现在以下几个指标上："具备较高专业知识和技能的人才队伍；专业化的服务；严密的组织机构和管理制度"④。

　　公正性主要体现在中介组织的运行过程中。高等教育中介组织必须在"特定

　　① 参见高艳利：《我国高等教育中介组织生存发展问题及对策研究》，湖南大学 2007 年硕士学位论文，第 14 页。

　　② 陈玉琨：《论高等教育评估的中介机构》，载《中国高等教育评估》1998 年第 2 期，第 2—5 页。

　　③ 杨晓江、蔡宜春：《新概念：教育评估中介机构》，载《教育科学》1999 年第 3 期，第 9—12 页。

　　④ 高艳利：《我国高等教育中介组织生存发展问题及对策研究》，湖南大学 2007 年硕士学位论文，第 15 页。

的'规则'下进行运作('规则'包括国家的法律、法规以及行业自身的组织程序和活动章程),体现公平、公正、公开的原则"①。只有公正性得到保证,该组织所参与的活动才能得到广泛的认可。

公益性,在国外多称为非营利性。作为一种典型的准公共产品,教育本身就具有公益性,这也决定了所有介入高等教育领域的中介组织也应具备公益性。当然,公益性并不代表不能进行有偿活动。但是,即便中介组织提供的是一种有偿服务,也不能以追求经济效益为主,而应以追求社会效益为目标。

除此之外,高等教育质量管理中的社会中介组织还有科学性和服务性等其他特点。总之,只有具备上述基本特征,中介组织才能在高等教育质量管理中发挥出其作用,有效保障高等教育质量。

三、主要功能与作用方式

保障高等教育质量是高等教育质量管理中的社会中介组织的最终目的。从决策咨询、评估鉴定到信息服务,中介组织在质量管理的不同方面和管理过程中的不同阶段以不同的作用方式发挥出不同的功能。

过去决策功能往往掌握在政府手中。然而"政府的决策行为往往是以严格的目标确定和实现目标的最有效程序的安排为基本准则,这通常与高校的内部学术目标的实现过程不一致甚至是互相冲突的"②。为了减少这种冲突,具有相对独立地位的社会中介组织可以站在比较公允的立场上,把政府和高校的要求有机结合起来,以提高决策的民主化和科学性程度。日本大学审议会是为政府和高校提供决策咨询功能的中介机构的典型代表之一。1987 年,日本文部省在修改后的《学校教育法》中规定了大学审议会的性质、权限及任务:"大学审议会是文部省的常设咨询机构;大学审议会拥有向文部大臣的建议权;大学审议会的主要任务是调查审议大学问题;大学审议会还具有收集并提供有关大学信息资料的功能;大学审议会参与制定政府的大学发展计划。"③这类组织通常是接受政府委托,对政府所关注的高等教育问题进行现状调查、分析和研究,揭示问题,提出建议及具体有效的措施,供政府部门决策参考。除此之外,也有部分中介组织自主展开相关调查研究,再将研究成果提交政府。

高等教育的外部质量管理主要是通过教育评估来进行的。因此,无论在西方国家还是我国,参与高等教育质量管理的绝大部分中介组织都属于评估鉴定型组

---

① 盛冰:《教育中介组织:现状、问题及发展前景》,载《高教探索》2002 年第 3 期,第 81—84 页。
② 阎光才:《国外政府和高校间中介机构的职能特征分析》,载《有色金属高教研究》1998 年第 6 期,第59—62 页。
③ 胡建华:《大学审议会与日本高等教育改革》,载《中国高等教育》2001 年第 12 期,第 41—42 页。

织。中介组织"介于各教育主体之间，没有直接的权益隶属关系，其行为具有相对的独立性、客观性和技术性，其评估鉴定的信度、效度也就具有可靠性"①。通常情况下，高等教育评估中介组织作为代理人，接受政府、高等学校以及其他社会机构和公民个人的委托，对该国家某个地区的高等学校的办学水平、教育质量和社会声誉实施评估和鉴定的职能。

信息服务也是高等教育中介组织的主要功能之一。它通过与政府、高校、社会的合作，为各个利益群体提供信息服务。教育市场化程度越高，这种组织功能的作用就越明显，如美国的高等教育认证机构。在对学校或专业进行认证后，这些机构会及时向公众发布相关信息和认证结果。当学生、家长、雇主和政府要作出有关高等教育的选择时，这些信息就派上用场了。如学生和家长经常要确认学校或专业是否已通过认证，因为他们相信，当他们的教育经历发生变动时，进入已通过认证的学校或专业学习相比进入那些没有通过认证的学校或专业学习而言要方便得多；公司的员工也常常向老板寻求经济援助，到那些有证据显示已通过认证的学院学习。② 通过信息的沟通与交流，可以及时而有效地满足公众的利益和需要。

除此之外，在中介组织参与质量管理的过程中，还会产生监督导向、科学研究等其他功能，不同程度地在改善高等教育管理、提高高等教育质量中发挥了作用。

四、实现基础

高等教育质量管理中的社会中介组织实现的基础与以下两个方面密切相关：中介组织产生的合理性及其存在的合法性。

（1）组织合理性。社会中介组织并不是偶然产生的，其背后深厚的理论基础是它生存发展的有力支撑。它以独特的优势在社会各个领域中得到广泛运用，在准公共物品——教育领域中更是可以有效发挥其作用。伴随着大众化高等教育时代的来临，高等教育的质量开始成为一个不可回避的话题，质量危机之说不绝于耳。高等教育质量遭到怀疑，表面上是受数量的增长所致，实际上并不如此，其中蕴藏着更多深层次的问题：高等教育多层次、多样化，办学主体和投资体制多元化以及高等学校毕业生分配的市场化等等。高校在如何确保高等教育的质量中遇到了重重困难。然而很多困难单靠政府和高校是无法解决的，因此社会中介组织的介入就不可避免了。

（2）组织合法性。韦伯（Max Weber）在论述统治合法性时把合法性等同于人

---

① 高艳利：《我国高等教育中介组织生存发展问题及对策研究》，湖南大学 2007 年硕士学位论文，第 15 页。

② 参见 Judith S. Eaton、韩晓燕：《美国高等教育认证的四个重要作用》，载《理工高教研究》2004 年第 6 期，第 22 页。

们的合法性信念,即判定某一政权是否具有合法性,只需要人们相信这个政权是合法的即可;在这一论述基础上,他还提出了合法性的三个普遍标准:遵守传统、服从法律、服从超凡的神力。① 将其借用到中介组织中来,一个组织要想获得合法性,势必也需要获得人们的认可。这种获得认可的过程可以看做是一个"合法化"的过程,即"不断从法律、政治、行政和社会文化传统领域汲取合法性资源"②。高等教育中介组织同样如此,只有力争政府、高校和社会各方面的支持,它才能健康地生存及发展,并有效地发挥作用。王建华把大学中介性组织的合法性归纳为四种:社会合法性、行政合法性、政治合法性以及法律合法性。③ 当然,组织的前三种合法性都是以法律合法性为前提的。也就是说,如果中介组织本身不具备法律上的合法性,那么其他合法性资源的获得就无从谈起。

第二节　半官方性质的中介组织

半官方性质的中介组织虽独立于政府,但不完全脱离于政府。在高等教育质量管理过程中,这类组织开展的大多数活动都是以政府需求为主导。政府的支持使这类组织在实际运行过程中具备一定的权威性;也正是因为没有完全脱离于政府,也使得它们在高等教育质量管理中或多或少地受制于政府,而无法真正参与其中或是发挥最大的功用。④

一、组织属性

之所以将其称为半官方性中介组织,首先是因为这类组织一般由政府主导或提议创办,其权力由国家依法授予,政府的需求也会贯穿于组织的实际运行过程中。但这并不代表中介组织丧失了其根本的独立性。如英国高等教育质量保障署(QAA)在进行高教评估工作时,政府只负责指定总体的科研政策和在总量上控制拨款数额,并不介入评估工作。⑤

其次,半官方中介组织的领导人员构成上呈现出多元化的特征,一般包括教育界人士、政府官员和社会人士。高等教育质量保障署(QAA)最高领导机构是董事

---

① 转引自张健:《合法性与中国政治》,载《战略与管理》2000 年第 5 期,第 1—15 页。
② 王建华:《大学中介性组织研究》,厦门大学 2002 年硕士学位论文,第 15 页。
③ 同上书,第 16—19 页。
④ 本节相关内容参见肖婕:《高等教育质量管理中社会中介组织模式的比较》,载《现代教育管理》2010 年第 8 期,第 55—57 页。
⑤ 参见沈友、张璇:《英、法、美高等教育评估机构的特点及其启示》,载《评价与管理》2008 年第 6 期,第 22—26 页。

会，董事会现由 15 名成员组成，其中 4 名成员来自于大学校长委员会的推荐任命；4 名来自于高等教育拨款机构的推荐任命；另外 6 名则是在工商界或其他专业领域拥有执业经验的独立人士，如工程师、律师、医生等；还有 1 名学生。[①] 2008 年 2 月 19 日，高等教育质量保障署（QAA）首次任命 1 名学生作为董事会成员，以此加强学生和学生团体的工作。[②] 从董事会人员组成上也充分体现出质量管理过程中政府、社会、高校以及学生大利益主体共同参与这一特征。

半官方性质的中介组织的资金来源一般由两部分构成：政府拨款和组织自身的业务收入。两部分在比例构成上因国家不同而异。如英国高等教育质量保障署的经费主要来自其自身的业务活动：一是承担英国教育与就业部、卫生部和高等教育基金委员会等政府部门或机构的研究工作，获得项目经费；二是按高校在校生人数收取高等院校的评估经费。[③] 而芬兰高等教育评估委员会、丹麦评估研究所（Danish Evaluation Institute，EVA）以及我国大部分教育评估院的资金来源均以政府拨款为主、业务收入为辅。

二、案例分析——英国高等教育质量保障署

英国的高等教育中介组织一般被认为是半官方中介组织的典型代表。在英国，从质量保障运动产生起，中介组织就开始参与其中。作为高等教育最发达的国家之一，英国的高等教育质量评估体制经历了从大学自治到强化外部控制，再到以大学自治为主、内外结合的演变过程。[④] 目前英国进行外部评估最主要的机构是英国高等教育质量保证署。该机构于 1997 年由高等教育质量委员会和英格兰高等教育基金委员会下属的质量评估委员会（Quality Assessment Committee，QAC）合并成立，旨在通过制定统一的高等教育质量评估指标体系，形成统一的高等教育质量保障标准运作模式，保障高等教育评估活动。

1. 作用方式

高等教育质量保障署通过与高校合作，制定了全国统一的学术标准（academic infrastructure），这些标准主要包括：高等教育资格框架（framework for higher education qualification）、学科基准（subject benchmark statements）、专业规格（program

---

① See The QAA Board[EB/OL]，http://www.qaa.ac.uk/aboutus/qaaBoard/board.asp#members，2009-08-08.
② See QAA Appoints First Student Board Member[EB/OL]（2008-02-19），http://www.qaa.ac.uk/news/media/pressReleases/19_Feb_2008.asp，2009-08-08.
③ 参见李政：《欧洲高等教育区的质量保障机构体系研究》，重庆大学 2007 年硕士学位论文，第 21 页。
④ 参见崔爱林、董佳佳、荣艳红：《英国高等教育质量外部评估体制与指标体系》，载《高校教育管理》2007 年第 2 期，第 22—25 页。

specifications)和实施规则(code of practice)。① 高等教育资格框架明确界定了高等教育各个层次的学历和学位的标准,并要求全国各高校一致采用框架中规定的学历、学位名称;学科基准即每类学科的基本教育要求;专业规格中主要阐明学生成功地完成一个专业的学习后,应掌握和理解的知识、具备的技能和品质以及教与学的方法、评分原则、就业机会,以及该专业在资格框架中所处的层次等;实施规则是如何对教育质量和标准进行良好管理的指导原则。

另外,高等教育质量保障署通过外部评估的方式保障英国高等教育质量。该机构目前主要采用的评估方法包括:院校审查(institutional audit);综合质量和改进评估(integrated quality and enhancement review);院校评估(institutional review)等。② 院校审查主要是确定各院校是否有足够而有效的学术标准和质量管理程序,主要包括以下三个方面的内容:按照高等教育质量保障署的高等教育学术质量和标准,审核院校内部质量保证体系和机制的有效性,院校课程质量评价、奖励标准及经评价的改进措施,同时向公众提供有关院校在这些方面的信息;根据英格兰高等教育基金委员会规定的信息要求,审核院校公开的有关课程质量和学术标准信息的准确性、完整性和可靠性,并提供有关院校公布的学校管理质量记录及其可信度的说明;审核院校层面和学科层面的内部质量保证运作程序的实际情况,以证明关于院校内部质量保证程序的信息是否有效、可靠。③ 综合质量和改进评估则代替了之前的学科评估(academic review of subjects)。学科评估主要从以下六个方面对高校进行审查:学习资源;课程发展与组织;教、学与测评;质量的管理和提高;学生进步与成绩;学生支持。④ 通过院校层次和学科层次的审查和评估,英国高等教育质量得到了全面有效的保证。

2. 积极作用

高等教育质量保障署成立后,十余年来在保障英国高等教育质量上作出了巨大贡献。首先,统一的学术标准不仅为高等学校、校外督察员、学术审查人提供了统一的审查标准,以保证审查的公平公正性;同时也为广大学生、家长、雇主等其他社会群体提供了一种了解英国高等教育的途径。其次,高等教育质量保障署的评估是一种全面的评估,它将政府、学校、学生和社会结合起来,从各个角度对高校的教学科研质量进行评价和监管,有效地保障了英国高等教育质量。再次,高等教育

---

① See Academic Infrastructure[EB/OL],http://www.qaa.ac.uk/academicinfrastructure/default.asp,2009-08-08.

② See External Review[EB/OL], http://www.qaa.ac.uk/aboutus/ExterReview.asp,2009-08-08.

③ 参见龙喜平、刘持道:《英国高等教育质量保障体系建立的经验及启示》,载《湖南农业大学学报(社会科学版)》2007 年第 2 期,第 74—76 页。

④ 参见〔英〕路易斯・莫莉:《高等教育的质量与权力》,罗慧芳译,北京师范大学出版社 2008 年版,第 18 页。

质量保障署的质量评估结果直接影响高校的声誉和经费的获得,使得各高校不得不努力提高自己的学科质量和科研水平。良性的竞争也为高校提供了发展的动力。最后,高等教育质量保障署的评估结果以审查报告的形式公之于众,不仅保证了评估的公正性,也及时为社会大众提供了信息,从而更好地服务于社会。当然,上述作用的产生与组织的独立性是密不可分的。在高等教育质量保障署的整个评估过程中,政府不介入评估工作,而只是通过高等教育质量保障署这个评估中介机构实现对高等教育的间接干预和控制。这也体现了半官方性质的中介组织最显著的特点,即独立于政府之外,而又不完全脱离于政府。中介机构虽不受制于政府,但在一定程度上也代表着政府的意愿,这使得政府既不直接插手评估,又不脱离评估活动。政府发挥的是间接指导作用,使各评估主体、评估主体和客体之间统一协调,达到平衡。同时,政府的间接参与也能在一定程度上保障评估过程的规范性和权威性,从而有效促进高等教育质量的提升。

3. 争议与问题

即便十余年来高等教育质量保障署在保证英国高等教育教学和科研质量方面功不可没,但对于该机构以及整个评估过程的抱怨依然此起彼伏。首先表现在对该机构制定的标准、基准和资格框架的质疑上。关于基准的规范,有些人觉得过于细化和限制,还有一部分人却认为含糊不清;另外,基准常常被解释成一种标准阀值,这无疑低估了大学里所学知识的广度和深度。面对标准、基准和资格框架分类混乱、趋同一致的现象,有学者认为这是"质量保证把一个统一的东西强加到大学的功能和服务不同的方面上"①。此外,"评估过程耗资、耗时巨大,评估结果可信度低"②也是学者们争议的焦点。这也反映出了半官方性质的中介组织在发展过程中的致命问题所在。由于半官方性中介组织没有完全脱离于政府,它在发展过程中就不得不受制于政府,组织的独立性也因此受到一定影响。如果一个中介组织失去了其最基本的独立性,就很容易沦为政府的"帮手",其评估目的主要服务于政府,评估结果的公信力也会大打折扣。

第三节　民间性质的中介组织

民间中介组织的发展往往与一个国家的市民化程度紧密相关。因此,在西方

---

① 〔英〕路易斯·莫莉:《高等教育的质量与权力》,罗慧芳译,北京师范大学出版社 2008 年版,第 42 页。

② 崔爱林、董佳佳、荣艳红:《英国高等教育质量外部评估体制与指标体系》,载《高校教育管理》2007 年第 2 期,第 22—25 页。

一些市民化程度较高的发达国家,民间中介机构的发展较为成熟。民间性质的中介组织使中介组织在其独立性上受到保护,也充分保证了质量管理和教育评估活动的公正性,并能最大化地服务于社会。然而,由于受政治文化的影响,大多数国家的民间中介组织发展缓慢;现存的诸多民间组织中也存在组织本身不完善、缺乏公信力的现象。因此,如何创造有利环境促进合法有效的民间中介组织的发展才是关键。[①]

一、组织属性

民间性质的高等教育中介组织是由社会知名人士或者社会团体或个人开办的组织,属于一种非政府的、自治的机构。如美国中部各州学院与学校联合会(Middle States Association of Colleges and Schools,MSCHE)等区域性评估中介机构,该类组织的产生并非政府行政命令组建,而是经由高等教育领域的有关人士倡议,由各个学校、各个专业学院自发自愿联合而成。这些组织在法律上拥有自己制定的章程和规则,有公平进行认证的权力,政府不得对此任意进行干涉;另外这些认证机构的全国性协调也由其自行协商并由自己建立的组织具体负责,联邦政府不能对全国的认证机构直接领导或命令。[②]

民间中介组织在人员构成上同样体现出多元化的特征,但政府对其不具有领导权和任免权,相关部门的行政人员也占极少数。如目前美国高等教育认证机构中最权威的机构——高等教育认证委员会(Council for Higher Education Accreditation,CHEA),其董事会成员共20人,包括6名执行委员会成员,14名董事会成员。20名成员中有来自大学的教授、校长、教务长、研究机构的学者以及来自企业的相关代表。[③]

民间性质的高等教育中介组织一般没有政府的财政拨款,其经费来源多与组织自身的业务活动密切相关。如美国的高等教育评估中介机构的经费主要来自会员每年所缴纳的各种评估费用以及社会有关团体的赞助费用。虽然民间中介机构没有政府的拨款,但鉴于高等教育中介机构具有教育性和社会公益性,政府也会采取一些措施支持这些组织。如在美国,高等教育评估中介机构可以享有政府获准的某些特权,如免缴各种税收。[④]

---

① 本节相关内容参见肖婕:《高等教育质量管理中社会中介组织模式的比较》,载《现代教育管理》2010年第8期,第55—57页。

② 参见熊耕:《简析美国高等教育认证的民间性》,载《高校教育管理》2008年第1期,第12—15页。

③ See Council for Higher Education Accreditation Board of Directors 2009—2010 [EB/OL] (2009-07),http://www.chea.org/pdf/2009—2010_CHEA_Board.pdf,2009-08-08.

④ 参见肖莉萍:《美国高等教育评估中介机构的研究》,广西师范大学2008年硕士学位论文,第26页。

二、案例分析——美国高等教育认证体系

最具民间性质的高等教育中介组织莫过于美国的高等教育评估机构。在美国独特的政治、经济、文化背景下，高等教育拥有较充分的自治权，扎根于这种多元化社会文化中的民间组织，深受广大市民的认可。作为世界高等教育强国，面对其庞大的高等教育系统，美国采用了高等教育认证这样一种独特的教育评估和质量保证模式。在本国取得卓越成效的同时，美国的认证机构也开始影响他国高等教育领域。发展至今，美国的高等教育认证机构已为本国 50 个州以及世界上其他 97 个国家的高等教育领域进行评估。①

1. 作用方式

美国高等教育认证机构有如下四种类型：区域性认证组织（regional accrediting organizations）、全国性宗教院校认证组织（national faith-related accrediting organizations）、全国性职业院校认证组织（national career-related accrediting organizations）以及专业认证组织（programmatic accrediting organizations）。② 这些中介组织需经过高等教育认证委员会（CHEA）和美国教育部（U. S. Department of Education，USDE）的元评估，才能获得认证资格。其中区域性认证组织承担着美国高等院校的绝大部分评估任务。

首先，区域性评估中介机构在对高等院校进行评估时也是按照一套预先制定的评估标准进行的。以中北部地区学院与学校联合会（NCA-HLC）为例，该机构现行评估标准是 2003 年 2 月经由理事会采用并批准于 2005 年 1 月全面实施的一套新标准。这套标准包括五个一级指标：办学理念和整体性（mission and integrity）；面向未来（preparing for the future）；学生学习和有效教学（student learning and effective teaching）；知识的学习、运用和创新（acquisition, discovery, & application of knowledge）；承诺和服务（engagement and service）。每个指标由三个要素构成：标准表述（criterion statement）；核心部分（core components）以及证据实例（examples of evidence）。③

美国高等教育认证机构对高校的评估过程同样十分严谨。还是以中北部地区学院与学校联合会（NCA-HLC）为例，该机构制定了评价与改进质量（Program to Evaluate and Advance Quality，PEAQ）和学术质量促进（the Academic Quality Im-

---

① See Overview of U. S. Accreditation［EB/OL］（2009-05），http://www.chea.org/pdf/2009.06_Overview_of_US_Accreditation. pdf，2009-08-08.

② See 2009—2010 Directory of CHEA-Recognized Organizations［EB/OL］（2009-08），http://www.chea.org/pdf/2009_2010_Directory_of_CHEA_Recognized_Organizations. pdf，2009-08-08.

③ See The Criteria for Accreditation, The Higher Learning Commission-Institutional Accreditation：An Overview［EB/OL］（2003-12-01），http://www.ncahlc.org/download/2003Overview.pdf，2009-08-08.

provement Program，AQIP）两个计划来保证评估过程。① 美国高等教育评估实质上是一种"自下而上"的过程，即办学者和办学机构出于自身的需要主动向认证机构提出评估申请。在学校提交评估申请后，认证组织必须对学校是否具备评估资格作出判断，只有具备认证资格的学校才能接受评估。评估程序基本包括五个步骤：申请评估的高校进行全面深入的自我评估（self-study），依照评估的标准对自身业绩进行估量，认证组织也会参与其中；院校通过自我评估后，形成自我检查报告，接受同行评审（peer review），同行评审检查组成员都是来自高等院校的专家学者如校长、系主任、教授等，他们对大学的管理以及学科部门的设置有着丰富的管理实践经验；评估机构还会派出各方面专家和教育行政人员到被评估学校进行现场考察（site-visit）；当申请学校达到了标准，评估中介机构就会赋予它们获得评估或预评估的地位，并在公开出版物中予以公布；学校通过评估后，评估机构还将对其进行周期性的外部评估（periodic external review），以确定它们是否继续维持在评估标准上。②

2. 积极作用

美国高等教育认证制度距今已有一百多年的历史，美国高等教育认证机构通过对高校的认证在保证和提高高等教育的质量中作出了巨大的贡献。

首先，严谨的认证过程需要高等教育机构投入相当多的工作量和相当多的资源，因此极大地保证了高校的基本质量水平。质量改进是认证的核心，即"无论院校当前的质量水平是什么，都应当要求其继续改进当前的质量状况"③，这也是促进高等教育质量提升的有效方法之一。同时，评估过程中采用自我评估和同行评审这种内外相结合的评估模式有效维护了大学自治和学术自由。自我评估"有助于高等院校通过细致深入的自我分析与调整，确立适当的教学目标、配备适当的合乎认证标准的教学设施、师资力量，最终达到改进院校的课程设置、管理方式等办学模式，完善以及提高高等院校的教学质量等目的，同时还给予了高等院校充分的自评自改的空间以及自治的权利；同行评审有助于同行专家能够客观的认识认证对象，在维护大学自治的基础上，给予大学充分的学术自由"④。此外美国的高等教育评估机构均为学校联合会或协会。在认证过程中，认证的主要阶段都需要高等教育工作者的参与，如"教师和管理人员要撰写自评报告，为学校或专业的同行

---

① See The Evaluation Process，The Higher Learning Commission-Institutional Accreditation：An Overview［EB/OL］（2003-12-01），http：//www. ncahlc. org/download/2003Overview. pdf，2009-08-08.

② 参见张琳琳：《美国高等教育认证制度研究》，东北师范大学 2007 年硕士学位论文，第 20—22 页。

③ Judith S. Eaton、韩晓燕：《美国高等教育认证的四个重要作用》，载《理工高教研究》2004 年第 6 期，第 21—22 页。

④ 张琳琳：《美国高等教育认证制度研究》，东北师范大学 2007 年硕士学位论文，第 23—24 页。

评价人员服务，为认证决策机构服务等"。[1] 不同学校和专业领域的学者通过认证得到了更多的交流，从而大大促进了全国各地高等教育质量管理之间的联系。

上述作用的产生与中介组织的独立性是密不可分的。民间性质的高等教育是独立于政府之外的，这就使其免于政治化或受到不必要的政治影响，高度保证了组织的独立性，使组织的功能发挥达到最大化。在美国，其独立性还受益于法律的保护。美国法律中明确规定不允许联邦政府直接参与评判高等教育质量。但是，联邦政府在高等教育机构中投入了相当多的公共资源。为了保证纳税人的钱能够被有效地利用，于是就将保证学术质量的任务转包给了认证机构。因此，与其他国家或美国其他领域相比，政治对高校质量的影响是非常小的。也正是在这样一种环境下，认证机构最大限度地发挥了其保障高等教育质量的作用。

3. 争议与问题

虽然美国的高等教育认证机构多为民间组织，但他们要想对美国高校进行认证活动，必须获得高等教育认证委员会（CHEA）的认可，这就保障了这类组织机构的权威性和专业性。也就是说，民间性质的中介组织必须经过权威的元评估过程。然而，在许多国家并没有形成这样一种元评估制度。因此，民间组织的权威性、专业性都受到了质疑。

当然，即便这些认证机构的独立性受到保护，也通过认证使美国高等教育质量得到了保障，但对认证制度以及美国高等教育认证机构的批评却是客观存在的。人们渐渐对"评估机构持续提高高等教育质量的有效性和评估过程的公开性产生质疑"[2]，对繁琐冗长、耗费巨资的评估过程也不再保持"耐性"。此外，随着高等教育的大众化、虚拟化以及国际化发展趋势，以关注经济利益、追求高效率以及以市场反应为中心的高等教育"商业化"趋势也让人们对最易受利益驱使的民间性质的中介组织失去信赖。一旦高等教育中介组织以追求经济利益为主而背离了初衷，这些组织所参与的质量管理或教育评估活动就会遭受质疑，也就无从谈及有效保障高等教育质量了。

第四节 大 学 排 行

近年来，关于大学排行的讨论愈演愈烈。关于大学排行是否属于教育评估、该不该对大学进行排行的争论还未停止，人们又开始在大学排行的受益者究竟是谁、

---

① 参见 Judith S. Eaton、韩晓燕：《美国高等教育认证的四个重要作用》，载《理工高教研究》2004 年第 6 期，第 21—22 页。

② 肖莉萍：《美国高等教育评估机构的研究》，广西师范大学 2008 年硕士学位论文，第 28—29 页。

排行是否真正促进了高等教育质量的发展等一系列新的问题上展开了激烈的讨论。

一、大学排行的历史回顾

大学排行最早出现在美国。1983 年,《美国新闻与世界报道》杂志率先推出全美的大学排名。此后,越来越多的新闻媒体对本国及他国的大学进行排行。如英国的《泰晤士报·高等教育副刊》(1986 年),德国的《明镜》周刊(1989 年),加拿大的《麦克林》杂志(1991 年),日本的《钻石周刊》(1993 年)等先后发布的本国大学或世界大学排名。

我国的大学排行始于 1987 年。我国管理科学研究院科学研究所以美国费城科学情报研究所公布的《科学引文索引》为数据源,在 1987 年 9 月 13 日的《科技日报》上发表了《我国科学计量指标的排序》,文中对我国大学进行了排名。之后,不断有其他机构或个人介入并依据不同的指标发布不同的大学排行榜。发展至今,以下几个排行较具影响力:广东管理科学研究院课题组于 2001 年首次公布的"中国大学评价"年度排行;网大(中国)有限公司于 1999 年开始发布的年度"中国大学排行榜";高等学校与科研院所学位与研究生教育评估所于 1994 年首次对中国普通高等学校及研究机构"研究生院"的评估;"中国校友会"于 2003 年开始开发的年度"中国大学排行榜";中国青年报社与武汉大学中国科学评价研究中心于 2004 年联合开发的中国高校"竞争力评价"排行;上海交通大学高等教育研究所于 2003 年起发布的"世界大学学术排行"。① 除此之外,在网络上还有其他诸多形式的排行,如麦可思(MyCOS)教育数据咨询公司的大学就业排行能力榜②、中国校友会网和《21 世纪人才报》推出的 2009 中国大学创业富豪榜③等个性化大学排行。

二、大学排行与教育评估

对于大学排行是否属于教育评估至今还存在争议。以色列的内伏(David Nevo)于 1981 年提出了教育评估所应包含的十个要素:评估的定义(即本质)、功能、对象、评估所收集的信息的类型(即评估对象的变量)、标准、评估委托人与评估听取人(即服务对象)、过程、方法、评估者的类别以及判断一个评价的价值和优缺点

---

① 参见谢安邦、童康:《我国大学排行研究与实践的进展及评析》,载《高等教育研究》2006 年第 6 期,第 30—35 页。

② 参见 2009 大学就业能力排行榜,http://finance.ifeng.com/topic/money/2009dxphb/index.shtml,2009 年 8 月 8 日访问。

③ 参见 2009 中国大学创业富豪榜,http://www.cuaa.net/fortune2005/,2009 年 6 月 24 日访问。

的标准(即对教育评估进行再评估)。传统的评估就是依据这十个要素确定的。[①] 据此,可以审视大学排行究竟是否属于教育评估。

① 大学排行的对象自然是大学。

② 排行对象中的变量是指"大学教育活动中的某一、某些或全部因素的各个变量"。如大学教学活动、科研活动或是大学某个学科的发展情况等等。

③ 大学排行的本质是对大学及其变量"进行系统描述和对它们的优缺点与价值进行判断"。

④ 排行的标准是"根据一定的准则所指定的标准"。为了规范大学排名机构的行为,联合国教科文组织、欧洲高等教育研究中心和华盛顿高等教育政策研究所的大学排名国际专家于 2006 年 5 月在柏林召开的第二次会议上,讨论并通过了一系列高等教育排名的质量标准和操作范例,即柏林原则。柏林原则对以下四个方面进行了规定:排名的目的、指标的设计和权重、数据的收集过程、排名结果的公布,以作为对高等教育机构进行排名需遵守的共同准则。[②]

⑤ 评估者是受委托的"评估人员"。发布大学排行的民间组织或新闻媒介通常委托学者专家、高校教师、学生以及企业界的相关人员对学校进行评估。

⑥ 评估方法是"一定的技术手段"。

⑦ 大学排行的服务对象即为"评估委托人",委托人可以是评估的赞助人,也可以是决策者和管理者等。

⑧ 评估的功能体现在通过大学排行活动对社会、政府或高校及学生产生的作用和影响上。

⑨ 评估的过程是"一个复杂的、动态的、有序的活动过程"。

⑩ 对评估进行再评估,即大学排行的元评估。就当下世界大学排行活动的发展情况而言,在这一点上是极其欠缺的。

从当下世界主要的大学排行机构进行的排行活动来看,基本符合以上十个要素,因此可以被看做一种教育评估。作为一种新的教育评估形式,它与传统评估的区别在于:大学排行强调先后顺序;主要采用定量的评价方法;评价主体多元化,但以社会评价为主;排行并未形成绝对权威,即目前形式各异的排行都只是起到为社会大众、学生、企业、政府等提供审视或了解大学的视角而已。

三、大学排行的实质

大多数人认为,那些对大学进行简单顺序排列的排行榜即可称为大学排行。

---

① 参见〔以〕David Nevo:《校本评估与学校发展》,卢立涛、安传达译,中国轻工业出版社 2007 年版,第 7—28 页。

② See Berlin Principles on Ranking of Higher Education Institutions〔EB/OL〕,http://www.che.de/downloads/Berlin_Principles_IREG_534.pdf,2009-08-08.

其实不然。单从字面上理解,大学排行至少应该包括两个层面:

首先,排行的对象是大学。众所周知,教学、科研和服务社会是大学的三大基本功能。因此如果要对大学进行整体排行,就必须同时兼顾上述三大基本功能。然而当今世界上的大多数排行都是重科研而轻教学,那么从严格意义上来说这类排行就不能算做大学排行,我们只能称之为大学的科研排行。此外,排行是对众多大学进行先后排序。既然有先后之分,就必定要对候选学校进行比较。因此,大学排行"实质上是一种比较性评估……既然是比较,就不得不考虑评估对象的可比性,即比较对象是否同质,哪些是可以比较的,哪些是根本不能相提并论的"[①]。在国外,有学者专门就大学类型与排名进行研究,发现"大学类型与排名之间存在复杂的相互作用"[②]。所以在对大学进行排名时,务必要考虑到大学的类型。《美国新闻与世界报道》杂志作出的大学排行就是以卡内基的高等学校分类为基础,在不同类型的学校之间进行排名。具体划分为四类:全国性大学(national-universities)、授予硕士学位的大学(universities-master's)、文理学院(liberal arts colleges)和授予学士学位的大学(baccalaureate colleges)。[③] 而我国至今还没有出台权威的大学分类规定。

其次,排行是一个动作,在这个动作实施的过程中,要具备哪些基本条件呢?在美国,大学排行必须同时满足以下三个条件:必须是根据能够测量或反映大学学术质量或教育质量的某些准则编制的"最佳大学"院校名单;该名单必须为大学排出顺序,每所学校必须有自己的名次;编制者必须公布为大学排序所用的方法及其数据来源。[④] 上述三个条件可以看成是技术操作上的三个层面。单从这三个技术层面上看,那些按某种指标的统计数据简单地为大学排序而又不说明其含义或提供其排序方法与数据来源的排行便不能算做真正的大学排行。在排行过程中,选择何种方法也与排行结果有直接关系。目前的大学排行多以定量的方法为主,主要表现在指标的设置和数据的收集上。以《美国新闻与世界报道》杂志 2009 年发布的大学排行榜的指标体系为例:在 16 项二级指标中,反映教育投入的指标有录取率、报到率、SAT/ACT 成绩、师/生比、财政资源等 11 项;反映教育产出的指标有学术声誉、毕业率、校友赞助率等 5 项。这些指标中,只有学术声誉一项是通过同

① 董秀华:《对我国大学排行实践的回顾和思考》,载《清华大学教育研究》2002 年第 4 期,第 90—95 页。

② Alexander. McCormick(2008),The Complex Interplay Between Classification and Ranking of Colleges and Universities:Should the Berlin Principles Apply Equally to Classification? *Higher Education in Europe*,33(2):209—218.

③ See Methodology:Ranking Category Definitions[EB/OL](2009-08-19),http://www. usnews. com/articles/education/best-colleges/2009/08/19/methodology-ranking-category-definitions. html,2009-08-22.

④ 参见史秋衡、余剑等:《高等教育评估》,贵州教育出版社 2004 年版,第 138 页。

行评价调查获得，属于定性指标（权重占25%），其余15项二级指标（权重占75%）均为定量指标。[1]　诚然，以定量指标为主，有利于作出客观公正的评价结果。但一所大学的人文、艺术及社会科学方面的成就却是无法用简单的数字衡量的。如今在大学排行活动中还出现了网络计量学这种新的数据收集和统计方式，它使用一种联合指标：高校的公共网络资料（25%）；高校文件，包括pdf.、ps.、doc.和ppt.等格式在内（12.5%）；从谷歌（Google）学者数据库上搜索到的文章（12.5%）；高校外部互联网总流量（50%）。[2]　这种方式的排行结果与传统的大学排行指标下得出的结果存在很大的相似之处。也就是说，这种排名方式适宜于衡量那些在传统的大学排名指标上占优势的高校的表现。

由此看来，大学排行并不是简单的顺序排列，还必须考虑其深层次的含义。基于学校基础不同、类型不同以及生存环境各异，要做到对大学的整体进行排名，实属不易。因此对大学的某项功能、某个学科或是某个专业进行排行更具有现实意义。然而在进行排行时，务必要对排行的对象作出准确的界定，否则统称为大学排行，就难免会误导大众。

四、大学排行与高等教育质量

大学排行作为一种新的高等教育评估方式，被认为是质量保证的有力手段。然而事实上，现有的大学排行果真有效促进了教育质量的提升吗？

正如上文已经提到的，"当今世界上的大多数排行都倾向于大学的科研成绩，而牺牲了教学质量，虽然一些排行设计了诸如'招生选拔性'、'班规模'和'馆藏图书量'等与教学相关的指标，但是这些指标基本上是与大学教学输入端相关的，并不一定能准确反映大学教学的输出端——质量"[3]。既然现有的排行连一所大学真正的教育质量都无法反映，又何来的动力去促进学校教育质量的提升呢？

在指标体系、评价标准单一等诸多因素影响下，大学排行榜的公信力下降，给社会、政府及高校带来了一系列消极影响。就社会大众而言，排行榜没有公信力，其结果的稳定性也备受怀疑。广大学生及家长在形式各异的榜单中摇摆不定。还有部分人一味迷信榜单，盲目追捧所谓的一流大学或热门学科，而不考虑自己的实际情况。就政府部门而言，政府为那些榜单靠前的学校投入更多的资金和资源，而榜单上靠后的学校却无人问津。然而，一个国家高等教育质量的提升，绝对不是靠

①　See Methodology: Undergraduate Ranking Criteria and Weights[EB/OL](2009-08-19), http://www.us-news.com/articles/education/best-colleges/2009/08/19/methodology-undergraduate-ranking-criteria-and-weights.html, 2009-08-19.

②　See Isidro F. Aguillo(2008), Webometric Ranking of World Universities: Introduction, Methodology, and Future Developments, *Higher Education in Europe*, 33(2):233—244.

③　王英杰：《大学排行——问题与对策》，载《比较教育研究》2008年第10期，第1—5页。

榜单前少数几所大学的教育质量来保证的。就学校而言，在"晕轮效应"的影响下，名校在优势学科和强项上的光环已经覆盖它的缺陷和弱项，自然也无心进取。而那些排名靠后的学校虽然力图改变这种命运，但受榜单影响，其社会声誉明显无法与名校抗争，由此带来学校生源不佳、社会资源短缺、政府不够重视等恶性循环。

在博格（E. Grady Bogue）和霍尔（Kimberely Bingham Hall）所著的《高等教育中的质量与问责》一书中，两位作者也提出了大学排行在质量保证上存在的局限性："晕轮效应"，排行结果不具有稳定性，排行所使用的有限供给的择优原理也有失公平，排行评估的"贴标签效应"以及抹杀大学的个性化和多元化等等。因此他们把大学排行这样一种质量保证的手段仅仅视为是对"学校声誉的检验"。对于把声誉研究当做有效的质量保障方法，他们是持怀疑态度的。因为在他们的研究中，声誉研究对提升学生选择没有明显的意义，对评估和质量保证的目标实现也没有任何的改善，对其他主要的质量保证目标同样没有明显的价值。[①]

五、大学排行的受益者

虽然目前的大学排行中存在指标体系不合理、排行方法欠缺公平等不少问题，对提升高等教育质量所产生的积极作用也饱受非议，但无可否认的是大学排行在一定程度上满足了社会大众、政府及高校的需求，使社会、政府及高校从中受益。"就社会公众而言，大家可以通过排行榜对国内外各大学的总体和相关方面的水准有个比较直观、明晰的了解，在与高校发生各种关系的时候可以就此作参考；就政府部门而言，排行榜从另一侧面反映了高校的有关情况，可以为政府的宏观调控和决策提供依据；就高校自身而言，通过与相应院校的有关对比，可以了解自身的长处与短处，变压力为动力，促使学校更好地提高教育质量和办学效益"[②]。那么对于大学排行的受益者而言，是不是也应该对大学排行给他们带来的利益进行有偿回报呢？

首先来关注一下目前世界各大排行机构的经费来源。据报道，《美国新闻与世界报道》每期卖48.5万本，它的大学排行期刊卖2300万本，其独一无二的《大学排行指南》卖70万本。初步估计大学特刊每年总销售额将近1500万美元，要加上广告，收入会更多。[③] 这些收入足以支撑该机构开展大学排行。其他权威的国外排行机构也多属于新闻媒体机构。一方面这些机构有固定的业务收入，另一方面其

---

① 参见〔美〕E. 格威狄·博格、金伯利·宾汉·霍尔：《高等教育中的质量与问责》，毛亚庆、刘冷馨译，北京师范大学出版社2008年版，第63—69页。

② 章仁彪、樊秀娣：《对开展大学排行榜活动的三点认识》，载《中国高等教育》2001年第17期，第22—23页。

③ 参见韩芳、李维喆：《〈美国新闻与世界报道〉大学排行研究》，载《高教探索》2007年第3期，第69—71页。

发布的大学排行主要受益群为广大学生和家长，因此排行机构可从中获得相当可观的服务费用。

再来关注一下国内的情况。国内最具影响力的《中国大学评价》的课题组没有国家拨款，自 1992 至 2003 年连续 12 年间，所需费用全部来自课题组成员其他方面的收入，为社会提供的是无偿服务。2003 年以后大学评价走向经费自给。作为经常性固定收入的版税和稿费，虽然可以维持大学评价的正常运行，但不足以使研究更深入。因此，课题组成员也会酌情考虑一些大学的邀请，为其做咨询服务，以获得一定的收入，支持大学评价的研究。① 中国科学评价研究中心主任、武汉大学教授邱均平在一次采访中也透露：排行榜的制作经费主要来源于项目经费，经费不多但足够支付排行榜的成本；同时，机构还依托其丰富的资源为大学做评价服务，比如帮助高校分析自身情况、制订发展规划等等，一般对一所大学收费五千到一万元。② 如此看来，我国的排行机构多数没有固定的业务收入，出现经费不足时只能选择为大学进行有偿咨询服务。可一旦与高校有了经济往来，就难免使人产生向高校拉取赞助费的嫌疑。于是，排行公信力遭到怀疑也就在所难免了。

由此可见，充足的经费不仅能保证排行活动的顺利展开，还可以在一定程度上使排行结果的公正性和权威性免受破坏。经费的来源与排行活动的受益者是紧密联系在一起的。通常情况下，排行目的决定了该排行的最大受益群体，如美国的排行主要是为学生择校提供服务，那么其受益者就是广大的学生及其家长；日本的排行主要是为企业招聘人才服务，那么其受益者主要是企业雇主；也有基于学术性目的或管理上的需要而进行的排行，其受益者自然便是高校和政府。只有当各大排行有了准确的自身定位后，不同的利益主体才能在排行中做到各取所需，各尽其"职"。

---

① 参见教育人生网：《武书连：排行没有潜规则》[EB/OL]（2009-05-06），http://news.edulife.com.cn/200905/06133940043.html，2009-08-22.

② 参见刘莉、田臻寰、袁会：《若不排行，怎知差距——访中国科学评价研究中心主任、武汉大学教授邱均平》，载《评价与管理》2007 年第 6 期，第 74—75 页。

第五章
高等教育质量管理中的院校和学生参与

从中世纪大学起,高校就开始关注自身的教育质量,如在教学内容、学生入学、学生考核以及教师聘任等方面有着严格规定和要求。但是,由于当时大学的使命仅在于高深知识的传授,与外界的联系并不紧密,质量仅仅是学校内部的事务,并没有来自外面的压力。20 世纪下半叶以来,高等教育的大众化、高校学生人数的增多、政府对高等教育财政投入的减少以及人们对高等教育质量的质疑等一系列变化使得质量成为高等教育领域中令人瞩目的一个焦点,各种关于高等教育质量的研究、报告不计其数。"质量问题(高等教育中各方面的保管人如何保证质量)几乎到处蘑菇似的增长成为高等教育政治日程上的一个优先考虑的问题"①。各国纷纷建立高等教育质量的评估、认证机构,以加强政府对高等教育质量的宏观管理,并且建立高等教育的外部和内部质量保障体系已成为各国提高高等教育质量的共同趋势。但是,"外部评估最重要的功能是为高校自我改进与提高提供持续、稳定的支持,使高校及其成员能够在一个良好的制度环境中关注其专业活动的质量"②。因此,高等教育质量提高的主要责任还是要落实到高校自身。那么,高校应该如何加强自身的质量管理?而学生作为高等教育最直接的参与者应该如何参与到高校的质量管理中?他们参与的内容是什么?这些都是本章所要探讨的问题。③

---

① 〔荷〕弗兰斯・F. 范富格特:《国际高等教育政策比较研究》,王承绪译,浙江教育出版社 2001 年版,第 429 页。

② 谢安邦:《比较高等教育》,广西师范大学出版社 2002 年版,第 408 页。

③ 本章部分内容参见李金慧:《高等教育质量管理中的学生参与》,载《大学(学术版)》2010 年第 2 期,第 51—55 页。

第一节　院校和学生参与的历史回顾

人们把更多的目光聚集在高等教育质量上是从 20 世纪下半叶开始的，在此之前的很长一段时间里，大学作为象牙塔一直远离社会的中心，对教育质量的关心也仅限于教师和学生群体，学校内部也缺乏保证教育质量的具体组织和制度。但是，正如有的学者所说，"在高等教育领域虽然在概念的层面上好像没有质量管理，也缺乏高等教育质量管理的理论，但在实践中却一样存在着某种自发的优秀的质量管理"[①]。

从中世纪大学诞生的那天起，大学就开始了保持自己高质量教育的探索。中世纪的大学是具有行会性质的学者团体，这个团体由一群志同道合的教师和学生组成，以探索学问和传播知识为目的。当时的中世纪大学分为两种类型，一种是教授型大学，另一种是学生型大学。"无论属于哪种类型的大学，其内部组织结构都有学生团体组成的同乡会、教师团体组成的教授会、学校校长等组织结构要素。"[②]但是，中世纪大学没有专门的行政机构管理大学内部的学术事务，学校的校长只负责简单的行政事务，教授和学生承担着大学内部所有学术事务管理。在教授型的大学里，教授掌握学校的管理权，包括教师的聘任、学生的录取、课程的组织、学位的授予和校长的选择等。在学生型的大学里，学生权力受到了前所未有的重视，学生有权决定学校的一切事务，如校长的选举、教师的聘请、教师薪金的支付等。因此，教授和学生就成了保证学校教育质量的主体。

那么中世纪大学是从哪几个方面来保证自己的教育质量呢？

如果大学想获得良好的声誉和较高的社会地位，它就必须保证其在专业领域的卓尔不群，而保证大学这种较高的专业性和学术性的关键在于教师。"人的品质，特别是教师的品质及其水平起着至关重要的影响作用。因此，高等教育质量的内部管理最初就是从保证教师的品质和水平开始的。"[③]

如果学者想要到大学任教，就必须获得大学教师的任教资格。这种资格获得的前提条件就是取得学位。在中世纪大学早期，博士和硕士并没有高低之分，且与教师的称呼几乎是同一个含义。但是在当时，学生拿到教师资格即获得博士和硕士学位并不是一件容易的事情。如在 15 世纪德国的一所大学里，获得硕士学位的

---

① 王建华：《高等教育质量研究——管理的视角》，载《高等教育研究》2009 年第 2 期，第 1—9 页。
② 宋文红：《欧洲中世纪大学——历史描述与分析》，华中科技大学 2005 年版，第 104 页。
③ 胡建华：《高等教育质量内部管理与外部监控的关系分析》，载《高等教育研究》2007 年第 2 期，第 32—37 页。

学生只占学生总数的 10%。① 由此可见，只有学校里出类拔萃的学生才可以有机会获得教师资格。正是这样高水平的教师队伍才保证了中世纪大学的教育质量。

学生的质量如何保证呢？中世纪大学从学生入学时就开始对学生有一定的要求。医学、神学和法学专业的学生要先进入大学预科性质的艺学院，艺学院要求学生必须掌握一般的阅读、写作能力以及学校教学所用的拉丁语，因为拉丁语不仅是中世纪大学的课堂用语，也是学生的生活用语。② 学生在进入学校后，如果想获得学位就必须付出极大的努力。正如之前提到的那样，在中世纪大学里，获得学位的人数还是不多的，这也体现了当时的学校对所培养的学生的质量要求。

从中世纪大学到 20 世纪上半叶，各高校设立自己的学术标准并负责保障学校的教育质量。为什么在这几百年间，高等教育质量只是大学内部的事情呢？有学者认为，这首先源于大学的自治传统，中世纪大学在与教会和世俗权威的斗争中获得了管理自己内部事务的自治权，大学聘用教师、教什么、怎么教等都是由大学决定；其次，这期间的大学以规模小、人数少、实施精英教育为主要特征，大学远离社会，尚难引起社会的广泛关注。③ 此时的高校就是要"发现优秀人才并使他们保持优秀"，"大学和其他高等教育机构都拥有自己的一套机制确保他们的工作质量。在这套机制中，人的品质和工作的质量直接产生联系：学生要具备必要的资格才能进入高等学府，乃至最终取得学位；教职员工要具备必要的资格才能上岗，乃至获得提升，直至升至教授"④。

长久以来，高校通过聘用优秀的教师、招收优秀的学生来维护自身的质量。然而，20 世纪下半叶以来，随着政治经济的全球化、高等教育的大众化、政府对高等教育投入的减少等一系列变化，使高校面临着前所未有的挑战和压力，而质量也冲出了大学的围墙，受到了越来越多的关注和质疑。那么，在此背景下，高校和学生应该在质量管理中扮演什么样的角色？应该如何去做？

第二节　院校和学生参与的现实需要

在 20 世纪中叶之前，教育质量一直是高校自己的事情，外界很少参与到高校

---

① 参见缪榕楠：《学者行会的成员资格——中世纪大学教师录用的历史》，载《教师教育研究》2007 年第 3 期，第 62—67 页。

② 参见宋文红：《欧洲中世纪大学——历史描述与分析》，华中科技大学 2005 年硕士学位论文，第 121 页。

③ 参见胡建华：《高等教育质量内部管理与外部监控的关系分析》，载《高等教育研究》2007 年第 2 期，第 32—37 页。

④ 〔英〕约翰·布伦南、特拉·沙赫：《高等教育质量管理——一个关于高等院校评估和改革的国际性观点》，陆爱华等译，华东师范大学出版社 2005 年版，第 2 页。

的质量管理中。"如果没有外在的压力,大学可能永远也不会承认自身存在质量问题"①。"向高等教育领域引入质量的概念,其理由是在一个变化的环境中保持竞争能力的需要。"②如今,高校所处的政治、社会环境发生了很大的变化,大学也不再固守象牙塔,而成为了社会的轴心和大家瞩目的焦点。同样,大学的质量问题也不再是大学自己的事情了,它受到了来自各方的关注和质疑。那么,高校为了应对这些变化,就必须作出相应的调整。正如有的学者所说,"现在的世界变化太快了,为了避免自身的衰落、质量的下滑,高校必须主动去适应这个世界"③。与此同时,学生付费上学、学生参与高校管理意识的增强以及他们作为高等教育主体地位的突显,使得学生也要求参与到高等教育质量管理中。

一、院校参与高等教育质量管理的现实需要

从未有一个时期像现在这样,使得高校面临如此大的变化以及如此复杂的环境。高等教育大众化的发展使得高校面临学生人数的增多、经费的相对不足以及人们对高等教育质量的质疑;全球化的发展把高校置于更广阔的竞争舞台上,而质量则成为高校竞争的重要武器。随着世界各国政府管理职能的改革,政府赋予高校更多自主权的同时加强了对高校的宏观管理,政府通过设置高等教育质量认证、评估机构或通过中介组织展开了对高校的外部评估,那么,高校为获得更多的自主权就必须向政府和社会保证自身的教育质量。这种种变化使得高校更加关注自身的教育质量。

1. 高等教育大众化的客观要求

二战后,世界经济进入了快速恢复期,经济发展对人才和科学技术的需求增强。高校作为人才培养和科学研究的基地自然得到了政府和社会的高度关注,高等教育由此进入了大规模发展的时期。从 20 世纪 70 年代起,西方发达国家就陆续进入了马丁·特罗(Martin Trow)所说的高等教育教育大众化发展阶段,高校数量和学生人数急速增长。然而,学生人数的增长与资源有限性之间的矛盾致使高等教育出现了质量滑坡的潜在可能。如日本临时教育审议会在 1986 年发表的报告中指出:纵观日本大学在二战后 40 年的历史,由于恣意增加大学的数量,在教育和研究的内容和质量上存在着令人忧虑的倾向;美国高等教育质量研究小组 1984 年指出:美国高等教育的根本问题是教育质量问题,高等学校要全力以赴地提高教

①　王建华:《高等教育质量研究——管理的视角》,载《高等教育研究》2009 年第 2 期,第1—9 页。

②　〔美〕罗伯特·波恩鲍姆:《高等教育的管理时尚》,毛亚庆、樊平军、郝保伟译,北京师范大学出版社 2008 年版,第 75 页。

③　Stephen Chukwu Anyamele(2005),Implementing Quality Management in the University: The Role of Leadership in Finnish Universities,*Higher Education in Europe*,30(3):357—369.

育质量。① 此外,在大众化阶段,高等教育在其类型、功能、入学与选拔、课程与教学形式、学生学习方式、学术标准、学校内部管理等方面都发生了显著的变化。传统的精英教育时期,由高校自身保障质量的做法显然已不能满足政府、社会、家长和个人对高等教育质量的需求。如何解决人们对高等教育质量下滑的担忧,如何在大众化阶段参与到高等教育质量管理中,是各高校必须思索的问题。

经费紧缺问题是大众化时期高校面临的另一个难题。随着高校规模的扩大、学生人数的增多,高校需要更多的经费来维持正常的教学活动,而政府却又无力支持高等教育日益庞大的开支,那么,高校必然要从其他渠道来寻求经费。正如世界银行在高等教育报告(1994)中建议,国家要改变其作为高教唯一经费来源的处境,要鼓励高校从学生学费、捐赠以及咨询服务中增加资金收入。② 什么样的高校才能吸引更多的学生,获得更多的社会资助呢? 毫无疑问,当然是那些能够提供高质量教育的学校。正如有的学者所说:"最有活力的高教机构是那些已成功采取了能够使它们摆脱平庸并保证教学、科研、服务质量之机构和信息系统的学校。也正是这些学校在竞争中有更多机会从公共和私营部门获得资金。"③

政府、社会和学生共同分担高等教育成本,这些不同的利益相关者就会希望大学更有效率,可以满足不同利益相关者的期望。而高校要满足这些需求,就必须努力提高高等教育质量。

2. 适应全球化发展的需要

全球化最先出现在经济领域,20 世纪 80 年代后,它逐步扩展到政治、文化、教育等其他领域。"全球化进程加剧了世界范围内对知识劳动者的竞争,促进了与之相适应的对他国学历、文凭和学位的认可,以及对他国各级各类教育及其质量的关注。"④随着各国高等教育之间交流与合作的加强以及跨境高等教育的扩张,需要一个国际公认的可比较的质量标准。

以欧洲为例,1999 年欧洲 29 个国家启动了博洛尼亚进程,旨在建立欧洲高等教育区。为增强欧洲高等教育的竞争力和吸引力,博洛尼亚进程将保障高等教育质量视为建立欧洲高等教育区的核心。2003 年的《柏林公报》建议两年内建立高等教育质量保障体系,并要求 2005 年前各国的国家保障体系应明确规定学校和相关质量保障机构的责任;2005 年的《卑尔根公报》签署了欧洲高等教育质量保障协

---

① 参见王英杰:《当今世界高等教育发展危机与改革趋势》,载《中国高等教育》1999 年第 5 期,第 8—11 页。

② 参见〔英〕路易斯·莫利:《高等教育的质量与权力》,罗慧芳译,北京师范大学出版社 2008 年版,第 4 页。

③ 赵中建:《全球教育发展的研究热点——90 年代来自联合国教科文组织的报告》,教育科学出版社 1999 年版,第 155 页。

④ 田恩舜:《高等教育质量保证模式研究》,中国海洋大学出版社 2007 年版,第 5 页。

会(ENQA)起草的《欧洲高等教育区质量保障标准与指标》,力图在欧洲范围内实行通用的质量评估标准。① 欧洲高等教育质量保障体系的建立不仅要求高校参与到欧洲层面和国家层面的质量保障中,而且也促进了高校自主建立学校内部质量保证程序。

此外,全球化进程使得各国学生的流动性更大,也使得各高校处于更大的竞争场所中,高校要想提高自己的声誉、吸引更多的学生,就必须努力提高自己的质量。

3. 政府和社会的压力

20 世纪 80 年代以来,随着治理变革以及新公共管理理论的出现,西方许多国家的政府职能发生了显著的变化。政府将更多的权力下放给公共机构,减少对其直接干预和控制。对于政府与高校的关系而言,政府通过分权、松绑等方式赋予高校更大的自主权,并通过合同、绩效、拨款、评估、代理以及市场机制等方式与高校发生新的联系。② 高校要想获得更大的自主权,就必须向政府和社会保证自己的质量,以质量换自治。荷兰政府在 1985 年发表的《高等教育:质量与自治》中就提到,如果大学能够保证其质量的话,政府将给予其更多的自治和更大的制定学位或课程计划的自主权。

政府在给予高校更多自主权的同时,通过各种高等教育质量评估和认证机构的评估和认证活动来促使高校提高教育质量。如英国的高等教育质量保证署、美国的高等学校和专业认可鉴定机构、法国的国家评估委员会等,这些外部机构的质量评估和认证促使高校自身不断建立和完善内部质量保障体系。一些国家为了促使高校提高自己的质量,还把对高校的拨款与评估结果挂钩。例如,1965 年美国《高等教育法》规定:联邦政府认可认证机构对申请资助的大学的认证评估,评估结果成为政府对大学拨款的重要的参考依据。③ 1984 年,法国《高等教育法》中规定了法国高等教育的合同拨款制。政府采取评估与拨款相结合的方式,政府与高校的合同是高校得到政府拨款的基本形式和对高等学校进行评估的主要依据。澳大利亚于 1988 年颁布了《高等教育经费法》,规定联邦政府评估大学发展规划(要求包含教育质量保证计划)中的经费预算,进行三年一度的经费划拨。从 1998 年起,联邦政府在拨款前,要求大学提交保证教育质量目标达成的策略和评估指标以及毕业生的跟踪调查资料。④ 高校为了获得政府和社会的资金投入,就必须提高

---

① 参见佛朝晖:《博洛尼亚进程中意大利高等教育质量保障体系改革》,载《黑龙江高教研究》2008 年第 3 期,第 52—55 页。

② 参见熊志翔:《高等教育质量保障的制度性变革》,载《高教探索》2008 年第 2 期,第 54—58 页。

③ 参见范文曜、马陆亭:《国际视角下的高等教育质量评估与财政拨款》,教育科学出版社 2004 年版,第 195 页。

④ 参见李胜元等:《澳大利亚高等教育质量保障体制略论》,载《西南师范大学学报(人文社会科学版)》2006 年第 1 期,第 142—146 页。

自己的教育质量并参与到高校的外部评估中。

对于高校本身来说,它属于地位认可型组织。高校"最为关心的是学校的知名度和社会地位。这不仅对学校的权利所得至关重要,而且好的声誉更容易吸引师生,筹集资金"①。高校的知名度和社会地位是如何获得的呢?当然是通过培养出的优秀学生及良好的科研成果。同时,高校外部各种评估机构的评估结果以及大学排行榜也会左右公众对一所高校的评价。如果高校获得良好的评估结果,能够在排行榜上得到比较好的名次,自然有助于高校知名度的提升。因此,各高校为获得这种知名度和社会地位就必须参与到高等教育质量的外部评估并努力加强学校内部的质量管理。

二、学生参与高等教育质量管理的现实需要

是否让学生参与到高等教育质量管理中以及在多大程度上让学生参与管理在高校中还存着分歧和争论。布鲁贝克(John S. Brubeck)在《高等教育哲学》中引用了学者胡克(S. Hook)关于学生参与学术管理的观点,胡克认为,学生在学术方面只不过刚刚入门,加之学生在校时间较短,无法对学术事务作出有效的决策而且很难对高等教育质量作出恰如其分的判断;此外,如果学生在课程计划、实施和评价方面享有与教师平等的权力的话,就很有可能会降低学生的学位质量,从而导致教育质量下降。② 可见,学者对学生参与管理的异议的重点并不在于学生该不该参与质量管理,而是出于对他们能力等方面的担心。也就是说,将学生作为高等教育重要利益相关者并倾听学生的需求以及他们对学校各种工作的意见的看法已经成为共识。随着时代的变化,这种看法又有了新的变化,《21 世纪高等教育:展望与行动世界宣言》中指出:国家和高等院校的决策者应将学生视为高等教育改革的主要的和负责的参与者。由此看来,学生参与高等教育质量管理有其客观现实需要和认识基础。

首先,学生作为"消费者"有权参与高等教育质量管理。政府对高校经费的缩减,导致高校要从其他渠道谋取经费。世界许多国家的高校都不同幅度地提高了学生的学费金额。学生既然付费上学,那么他们作为高等教育的消费者(尽管许多学者对学生是否是消费者还存在很大的争议)必然会对自己所受的教育提出一定的要求。一方面,学生需要高校提供高质量的教育以确保他们在社会竞争中保持优势地位;另一方面,他们要考虑自己的投入是否物有所值。因此,学生评价

---

① 〔英〕约翰·布伦南、特拉·沙赫:《高等教育质量管理——一个关于高等院校评估和改革的国际性观点》,陆爱华等译,华东师范大学出版社 2005 年版,第 41 页。
② 转引自〔美〕约翰·S.布鲁贝克:《高等教育哲学》,郑继伟等译,浙江教育出版社 1987 年版,第 42—43 页。.

高等教育质量就被看做是消费者决定质量的观点的一部分。这种观点强调学生对教学质量的看法，并重视测量学生的满意度。① 一位芬兰大学的行政人员说得好：学生是消费者，我们必须去了解他们并满足他们的需求。高校领导重视学生这一消费者，说明今天的高等教育机构必须对当今社会的需求和挑战作出回应，他们必须重新把目光聚集在学生的需求上，因为学生对自身所接受的服务有更大的发言权。②

其次，学生参与质量管理是高校内部管理民主化的需求。高校实现管理民主化，需要不同利益群体的参与。"不同利益群体参与的决策，体现了高校管理民主化的特征，它有助于提高决策的可行性，避免不同利益群体因为相互之间的分歧而引发不必要的冲突，降低内耗。"③因此，学生参与高校管理，使得他们的意见得到了充分的反应，有助于高校管理者在制定政策时关注学生的利益和愿望。

另外，学生是高校的主体，因为学校的一切工作都是围绕着学生进行的，高等教育质量最终也是体现在学生质量上。因此，十分有必要"从学生视角出发，分析大学生的学习经验，从学生的视角探讨学习环境因素对大学生学习与发展的影响。把教和学充分结合起来，系统探索提高高校教学质量的途径与方法"④。

第三节　院校和学生参与的法律和政策保障

目前，许多国家通过法律的形式赋予高校和学生参与质量管理的权利，并从政策上加以支持，从而使高校和学生参与质量管理有了法律和政策上的保障。

一、自主权——高校参与质量管理的基础

目前世界各国的高等教育质量保障体制走向了趋同化，即从高校外部和内部两方面加强对高等教育质量的保障。但是，高校的内部质量保障的作用则是基本也是最重要的。从英国高等教育质量保障体系的变迁中就可以看出这一点，英国高等教育从强化外部质量保障又重新回到重视高校内部质量保障的作用，因为"外

---

① See Gina Andeson (2006), Assuring Quality/Resisting Quality Assurance: Academics' Responses to 'Quality' in Some Australian Universities, *Quality in Higher Education*, 12(2):161—173.

② See Stephen Chukwu Anyamele (2005), Implementing Quality Management in the University: The Role of Leadership in Finnish Universities, *Higher Education in Europe*, 30(3):357—369.

③ 谢安邦、阎光才：《高校的权力结构与权力结构的调整——对我国高校管理体制改革方向的探索》，载《高等教育研究》1998 年第 2 期，第 20—24 页。

④ 陆根书：《优化学生学习经验　提高高校教学质量——基于学生视角的高校教学质量改进途径与方法》，载《复旦教育论坛》2007 年第 2 期，第 8—11 页。

部质量保障只是为高校自我改进与提高提供持续、稳定的支持,使高校及其成员能够在一个良好的制度环境中关注其专业活动的质量"①。高校作为实施高等教育的主体以及提高教育质量的第一责任人,则要注重自我质量的评估和改进。

把质量保障的责任落实到高校自身,高校就需要更多的管理内部事务的自主权,如经费的使用、教学计划的制定、课程的设置、教师的聘任、学生的选拔等。高校自主权在法律上的保障则给其参与质量管理提供了基础。许多国家在法律上规定了高校拥有的自主权。如1968年法国颁布的《高等教育方向指导法》,强调了大学的自治性和独立性,大学在行政、财政、教学方面享有自治权;1984年法国又颁布了《高等教育法》,进一步鼓励大学自治。荷兰1993年《高等教育与科研法案》的重点是高校自治和质量保障,政府给予高校更多的自主权,包括教学计划的制定、学生学习过程的管理以及质量保障方面的权力,以期促进高校发展目标的实现。② 我国政府于1998年颁布的《高等教育法》中规定了高校拥有招生、学科专业设置和调整、开展科学研究和社会服务等七项办学自主权。

各国政府通过法律形式确保高校享有处理内部事务的自主权,使高校可以自主开展校内的各项活动,从而根据自己的实际情况开展内部质量管理。

二、院校开展内部质量管理的法律和政策保障

上文已经提到,政府通过法律形式赋予高校更多的自主权,使得高校可以自主开展对内部教育质量的管理。为了更好地督促高校开展内部质量管理活动,一些国家还从法律上予以规定。此外,在许多国家,各种关于开展高校内部质量管理的政策也纷纷出台。这些法律和政策推动了高校自主开展内部质量管理活动。

在法律层面上,日本《大学设置基准》第1章第2条规定:"大学为了谋求其教育、研究水平的提高、实现该大学的目的和完成社会的使命,对该大学的教育、研究活动等的状况,必须尽力进行自我检查和评价。当进行前项的检查和评价时,在根据前项宗旨制定适当的项目的同时,还要准备适宜的体制。"③20世纪90年代以来,意大利政府出台了一系列大学管理的改革法令。其中1999年的第509/99号部长法令规定了每所高校有权建立自己的教学规章,并强调这些规章必须包含评价和改进教学质量的方法和手段。④ 在我国,原国家教委于1990年颁布了《普通

---

① 谢安邦:《比较高等教育》,广西师范大学出版社2002年版,第408页。
② 参见博芳:《西欧大陆国家高等教育质量保障中的政府行为研究——以法国、荷兰、瑞典为例》,华东师范大学2006年硕士学位论文,第41页。
③ 王保华:《高等学校设置理论与实践》,华中师范大学出版社2000年版,第254页。
④ See Daniela Darchini, Silvia Giannini, Muzio Gola(2006), Quality Assurance and Evaluation of Programmes at the University of Bologna, in Chiara Orsingher (ed.), *Assessing Qualityin European Higher Education Institutions*, Heidelberg:Physica-Verlag:7.

高等学校教育评估暂行规定》，指出：学校内部评估是加强学校管理的重要手段，也是各级人民政府及其教育行政部门组织的普通高等学校教育评估工作的基础，其目的是通过自我评估，不断提高办学水平和教育质量，主动适应社会主义建设需要。学校主管部门应给予鼓励、支持和指导。学校内部评估的重点是思想政治教育、专业（学科）、课程或其他教育工作的单项评估，基础是经常性的教学评估活动。此外，学校应建设毕业生跟踪调查和与社会用人部门经常联系的制度，了解社会需要，收集社会反馈信息，作为开展学校内部评估的重要依据。[①]

在政策层面上，澳大利亚联邦政府于 1991 年发布了题为《高等教育：20 世纪90 年代质量和多元化》的政策宣言，联邦政府宣布了一项促进高等教育教学和科研质量的综合性措施。1992 年 11 月，澳大利亚设立高等教育质量保证委员会，对质量保证问题提供建议；1993 年至 1995 年，政府发起了对大学教学、科研和全面工作三个轮回的评估计划，高等院校按质量保证的程序自愿进行了独立的自我评估；1998 年初，政府把质量改进与高等院校的年度资金安排挂钩，教育、培训和青年事务部要求大学制定质量保证与改进计划。[②] 在欧洲，博洛尼亚进程将保障高等教育质量视为欧洲高等教育区的核心，在历次欧洲各国教育部长会议发布的公报中都将欧洲高等教育保障体系作为重点。其中 2003 年的《柏林公报》要求在 2005 年前各国的国家质量保障体系应明确规定学校和相关质量保障机构的责任；2007 年的《伦敦公报》认为各国内部质量保障体系取得了非常好的发展。[③] 我国政府从2004 起下发了一系列关于提高高等学校本科教学质量的政策，以期促使高校提高教学质量。2005 年教育部下发了《关于进一步加强高等学校本科教学工作的若干意见》，规定高等学校要努力探索和建立本校教学质量保证与监控机制。[④] 2007 年1 月，教育部、财政部联合下发了《教育部财政部关于实施高等学校本科教学质量与教学改革工程的意见》，正式启动了"质量工程"。质量工程要求各高校把提高教学质量作为学校工作的重心。在启动质量工程不久后，教育部又下发了《教育部关于进一步深化本科教学改革全面提高教学质量的若干意见》，提出要进一步完善高等学校的内部质量监控和评价体系。各高等学校要进一步加强教学质量监控，建立用人单位、教师、学生共同参与的学校内部质量保障与评价机制，形成社会和企业对课程体系与教学内容的评价制度、课堂教学评估制度、实践教学评估制度、领导和教师听课制度、同行评议制度、学生定期反馈制度及教学督导制度等，加强

[①]　参见《普通高等学校教育评估暂行规定》。
[②]　参见李胜元等：《澳大利亚高等教育质量保障体制略论》，载《西南师范大学学报（人文社会科学版）》2006 年第 1 期，第 142—146 页。
[③]　参见佛朝晖：《博洛尼亚进程中意大利高等教育质量保障体系改革》，载《黑龙江高教研究》2008 年第 3 期，第 52—55 页。
[④]　参见《教育部关于进一步深化本科教学改革全面提高教学质量的若干意见》。

对人才培养过程的管理。完善教师、院系、学校三级质量保障机制,逐步建立保证教学质量不断提高的长效机制。①

从这些法律和政策中可以看出,各国政府已经认识到提高教育质量的责任主体在高校。高校的一切工作都应围绕如何提高教育质量来进行,因此,建立完善的内部质量管理体系并采取各种措施提高教育质量是高校义不容辞的责任。

三、学生参与高等教育质量管理的法律保障

学生参与高等教育质量管理从中世纪大学就开始了,虽然当时并没有"高等教育质量管理"这一名词,但当时的学生参与校长的选举、教授的聘任并对学校的学术事务进行监督管理,这些可以看成是学生参与质量管理的滥觞。然而,当时学生参与质量管理并没有明文的法律法规保障。20世纪70年代后,随着学生要求参与学校管理呼声的高涨以及教育管理民主化的发展,许多国家颁布了学生参与学校管理的相关法律,为学生参与质量管理提供了法律保障。

一些国家把学生参与学校管理写入了宪法,如西班牙《宪法》(1992年)第27条第7款规定:在法律规定的范围内,教师、家长、适当情况下也包括学生参与以国家公共基金维持的、其确立符合法律程序的教育中心的监督和管理。② 葡萄牙《宪法》(1982年)第2条写道:"国家促进教育及其他条件的民主化,以使教育能通过学校及其他教育手段推动人格发展、社会进步以及公共生活的民主参与";第77条中写道:"大学师生均有权依法参与学校的民主管理;教师组织、学生组织、家长组织及科研机构参与教育决策的方法,由相应法律做出规定"③。

在其他国家的教育法律当中,也不乏对学生参与学校管理的规定。1992年的《俄罗斯联邦教育法》规定:学生、家长、教师以及社会各界人士可以通过各种形式的学校委员会参与学校管理。英国法律规定:英国校董会都必须有地方教育当局代表、学生、家长代表与教师代表参加。④ 法国1968年《高等教育指导法》把"参与"作为大学的三条指导原则之一,该法强调学生、家长、教师以及社会各界人士可以通过各种形式的学校委员会参与学校管理。在我国,2005年教育部颁发的《普通高等学校学生管理规定》指出:学校应当建立和完善学生参与民主管理的组织形式,支持和保障学生依法参与学校民主管理。

由此可见,国家越来越重视学生这一群体在高校管理中的权益。如果说这些法律确保了学生参与高校管理的权利,那么一些国家还在法律中详细规定了学生

---

① 参见《教育部财政部关于实施高等学校本科教学质量与教学改革工程的意见》。

② See Spain—Constitution[EB/OL], http://www. servat. unibe. ch/law/icl/sp00000_. html#I000_,2009-08-01.

③ 刘振天:《西方国家教育管理体制中的社会参与》,载《比较教育研究》1996年第3期。

④ 参见宋慧丽:《学生参与——转型时期高校管理的视界》,北京大学出版社2007年版,第74页。

参与高校质量评估的权利。

德国《高等教育框架法》第 6 条明确规定：高等学校应对研究与教学、人才培养以及促进男女平等等方面的工作进行定期评估；大学生必须参与教学质量的评估；评估的结果应正式公布。① 北欧的一些国家也非常重视学生参与高等教育质量管理，并通过法律形式赋予了学生参与质量管理的权利。如丹麦《大学法》规定：学生有责任与权力在教工——学生委员会中参与各种评估。芬兰《大学法》中提到高校应该进行自我评估，评估成员包括大学教授、教师、研究者与其他教工和学生；《多科技术院法》规定：学校对自身经营质量负责并实行外部评估，学生应该参与评估。冰岛《大学法》规定：高校应该建立内部治理保证体系，学生课余参与课程评估，高校外部评估必须有学生参与。挪威《高等教育法》规定：高等教育机构管理部门必须有适当名额的学生代表，学生有权获得评估信息，并在评估报告发布前表达意见。瑞典《高等教育法与条例》规定：高等教育质量提高是教职工与学生的共同责任，高校应该鼓励学生参与评估，学生具有参与权。②

可见，学生作为参与高校管理的重要一员，不管他们参与的是高等教育质量的外部评估还是内部评估，国家或高校都必须有完善的制度保障以确保学生参与的合法性和规范性。

第四节　院校和学生参与的机制及内容

目前，世界各国高等教育质量保障的发展趋势是越来越重视高校内部质量管理。荷兰政府曾指出："质量和质量评价是高等学校自身的责任，构建正规的质量监控体系是高等学校实现自我调节转轨的重要条件"③。1987 年英国政府发表的《高等教育——应付新的挑战》白皮书中也着重强调通过高等教育自身来提高质量和效率。白皮书认为，高等教育的质量主要靠高等院校在维护和提高标准上所作的贡献，外界既不能直接提高质量，也不能强使高等院校提高质量。④ 那么，高校作为提高教育质量的主体以及第一责任人，应该如何进行质量管理？其质量管理的内容是什么？学生作为高等教育的重要利益相关者，如何参与高等教育质量

---

① See Framework Act for Higher Education[EB/OL]，http://www.bmbf.de/pub/hrg_20050126_e.pdf, 2009-08-20.

② 参见方展华、薛二勇：《高等教育质量评估中的学生参与——以北欧五国为例》，载《教育研究》2007年第 1 期，第 66—71 页。

③ 严劳：《荷兰高等教育外部质量保障新机制探析》，载《高教发展与评估》2006 年第 1 期。

④ 参见吕达、周满生等：《当代外国教育改革著名文献（英国卷第 1 册）》，人民教育出版社 2004 年版，第 101 页。

管理？参与的内容又是什么？这些都是下面将要论述的问题。

一、院校参与高等教育质量管理的机制

目前，世界各国的高校都注重学校内部质量管理体系的建设，重视学校质量目标和标准的确立，并通过制定质量管理的各种规章制度以及建立相应的组织机构来实施质量管理。

质量管理的第一步是制定自己的质量标准，主要明确高校的发展目标以及要培养出什么样的人才。由于现在高校类型的多样化以及各高校的定位不同，高校的教育目标和质量标准应符合本校自身的定位和发展目标。如澳大利亚新南威尔士大学(University of New South Wales)旨在成为质量优异的国际大学，并承诺其质量保证体系是国际最好的。荷兰特文特大学(Twente University)的发展目标是成为国际上质量顶尖的高校。我国北京大学和清华大学的发展目标是创建世界一流大学。

质量管理的第二步工作就是"要根据自身的质量目标建立和健全教育质量保障的各项规章制度，对各级部门、组织机构以及个人都要通过制度的形式规定其工作职责和任务，进而实现对教育质量保障工作中各环节的有效控制，以使教育质量保障工作在制度及程序上得到保证，实现教育质量保障工作的制度化、规范化"[1]。

此外，高校内部教育质量管理体系正常运作还需要一系列的条件来支持，要有相应组织机构。因此，在高校内部，就应在学校、院(系、所)等层次建立专门的质量管理机构，以负责学校的质量管理工作。

目前，世界各国高校都十分重视学校内部质量管理工作，纷纷设立了专门的质量管理机构负责提高学校的教育质量。在澳大利亚，悉尼大学的教与学研究所、莫纳西大学的高等教育质量中心、昆士兰理工大学的教学质量研究与发展部都是学校专门的质量管理机构。这些机构有少量的专职人员，他们每年都组织大量的教学质量调查、访谈与评估工作，对若干系的教学质量从计划、课程、教学到最终成绩作出评估分析报告，并提出相应的改进意见，提交分管教学的校长参考，最后由校长决定对教学质量作出哪些改进措施。[2] 在西班牙德乌斯托大学(the Deusto University)，创新和质量技术部(the Technical Unit for Innovation and Quality, TUIQ)是主管学校教育质量的部门，该部门有 1 名全职主管、3 名兼职教授和 1 名学者。该部门的任务是：给院系和单位在重新规划和设计教学过程以及质量体系的内部组织时提供支持，还要提高学校的质量意识并对评估过程和结果进行准确和严格

---

[1]　陈加荣：《高校内部教育质量保障体系构建的研究》，扬州大学 2006 年硕士学位论文，第 31 页。
[2]　参见房保俊：《澳大利亚质量保障体系及其对我国的启示》，载《教育研究》2007 年第 8 期，第 31—34 页。

的控制。① 荷兰特文特大学内部质量保证程序是由学校的信息技术、图书馆和教育服务部门（Serve Department for Information Technology、Library and Education, IT-BE）支持的。ITBE 的教育分支部门负责教学设计的专业知识发展、学习技术、网络学习、质量管理和服务等方面的工作。② 虽然各学校的质量管理机构所开展的工作各不相同，但总的来说，学校层面的质量管理机构应负责与学校提供的所有学习课程、专业和服务的质量保障有关的政策和程序；定期检查和监控各院系的教学计划、专业和学科建设、科研开发、师资规划的执行情况等。③ 除了学校层面的质量管理机构，各院系也应设立相应的质量管理机构，在配合学校质量管理机构工作的同时，还要在院系内部开展自我评价，并广泛吸收师生代表参加，调动广大师生的积极性。

二、院校参与高等教育质量管理的内容

高校参与质量管理的内容主要分为两个方面，其一是作为被评估或认证对象参与到高校外部评估或认证中；其二，高校根据自身的情况展开内部质量管理活动。

1. 院校参与外部质量认证或评估

由于政府和社会对高等教育质量的关注，纷纷设立了各种高等教育质量认证和评估机构对高校进行外部质量评估。高校为了向政府和社会证明自己的质量并获取声誉和社会地位，就必须参与到高等教育质量的外部评估中。

世界各国的外部质量保障体系不尽相同，并且在评估内容上也各具特色。在评估内容上，既有对院校的认可鉴定和审查，又有对学科、专业的认证，还有对院校教学、科研的评估。如美国的院校认证主要是对院校进行整体评估，评估内容包括学校的办学目标、物质条件、经费来源、师资质量和师资队伍建设、教育质量、学生工作、毕业就业情况、毕业生实际工作能力、办公及体育设施、各级管理水平、总体办学效益、多元化等方面，院校评估仅仅是对一所学校的整体水平和综合办学能力作一个基本评估。④ 在英国，高等教育质量保障署从 2003 年起使用院校审查这一新的评估方法对院校进行评估。审查组对院校质量管理与学术标准的可靠性及其

① See Laura Morigi, Francesca Trombetti(2006), Quality Assurance in Higher Education, A Case Study: the Deusto University in Bilbao, in Chiara Orsingher (Ed.), *Assessing Quality in European Higher Education Institutions*, Heidelberg: Physica-Verlag: 144.

② See Felice Francesco Carugati, Sergio Sangiorgi(2006), Evaluation and Accreditation Systems in Europe, A Case Study: the Netherlands and Twente University, in Chiara Orsingher (Ed.), *Assessing Quality in European Higher Education Institutions*, Heidelberg: Physica-Verlag: 63.

③ 参见熊志翔：《高等教育质量保障体系研究》，湖南人民出版社 2002 年版，第 202 页。

④ 参见吕小梅：《美国高等教育认证制度研究》，武汉理工大学 2006 年硕士学位论文，第 15 页。

课程项目质量与学术标准的信息发布的准确性、诚实性、完整性及坦率性进行审查和判断,评估结果分为信任、有限信任、不可信三种。QAA 学术评估包括学术标准、学习机会和质量、高等学校对学术质量的管理。① 专业认证主要是针对学校里的专业进行评估。除了院校、专业认证外,对学校的教学进行评估也是各国外部评估的重要内容,如我国从 2004 年起开展的本科教学工作水平评估。

不管高校参与何种内容的外部评估,在外部评估小组对高校进行评估前,高校首先要进行自我评估。通常情况下,学校各个部门根据评估的标准和指标分别进行自我评估,最后汇集自我评估报告,再由全校写出统一的学校自我评估报告,以备外部评估机构审查和参考。对于自我评估的目的,除了要配合外部评估机构的评估工作外,最主要的应该是针对本校的具体问题和需要进行评估,从而改进学校的教育质量。因此,高校要将自我评估作为提高自己质量的手段,而不是仅仅为了应付外部评估机构的需要。

在高校参与外部评估时,其评估指标和标准通常是由外部评估机构制定的,这就带来了高校自身是否认同这些指标和标准的问题。有学者通过访问澳大利亚 10 所高校的 30 名学术人员发现,受访的教师对质量有不同的看法,并认为他们对质量的定义与现有的质量保障机制不相符。其中一些教师认为他们所在的学校参加外部评估,就好像是在装饰门面,并不是针对他们如何提高教学和科研水平进行的。② 在我国本科教学评估中,其评估指标是由教育部评估小组制定的且运用于被评估的所有高校。虽然评估方案对不同类型的院校作了说明,但其评估指标的分类指导程度有限。那么,用同一指标评估所有的高校,势必会造成高校为迎合评估指标而忽略自身的实际情况。因此,外部评估机构在制定评估指标和标准时,就应该充分考虑各高校的实际情况并倾听他们的意见。在一些西方国家,外部评估机构十分重视评估标准的多样化,如美国院校认证的标准是由认证机构和提交认证申请的院校共同制定的;英国高等教育按学科进行评估,全国也没有统一的评估标准,每次评估根据不同的对象,学科组制定的评估指标也不一样。

2. 院校内部质量管理的内容

院校应该从哪些方面开展质量管理,有学者认为这"在某种程度上是个层次上的问题:整个院校、学院、系、项目、个体教职工。同时,它也是一个重心的问题:教学、研究、行政。每个重心又可以进一步区分下去,比如说教学包括教学内容、教学方法或者两者兼有,行政可能强调质量管理或院校管理和行政中更一般的问题,研

① 参见黄宇、李睿:《英国高等教育质量保障体系述评》,载《高等教育研究》2006 年第 6 期,第 10—12 页。

② See Gina Andeson(2006), Assuring Quality/Resisting Quality Assurance: Academics' Responses to 'Quality' in Some Australian Universities, *Quality in Higher Education*, 12(2):161—173.

究重点可放在内部的研究质量或相关的研究及申请情况上"①。也有学者从"产品生产"的角度,把高等教育质量管理的内容分为输入、过程、输出、系统效率等几个方面。输入质量主要包括教育目的、师资、生源、高校质量文化等方面;过程质量包括课程建设、教学方法、师生关系等方面;输出质量包括社会输出质量(如学生毕业率、就业率等)、学生学习质量两个方面;系统效率主要包括师生比、生均培养费用、时间效率、综合效率等方面。② 然而,在实际的质量管理中,其内容会因学校的类型、发展目标等情况而有所不同。

一些国家的高校非常重视对学校课程的评估,以保证课程设计、实施等方面的质量。在英国,高等学校内部的质量评估主要有两种类型,一是课程评估,二是学校评估。高等学校通过规定课程设计、课程审批、课程监控和评估等程序,确保专业教学在质量和标准方面责任的落实。③ 如牛津大学既执行常规的课程监控(course monitoring),也采用定期的课程审核(course review)。各院系对现有课程进行监控时,要遵循学校每年的质量保证模版(QA template)的要求以及教育委员会关于评估的政策和指导,同时还要参考外部审查者的报告、教职员工和学生的反馈、前几届学生和他们雇主的意见以及与学生进步相关的数据等;课程监控主要考察课程达到预定目标的有效性以及学生是否获得了预期的学习结果等。④ 此外,英国高校通常每5年举行一次学校评估,学校都会聘请外部的考核专家,向学校的领导作出报告。外部考核者是独立的学术专家,来自其他高等学校,或者来自相关的专业领域。他们针对特定课程的实施情况给出公正的意见。⑤ 在德国,柏林工业大学从上世纪80年代起就开始对学位课程(degree programmes)进行内部评估,并逐步发展成了一个评估体系。学校对学位课程进行评估时通常会选择同行评估这种方法,每个院系为每个课程选择4位同行,包括2位学术同行、1位外部专家和1名学生。同行们先阅读报告,再进行两天的访问,检查课程和所提供的条件;然后撰写一份包含建设性的批评和改进意见的报告。学校董事会讨论这份报告,并决定采取何种措施。目前学校的68门学位课程中有43门参加了内部评估,25门

---

① 〔英〕约翰·布伦南、特拉·沙赫:《高等教育质量管理——一个关于高等院校评估和改革的国际性观点》,陆爱华等译,华东师范大学出版社2005年版,第15页。

② 参见朱健、罗建文:《论高等学校教育质量内部保障体系的构建》,载《教学研究》2008年第3期,第104—106页。

③ 参见范文曜、马陆亭:《国际视角下的高等教育质量评估与财政拨款》,教育科学出版社2004年版,第80页。

④ See Education Committee of Oxford University, Quality Assurance Handbook [EB/OL], http://www.admin.ox.ac.uk/epsc/handbook/handbook.shtml#_Toc211837976,2009-07-30.

⑤ 参见范文曜、马陆亭:《国际视角下的高等教育质量评估与财政拨款》,教育科学出版社2004年版,第80页。

参加了外部评估。①

在日本,高校内部评估的内容主要分为三大部分:教育、研究和教育研究环境。教育方面具体分为教育内容、教学方法以及毕业生出路,教育内容主要考察一般教育和教养教育的广度、学生听课的理解程度、选修和跨学部听课的自由程度以及课程内容的应用性等,教育方法重点考察班级规模和多媒体设备的充实程度以及教师使用多媒体设备的频率,毕业生出路问题则主要分析毕业生就业的产业与职业构成情况、学校就业指导体制、毕业生考入研究生院的比率等;研究活动方面主要考察教师的著作和论文数量、刊登的杂志以及科学研究费的获得情况,接受民间委托研究课题的数量及其经费额;教育科研环境方面重点考虑图书馆、情报处理设备的完善情况等。②

在一些国家,学校非常重视用人单位对学生的评价,所以学校将学生的学习能力和学习结果作为内部质量管理的重要内容。如芬兰赫尔辛基技术大学内部质量保证的重要内容就是学生的学习结果和能力,并采取了一系列措施。学校非常重视雇主的意见,尤其是芬兰工程师联盟(Union of Professional Engineers in Finland)的意见,因为这个联盟 90% 的成员来自该校;学校会在职业、工资水平、职业知识和技能等方面进行研究,教授要接受来自工业的直接反馈意见;学校还注重教师的教学活动,并采取各种手段提高教师教学的有效性。③

从上面的例子中可以看出高校内部质量管理的内容涵盖了课程、教学、科研、学生学习等众多方面。事实上,要想保证学校教育的质量,就必须把握好学校工作的每一个环节。同时,高校在进行质量管理时要重视教师、行政人员和学生等不同群体的共同参与并注重学习质量文化的建设。

三、学生参与高等教育质量管理的途径和方式

学生参与高等教育质量管理的途径和方式是多种多样的,学生可通过一些学生组织来表达自己的权力和愿望,也可以通过选举学生代表参与到校内外评估小组中,甚至一些高校还使用经过培训的"神秘学生"来监督和评估学校的教学。在这些方式中,学生都是直接地参与高等教育质量管理,此外学生还可以间接地参与

---

① See Mauro Bernardini, Francesca Ruffilli (2006), Evaluation and Accreditation in Germany: The Case Study of the Technische Universitat Berlin, in Chiara Orsingher (ed.), *Assessing Qualityin European Higher Education Institutions*, Heidelberg: Physica-Verlag: 102.

② 参见范文曜、马陆亭:《国际视角下的高等教育质量评估与财政拨款》,教育科学出版社 2004 年版,第 146 页。

③ See Muzio Gola (2006), Quality Assurance in Higher Education, A Case Study: Helsinki Technical University, in Chiara Orsingher (ed.), *Assessing Qualityin European Higher Education Institutions*, Heidelberg: Physica-Verlag: 127—129.

高校的质量管理，即通过填写调查问卷的方式。学校则一般通过调查问卷获得学生对学校教学等各个方面的意见和评价。

1. 通过学生组织参与高等教育质量管理

学生组织参与高校管理始于中世纪大学，尤其是在"学生型"大学，同乡会作为学生自己的组织广泛地参与到学校的各项事务中。今天，在西方国家中，学生组织仍是学生参与学校管理的重要形式。在高等教育质量管理方面，学生组织就成为学生参与的重要力量。

在欧洲高等教育质量保障体系中，学生参与质量保障在欧洲层面是通过欧洲大学生联盟（ESU）这个学生组织实现的。从布拉格会议起，欧洲高等教育质量保障协会（ENQA）、欧洲大学生联盟、欧洲高校协会和欧洲大学协会构成的 E4 小组定期召开会议讨论博洛尼亚的进程和高等教育质量问题。欧洲大学生联盟作为欧洲大学生的代表，既是 ENQA 专家组的成员，还是外部质量保障机构注册委员会的成员，它表达学生的权力和愿望，通过和其他组织的合作，加强对话和交流，行使在决策过程中的代表权。[①]

在德国，质量认证学生联盟（Student Accreditation Pool）是学生参与质量保障的一个组织。德国质量认证委员会建议认证机构的认证组织和决策机构录用其学生代表。该联盟一年召开两次会员大会，在会议期间选出参加质量认证委员会的学生代表，交流意见和经验，讨论质量认证体系的发展和各层面高等教育决策中的问题。[②]

当然，在高校内部，像学生会这种学生组织也会参与到学校内部的质量管理中。在欧洲大学生联盟编写的《欧洲高等教育质量保障学生手册》中提到，学生应建立一个学生团队，如工作小组、委员会等，就自己所接受教育的质量发表意见，并参与到现有的或即将制定的质量管理计划中来。工作小组应明细各种分工，定期地交流教育质量问题，针对性地作教育质量调查并写出相关调查报告，与相关教育主管部门联系。[③] 相对于选举学生代表参与高校外部和内部的质量评估，学生成立工作小组或委员会参与到质量评估中能更好地发挥学生参与的积极主动性。因为学生首先要找出学校教学或其他方面的质量问题，然后针对问题作调查并写出调查报告，最后与学校相关部门交涉以寻求解决问题的办法。

2. 通过学生代表参与质量管理

选取学生代表参与质量管理应该是学生参与的主要形式。高校外部的评估机

---

① 参见林珣：《欧洲高等教育区建设中学生参与的研究》，厦门大学 2007 年硕士学位论文，第 43—44 页。

② 同上书，第 31 页。

③ 参见张燕：《学生参与教育质量保障过程的探讨——〈欧洲高等教育质量保障学生手册〉的启示》，载《武汉电力职业技术学院学报》2007 年第 4 期，第 12—14 页。

构中通常会有学生代表参与到质量评估中。在高校内部,学生代表通过成为学校董事会、教务委员会、自我评估小组等的成员而参与到学校质量管理中。

西方国家许多高等教育质量外部评估机构中,都要求有学生参与。在《欧洲高等教育质量保障准则》中还规定,欧洲外部质量保障机构的专家组中要有学生代表。如丹麦评估所(EVA)理事会设有代表委员会,讨论 EVA 的年度工作计划并对评估活动提出建议,27 名代表中有 4 名学生;芬兰高等教育理事会的成员由教育部任命,包括学生代表,而且其下设的两个分支委员会都有学生代表;在挪威高等教育质量保证署理事会的 5 个席位中,学生占有 1 个,学生有权参与高校认证与审计外部评估小组,并应该参与高校内部质量评估。[①]

对于高校的内部评估,学生代表可以加入高校自我评估小组参与评估,或者通过问卷、访谈、网站讨论、研讨会等方式参与;也可以独立写出评估报告,附在高校自我评估报告后面;还可以通过参加教工与学生研讨会,表明学生对院校自我评估报告的看法等方式,参与院校自我评估。[②]

3. 神秘学生

在国外的一些高校中,还用"神秘学生"来监督和评估教学和学习历程的质量以及大学服务的过程和程序,这些神秘学生都接受过专门的培训。有学者还提出神秘学生可以参与到学校更大范围的服务中,如信息和技术服务、图书馆服务、行政服务,还有人员的聘任、学生入学、日常的行政事务以及教师教学和学生学习方面的事务;使用神秘学生只是学校评价教学和学习质量的方法之一,其评估的结果并不能成为判断教职工是否胜任工作的唯一依据,主要目的还是用来促进教职工自身的发展和提高。[③]

在我国,一些高校实行的学生教学信息员制度与这种使用"神秘学生"的做法有异曲同工之处。其中略有不同的一点在于国外高校的"神秘学生"参与学校管理的范围更广,而我国高校的学生教学信息员主要参与学校教学方面的事务。如山东农业大学、集美大学、上海中医药大学等高校通过聘任一定数量的学生教学信息员来收集与教学以及学生的学习情况相关的信息。这些学生教学信息员会定期对所开课程进行评价并填写学生教学信息员反馈表。学生教学信息员在上岗之前,学校会对他们进行一定形式的培训。此外,学校还会对他们进行定期的考核,对于不合格者予以解聘。

---

① 参见方展华、薛二勇:《高等教育质量评估中的学生参与——以北欧五国为例》,载《教育研究》2007年第 1 期,第 66—71 页。

② 同上。

③ See Alex Douglas, Jacqueline Douglas(2006),Campus Spies? Using Mystery Students to Evaluate University Performance, *Educational Research*, 48(1):111—119.

4. 学生通过填写问卷参与教育质量管理

填写调查问卷已经成为学生参与高等教育质量管理的重要方式。学校通过问卷获得学生对学校教学等各方面的反馈信息以及期望，从而改进教学质量。如柏林工业大学把学生的问卷调查作为该校内部评估的重要手段，学生调查问卷共九十多道题目，内容极其详尽，包括他们对课程的期望（如教学设施、教学方法等）、学生对课程的满意度等。同时，学校还收集了学生的整体情况信息并对其进行分析。① 此外，学生参与评教活动也主要是通过问卷形式。

四、学生参与高等教育质量管理的内容

关于学生参与高等教育质量管理的内容，下文将从学生参与高校的外部评估、学生学习体验调查以及学生评教三个方面来分析。

1. 参与外部评估活动

前面已经提到，在许多国家的法律中规定了高校的外部评估必须有学生参与。在外部评估中，学生可以参与评估计划的制订以及接受外部评估机构的调查和访谈。

北欧一些国家的外部评估机构在制定评估计划时，十分重视学生的参与。学生可以通过各种委员会代表或者国家、学生组织与评估机构的正式与非正式会议，提出建议并影响评估计划；也可以通过评估机构中的学生代表或者与评估机构进行先前对话影响评估计划。如芬兰高等教育理事会在制定 4 年评估计划时，会有 2 名学生代表平等参与计划的制订和决策过程；瑞典国家高等教育局制订 6 年评估计划时，会通过会议征求参与学校学生的意见；挪威高等教育质量保证署制订 3 年评估计划时，理事会决定评估规则、策略、评估小组成员的选择标准及评估小组权限，学生通过理事会代表影响计划制订。②

外部评估机构为了获得学生对所学专业的看法，以及学生对所在学校教学等方面的意见，通常会通过问卷调查和对学生进行访谈的方式进行。比如，在北欧几个国家中，学生访谈是外部评估小组现场考察高校的重要方式。外部评估小组在选择访谈对象时还会有一定的标准，以确保访谈的有效性。

在我国普通高等学校本科教学工作水平评估中，教育部专家组成员中并没有学生代表。虽然专家组也要组织学生进行访谈、专题研讨、问卷调查、技能测试等，但是学生基本上都是被动地参与，仅是被抽查的对象而已。此外，在一些高校中，

---

① See Mauro Bemardini, Francesca Ruffilli(2006),Evaluation and Accreditation in Germany：The Case Study of the Technische University at Berlin, in Chiara Orsingher（Ed.）, *Assessing Quality in European Higher Education Institutions*, Heidelberg：Physica-Verlag：102.

② 参见方展华、薛二勇：《高等教育质量评估中的学生参与——以北欧五国为例》，载《教育研究》2007年第 1 期，第 66—71 页。

甚至还事先安排好参与专家组成员访谈和调查的学生,这就使得学生的参与徒有虚名,不能真实地反映学生的意见。

2. 学生学习体验调查

高等教育的质量最终是体现在所培养的学生身上的,以往的高校只注重对学生学业成就的评估,而忽略了学生的学习行为以及学习过程,而这正是影响学生学业成就的关键因素。全美高等教育协会曾经提出,评估不仅应关注学生的学业成就,而且也应关注促成这一成就的经历。学校教学的实际过程是什么样的? 学生在教学过程中学到了什么? 他们对学校所提供课程的看法和感受是什么? 学生大学期间在哪些方面获得了多大程度的发展? 这些都是高校在评估教育质量时首先要考虑的问题。目前,美国、英国、澳大利亚等国家都非常重视从学生学习体验的视角来评估高校的教育质量。

美国于 2000 年正式推行了"全国学生学习投入调查"(National Survey of Student Engagement,NSSE)。此项调查每年进行一次,调查对象是全国四年制学院和大学的学生,其目的主要是为了获得学生参与学校为其学习和个人发展提供的项目和活动的信息,从而了解学生在学校是如何学习的以及学生从学习中收获了什么。调查的结果用于学校修改本科教育的相关政策以及改进教育实践。调查结果还为大学新生、家长、高校辅导员、学术顾问、研究人员等提供信息,使他们了解学生在不同高校的学习经历以及学生从这些经历中获得了什么。[1] 此外,美国许多高校还开展了大学生体验调查(the College Student Experiences Questionnaire,CSEQ)。大学生体验调查主要是为了评估学生使用学校资源、利用学校为其提供的学习和发展机会的情况以及学生的学习效果。学生参与的教育活动越多,他们就越会在学习和自身发展上有更大的收益。CSEQ 的调查内容主要分为三个部分:学生参与学校活动的情况(college activities)、学生对学校环境的意见(college environment)、学生对学习结果的自我评估(estimate of gains)。[2] 学生体验调查不仅使高校可以了解学生的学习情况以及学校环境对学生学习的影响,还可以使学生对自己的学习情况进行自我评估以了解自己所取得的进步。

2005 年,英国正式开展了全国范围的大学生调查活动,该活动被称做全国学生调查(national student survey,NSS)。此项调查由英格兰高等教育拨款委员会(HEFCE)负责,并由益普索国际市场研究公司(Ipsos MORI)具体负责实施。参与调查的高校包括英格兰、威尔士、北爱尔兰所有政府资助的高校以及苏格兰的一些高校。从 2008 年起,英格兰的一些继续教育学院也参与到这项调查中。NSS 调查

---

① See About the National Survey of Student Engagement[EB/OL],http://nsse.iub.edu/html/about.cfm,2009-07-30.

② See CSEQ:Content[EB/OL],http://cseq.iub.edu/cseq_content.cfm,2009-07-30.

每年进行一次,调查的对象为大学毕业班的学生。NSS 调查问卷共有 22 个涉及学生学习体验的问题,包括课程教学、测试和反馈、学习支持、课程组织和管理、学习资源、个人发展、总体满意度 7 个方面。调查结果用于学校改进教学实践,丰富学生学习经验,并对未来学生选择大学和课程学习提供帮助。①

NSSE、CSEQ 以及 NSS 在调查内容上是比较广泛的,涉及学生学习的各个方面。在澳大利亚和英国还针对高校的课程开展了大学生课程体验调查(course experience questionnaire,CEQ)。从 1992 年起,大学生课程体验调查就成为澳大利亚毕业生调查的重要内容。此项调查每年进行一次,调查对象是当年的毕业生,调查目的是获取他们在就读期间课程学习的体验。2005 年,大学生课程体验调查的结果首次成为澳大利亚学习和教学表现基金会(Learning and Teaching Performance Fund,LTPF)的绩效指标。最初的 CEQ 问卷包含六个指标:良好的教学(good teaching)、清晰的教学目标(clear goals)、合理的考核方法(appropriate assessment)、合理的学习量(appropriate workload)、总体满意度(overall satisfaction)、一般技能(generic skills),其中一般技能指标主要是为了让学生对自己各方面技能的发展进行自我评估;2002 年,为了更全面地调查学生体验,CEQ 问卷增加了五个指标:学生学习支持(student support)、学习资源(learning resources)、学习共同体(learning community)、毕业生质量(graduate qualities)、学习动机(intellectual motivation)。② 英国的酒店、休闲、体育、旅游专业联盟(Hospitality,Leisure,Sport & Tourism Network)于 2001 年率先从澳大利亚引入了大学生课程体验调查的问卷,并对 6 所高校的 24 门课程进行了试测和修订,随后,该专业网络联盟每年进行全国范围内的调查,2005 年,共有 12 所大学参与了这项调查。该专业联盟的调查问卷由 56 个问题组成,分为两大部分:第一部分从学术环境、课堂教学、技能发展、评价、作业量、目标与标准 6 个方面收集教学方面的信息,并要求学生从总体上评价所学的课程,提出课程改进的意见;第二部分主要是衡量学生利用学校、院系提供的各项教学服务的情况,并对服务质量进行评价。③

从学生学习体验视角评估高等教育质量,不仅充分重视了学生这一群体在高等教育中的主体地位,还有利于高校了解学生在校的学习情况,有针对性地采取措施促进学生的学习和发展。

---

① See Welcome to the National Student Survey 2009 [EB/OL], http://www.thestudentsurvey.com/home.asp,2009-07-30.

② See Kerri-Lee Harris, Richard James, The Course Experience Questionnaire, Graduate Destinations Survey and Learning and Teaching Performance Fund in Australian Higher Education [EB/OL], http://www.unc.edu/ppaq/CEQ_final.html#Questionnaire,2009-07-30.

③ 参见章建石:《课程评估:澳、英高校教学质量保障的新动向》,载《中国高等教育》2007 年第 22 期,第 62—63 页。

3. 学生评教

学生是教学活动最直接、最深入的参与者,他们对教师教学效果、课程设置等问题的感受和意见是学校改进教学的重要参考依据。因此,学生评教就成了高校评价教师教学质量的重要方式并得到了广泛的推广。

西方国家的一些高校很早就开展了学生评价活动。在20世纪60年代美国的大学和学院中,学生评价教学已得到广泛应用,并开始出现研究学生对教学效果进行评价的专门机构。经过这些年的发展,系统的、全方位的学生评价教学在美国的大学已形成一种制度。[①] 随着学生在教学活动中主体地位的突显以及学生参与高校管理呼声的高涨,目前,学生评教已成为高校内部质量管理的重要方式之一并得到了高度的重视。如在澳大利亚,学生评教已成为测量教学质量最常用的方法。2004年4月,澳大利亚学习和教学表现基金会(Learning and Teaching Performance Fund,LTPF)提出支持学生为中心的教学评估以及把学生评教结果发布到学校网站上,并对此提供经费支持,此外,LTPF还将对学校的拨款与评教结果挂钩。[②] 世界上的许多高校把学生评教结果作为教师聘任和晋升的参考因素。在我国,高校尝试开展学生评教活动始于20世纪80年代,此后,随着高校教学工作水平评估的普遍展开,高校教学管理中的质量控制工作受到重视,学生评教也逐步得到了系统的、规范的开展。[③]

学生评教的内容一般是由各高校自行制定,因此不同高校的学生评教内容存在着差异性。有些研究认为,学生评教内容应是多维的,包括课程组织情况、讲课清晰度和沟通技能、师生互动或师生和谐程度、课程难度和学习负担、评分和考试、学生学习情况自评。[④] 在美国高校中,学生评教不仅包括对教师授课的客观评价,也包括对课程设置与相应配置内容的评价,但是在评价维度上不同学者有不同的看法。如马什和邓金(Marsh & Dunkin)提出教学技能、师生关系、结构、组织、作业量五个评价维度;森特拉(Centra)指出学生评价教师教学质量主要包括教学的组织、结构或清晰度,教师与学生的交流,教学技巧、表达或授课能力三个维度;寇利奇(Kolitch)提出课程组织、行为管理、学生成绩评定和师生关系四个评价维度。[⑤]

---

① 参见陈晓端:《美国大学学生评价教学的理论与实践》,载《比较教育研究》2001年第2期,第29—32页。

② See Gina Anderson (2006), Assuring Quality/Resisting Quality Assurance:Academics' Responses to 'Quality' in Some Australian Universities, *Quality in Higher Education*, 12(2):161—173.

③ 参见别敦荣、孟凡:《论学生评教及高校教学质量保障体系的改善》,载《高等教育研究》2007年第12期,第77—83页。

④ 参见毕家驹:《高校内部质量保证工作学生评教》,载《中国高等教育评估》2008年第3期,第3—10页。

⑤ 参见钟锦文、张晓盈:《美国大学"生评教"的经验与启示》,载《江苏高教》2007年第3期,第78—80页。

由此可以看出，学生评教的内容是多样的，高校应根据自身的实际情况和对教学质量的要求设计出学生评教的内容，同时在设计评价内容时还应考虑学生的意见，并组织学生积极参与到这项活动中。

对于学生评教的方式，高校普遍采取的方法是设计学生评教的调查问卷并组织学生进行填写，然后对回收的问卷进行统计分析。通过大规模的调查问卷可以获得学生对教师教学的大量信息，可使高校从总体上把握学校的教学情况。但是，通过问卷调查有时难以得到学生对教学的深层次感受，因此，高校还应通过对学生的访谈获得学生内心真实的想法。

学生评教在高校中广泛地展开，打破了学生以往一直作为被评价者的局面，体现了学生在教学过程中的主体性地位，同时也使得学生对教师教学的意见有了倾诉的渠道。对于教师而言，通过学生评教可以获得大量的反馈信息，了解自己的教学情况，从而改进教学内容和方法。然而，学生评教在实施中也遇到了一些问题。首先是教师对学生评教的质疑，有些教师不支持学生评教，其原因在于他们怀疑学生是否有足够的知识和能力对课程、教学等方面进行评价。其次，在一些大学中，教师的任命、任期以及晋升都要依赖学生评价教学的结果，这受到了一些教师的反对。在美国，一个"回到学术标准"的大学教师组织就指出："学生评价教学质量的数据的广泛使用已经引起分数膨胀、课程教学贬值。由于管理者和不诚实的学生滥用评价数据，已经使得评价信息失效"[1]。由此看来，学生评教只是学校教学质量评价的一种方式，其结果并不能成为好的教学的唯一标准。因此，高校开展学生评教，其最主要的目的在于促进教学质量的改进，而不能把它作为激励或处罚教师的手段。

同样，我国高校在学生评教中也遇到了许多问题。如在实施学生评教的过程中，学校侧重于了解学生对课程教学状况的满意度，更多地关注学生对高校课程教学实施的意见，而缺乏对学生所持高等教育满意度背后的影响机制展开深入分析。[2] 此外，许多高校的调查表或量表往往从教学态度、教学内容、教学方法和教学效果等几个方面为学生设计评估内容，这几个方面都是基于教师的立场提出来的，没有从学生的角度考虑。[3] 那么，学生与教师的互动如何，学生对教师教学的接受程度如何等情况学校就无从得知。虽然学生参与了评教，但结果并没有反映学生的心声和意见，学生评教就会徒有虚名。

①　蓝江桥等：《中美两国大学课程教学质量评价的比较与思考》，载《高等教育研究》2003 年第 2 期，第 96—100 页。

②　参见鲍威：《学生眼中的高等院校教学质量——高校学生教学评估的分析》，载《现代大学教育》2007 年第 4 期，第 16—22 页。

③　参见别敦荣、孟凡：《论学生评教及高校教学质量保障体系的改善》，载《高等教育研究》2007 年第 12 期，第 77—83 页。

　　尽管学生评教在实施中遇到了这样那样的问题,但任何一种评价方法都不可能做到尽善尽美。学生评教在促进教师教学方面还是起了一定的作用。面对学生评教存在的问题,高校应该不断完善学生评教制度,思考如何真正地架起教师和学生沟通的桥梁,如何利用好学生评教的结果等问题。

第六章
全面质量管理

全面质量管理(TQM)是 20 世纪 60 年代出现的一种全新的现代质量管理理念、模式和方法,是质量检验阶段、统计质量控制阶段之后的第三代质量管理理论,它揭开了质量管理时尚的新篇章。1987 年 ISO9000 体系的诞生标志着全面质量管理活动走向标准化、程序化的新高度,是全面质量管理在实践发展中的产物,已广泛应用于工业、经济和政府的管理等领域。20 世纪 80 年代,企业全面质量管理思想扩散到高等教育领域并在高等教育领域掀起了一股热潮。

第一节　全面质量管理概述

全面质量管理历经时代的变迁,几代质量管理大师不懈的努力铸就了它的辉煌。在实践中,它在全球迅速推广,风靡美国乃至全球工业界,在全球工业的质量管理实践中引发了一场质量革命。

一、全面质量管理理念的兴起与发展

全面质量管理的理念是由美国贝尔电话研究室的著名统计学家休哈特(Walter A. Shewhart)在 20 世纪 20 年代首次提出的,之后戴明(William Edwards Deming)的戴明循环、朱兰(Joseph M. Juran)的"朱兰三部曲"和克劳斯比(Philip B. Crosby)的"零缺陷"理论等都对全面质量管理有着深刻的影响。20 世纪 60 年代,美国通用电气公司质量经理菲根堡姆(Armand Vallin Feigenbaum)在此基础上提出了一种全新的质量管理理论和方法,即全面质量管理。菲根堡姆在其著作《全面质量管理》中对全面质量管理概述如下:"全面质量管理是为了在最经济的水平上并考虑充分满足用户要求的条件下进行市场研究、设计、生产和服务,把企业内

部各部门研制质量、维持质量和提高质量的活动构成一体的一种有效体系。"①

菲根堡姆还首次提出了质量体系问题,提出质量管理的主要任务是建立质量体系,这是一个全新的见解和理念,具有划时代的意义。② 随着国际贸易的不断发展,企业需要参与经济技术合作,则必须建立统一的质量标准体系。于是,1987年,国际标准化组织(ISO)在总结了国际上一些发达工业国家的质量管理经验的基础上,把全面质量管理基本内容和要求加以标准化,颁布了 ISO9000 系列标准,标志着全面质量管理迈上了规范化、程序化的新台阶。目前世界通用的 2000 版 ISO9000 族标准已广泛应用于工业、交通、运输、邮电、商业乃至金融、卫生、教育等行业。

在实践中,人们又把全面质量管理和 ISO9000 系列标准结合起来,建立全面质量和环境管理体系(TQEMS),从而使全面质量管理发展到一个新的全面质量标准化阶段,即以全面质量体系模式为基础,形成以质量为核心的全面质量一体化管理。③

二、全面质量管理在企业中的应用情况

全面质量管理自提出以后,一些国家的企业纷纷引入这种全新的管理方法来提高产品质量。许多国家特别是日本把它应用于工业产品的质量管理实践中,也有的国家将其引入第三产业部门。但 20 世纪 90 年代后,人们对这场质量管理之旅的热情开始衰退。有些企业开始部分地放弃全面质量管理,理由是付出了过高的代价却没有得到相应的回报,没有得到实质性的质量改进。有些人甚至认为 TQM 的失败率高达 80%。④ 到 1997 年,有商业评论员认为,全面质量管理像宠物石一样消亡了,作为一种减少成本、增加顾客满意度的方法,它所承诺的远比实现的要多,而且还催生了组织内部的小型官僚机构。⑤

在失败面前,我们不得不进行深刻的反思。全面质量管理是企业为提高产品质量而进行的主动管理,企业必须将全面质量管理的精神贯彻到日常生产的每一项活动,强调质量的不断改进,充分发挥人的创造性,这样才能在市场竞争中获得永恒的发展。如果抱着寻找"灵丹妙药"的心态,希望全面质量管理能产生奇迹,而管理方法却未能和企业文化的变革同步并持续地进行,其结果注定是失败的。

①　〔美〕A. V. 菲根堡姆:《全面质量管理》,杨文士等译,机械工业出版社 1994 年版,第 24 页。

②　参见杨湘洪:《现代企业管理》,东南大学出版社 2003 年版,第 162 页。

③　参见蒲伦昌:《全面质量和环境管理最新教程》,中国科学技术出版社 1997 年版,第 3 页。

④　See W. H. Schmidt, J. P. Finnegan (1992), *The Race without a Finish Line*: *America's Quest for Total Quality*, San Francisco: Jossey-Bass: 335.

⑤　See J. A. Byrne (1997), Management Theory-or Fad of the Month? *Business Week*, 23(6): 47.

第二节　全面质量管理在高等教育领域的引入与应用

20 世纪 80 年代以来,高等教育质量成为西方社会与学术界普遍关注的问题,随着高等教育质量保证运动的发展,许多高校开始尝试在学校管理中实施全面质量管理。有学者指出,在轰轰烈烈的实践中,TQM 得到了广泛的赞扬,很多学术界的狂热分子及高校的领导者都认为 TQM 是高等教育顽疾的一剂良药,到 1991—1992 年,TQM 在西方高校的应用达到了高潮。[①] 可是这种最初的兴奋状态没能持续下来,人们逐渐发现 TQM 好像没有给高校带来实质性的深刻的变化,TQM 被作为一种时尚渐渐退出高校管理的舞台。[②]

一、全面质量管理的应用概况

1. 英美等国的实践

有学者分析了西方高教领域引入 TQM 的主要路径。首先,那些受益于 TQM 的商人成为大学管理机构的一员,为高校带来了组织管理成功的经验。然后,他们在高校的商业和工程领域教授 TQM,掀起了 TQM 的热潮。学校的学术人员也很快在实践中发现了它的潜在价值。随后,政府一方面越来越关注质量和质量保障,另一方面鼓励高等教育机构扩大招生规模,但却没有相应地增加资金投入,这无疑给大学施加了巨大的压力。政府没有明确支持在高等教育领域提倡 TQM 或其他类似的方法,只是强调质量的保障并指出资金将倾向于那些最有效率,最关注教学质量并投入额外费用提高管理水平,不仅能提供优质的教与学服务并且能将这些客观地表现出来的高校。不管怎样,TQM 至少通过一系列的文件表明了高校正在对质量采取措施,所以高校采用 TQM 不失为一计上策。最后,随着大学职能的多样化发展,以往的非正式同行评审的评价体系已经不能适应课程和学术研究等发展的需要,高校采用 TQM 的热情空前膨胀起来。[③]

英国是率先使用 ISO9000 来保障高校教学质量的急先锋。1991 年 5 月,英国斯坦威尔学院(Standwell College)在英国第一个获得了 BS5750 质量标准认证。此后,一些从事专业教育的第三级学院也陆续获得了认证。[④] 其后的一段时间里,许

---

①　参见刘凡丰:《反思美国高校全面质量管理》,载《清华大学教育研究》2001 年第 1 期,第 146 页。

②　本部分相关内容参见衣海霞:《全面质量管理在高等教育领域的应用及研究述评》,载《现代教育管理》2010 年第 8 期,第 58—61 页。

③　See Gareth Williams (1993),Total Quality Management in Higher Education: Panacea or Placebo? *Higher Education*, 25(3):230.

④　参见杨晓江:《教育评估纵论——江苏省教育评估院论文集》,江苏教育出版社 2007 年版,第 39 页。

多尝试按照 BS5750/ISO9000 建立质量保障体系的高校都为一些职业技术性学院，大学尚未对此表现出浓厚的兴趣。① 英国标准学会（BSI）根据 ISO9000 系列标准的原理制定了《教育和培训领域的管理体系指南》（1995 年版），供大学、学院或培训中心等教育机构建立质量体系选择。② 目前英国已有很多大学按照 ISO9000 族标准建立了自己的质量管理体系。

20 世纪 80 年代，美国实施全面质量管理的高校并不多，经高等教育协会等组织的推动，它的价值才逐渐被认识。有学者描述说：猛然间，像一阵旋风、像地球开创之初的大爆炸、像迅速蔓延的小草一样，高等教育领域开始了轰轰烈烈的质量改进运动。③ 美国 1993 年《变革》杂志的一篇署名文章指出：TQM 应用于高等教育的情形是颇为引人入胜的，20 世纪 80 年代 TQM 进入校园，至 1991—1992 学年 TQM 在高校的应用形成了一次浪潮。④ 美国"在 1991 年到 1992 不到两年的时间里，全部或部分实施全面质量管理的高等学校就从 92 所增至 220 所，甚至包括像哈佛大学、哥伦比亚大学、俄勒冈大学这样的研究型大学"⑤。

俄勒冈州立大学（OSU）是全美第一所试验 TQM 的大学，作为高等教育应用 TQM 的先行者和领导者，它的成功经历对其他学校起到了极大的促进作用。它首先选择物理工厂进行试点，物理工厂的成功为全校范围内实施 TQM 奠定了基础。OSU 的领导人在谈到他们的成功时说："TQM 帮助我们节约了时间，减少了办学成本，所有人不同程度地被赋予一定权力，道德水准普遍提高。"⑥国内有学者在对美国俄勒冈州立大学实施全面质量管理的研究中提到："渐渐地，一部分学术人员也接受了全面质量管理的提法。一位教师说：'我在这一概念中所看到的巨大价值是它使我们确立了把学生看作是消费者的看法，这将要求我们的文化有一个完全的转变'。"⑦

一时间，很多成功案例铺天盖地席卷而来：⑧

哈佛大学信息技术处应用 TQM 后，消除了无用的和不必要的软件开支，使其

---

① 参见杨晓江：《关注教育领域的 ISO9000 现象》，载《江苏高教》2000 年第 2 期，第 37 页。

② 参见施晓光：《西方高等教育全面质量管理体系及对我国的启示》，载《比较教育研究》2002 年第 2 期，第 57 页。

③ See S. Axland (1992), A Higher Degree of Quality, *Quality Progress*, 25(10):41.

④ 转引自程凤春、洪成文：《90 年代西方教育管理中的全面质量管理》，载《比较教育研究》2000 年第 S1 期，第 164 页。

⑤ 赵中建：《高等教育全面质量管理的概念框架》，载《外国教育资料》1997 年第 5 期，第 37 页。

⑥ 贾志敏：《全面质量管理在美英高等教育中的应用及启示》，载《西安电子科技大学学报》2004 年第 3 期，第 136 页。

⑦ 赵中建：《美国俄勒冈州立大学实施全面质量管理之研究》，载《外国教育资料》2000 年第 4 期，第 44—49 页。

⑧ 参见贾志敏：《全面质量管理在美英高等教育中的应用及启示》，载《西安电子科技大学学报》2004 年第 3 期。

每年能在该项支出中节省 7 万美元；靠重新协调工作流程，带来了 12 万美元盈余；减少了 40% 用于各种表格等的纸张费用；复印中心的工作效率也由过去的两天缩减到了一个半小时。

宾夕法尼亚大学沃顿商学院在其 MBA 课程计划中应用 TQM 原则，取得了长足的进步。同时还改善了对企业研究状况改变后的补偿办法，从而减少费用 1300 万到 1800 万美元。

戴蒙福特大学也成功地施行了 TQM。该大学的设计与制造专业的教职人员对一些传统的与 21 世纪不相适应的教学方法和教学内容进行了彻底的更新和改革。这所大学的雷赛斯特商学院由于应用了 TQM，使得其中产阶级子弟的入学率从 12% 攀升至 30%，而且员工工作效率大幅提高。

1992 年，伦敦南岸大学的 TQM 应用涉及两个方面：一是对学生和社会的服务质量，二是学术方面特别是在教与学方面的质量。通过几年来与 TQM 嫁接后所制订的战略性规划的实施，南岸大学取得了竞争优势。其员工说"：如果存在一种能对大学潜在顾客有吸引力的途径，那么唯一可能的途径便是提高我们的办学质量。"

大多数研究都表明，TQM 最初在高校的运用过程中，人们对它的实践效果给予了很高的评价，有学者认为贯彻质量准则的机构通常会取得很好的效果，例如收入越来越高、利益相关者满意度越来越高、成本越来越低以及服务质量越来越高；此外，一些绩效良好的高校已经将马尔克姆·波多里奇（Malcolm Baldrge）国家质量奖作为提高教育质量的框架而加以采用，质量准则的实施正在对这些学校的发展产生着积极和深远的影响。[①]

但在接下来的几年时间里，人们面对这种管理时尚不再表现得如此疯狂，最初的热情慢慢地冷却下来，原因是随着大量人力、物力的投入，人们却没有看到 TQM 这剂药方产生的实质性的效果，因此许多高校在这场质量管理的马拉松比赛中作出了中途退出的决定。事实上，并不是所有高校都真正实施 TQM，只有那些长时间坚持且不只是在一个部门中实施 TQM 的高校才能算得上是真正的实施者。有研究者指出，准确地估算出实施者的数目有一定难度，可能不到 100 所，占所有高校总数的 2.8%，而质量管理在学校生根，可能只有 10 所左右，占所有高校总数的 0.3%。[②] 到 1999 年，一项有关高等教育 TQM 的分析估计，不超过 13% 的学院和大学使用 TQM，它们的目的各不相同，运用的时间也不等。[③]

---

　　① See Janna E. Freed, Marie R. Klugman, and Jonathan D. Fife (1997), A Culture for Academic Excellence: Implementing the Quality Principles in Higher Education, *ASHEERIC Higher Education Report*, 25(1):14.

　　② 参见刘凡丰：《反思美国高校全面质量管理》，载《清华大学教育研究》2001 年第 1 期，第 147 页。

　　③ 参见〔美〕罗伯特·波恩鲍姆：《高等教育的管理时尚》，毛亚庆等译，北京师范大学出版社 2008 年版，第 78 页。

2. 我国的实践与探索

我国教育界从上世纪 90 年代初才开始关注全面质量管理,原国家教委从"八五"期间开始立项对高等教育的全面质量管理进行专题研究。之后,有少数学校尝试引入 ISO9000 体系。早期,主要集中在一些海事类高校和部分民办院校。青岛远洋船员学院是较早运用 ISO9000 体系的院校之一,在效果方面,"质量管理体系建立 9 年来,取得了很大成效:管理水平明显提高;对外信誉大大增强;推动了中国船员教育和培训履约步伐;促进教育科研工作"①。上海海事大学和大连海事大学也于 1997 年引入 ISO9000 体系。

上海海事大学建立并运行 ISO9000 质量保证体系之后,其负责人认为主要有以下几方面的实施效果:其一,于 1998 年 6 月通过了挪威船级社的认证,获得 ISO9001、航海院校、航海培训中心和航海模拟器中心四项质量认证证书。② 其二,促进了学校教学管理、学生管理,如学校毕业生与用人单位签约率连续两年(1998—1999 年)保持在 95% 以上,在上海市各高校名列前茅;航海类专业学生连续两年在交通部航海技术专业英语测试中名列第一;1998 年底,学校获得博士点授予权,硕士点增加到 23 个,科研经费由原来的 500—800 万元每年增至 2000 每年。③ 其三,ISO9001 证书的获得,提高了学校的国际知名度,为毕业生进入国际市场打下了基础;挪威船级社的四项证书,为毕业生取得了到挪威船级社船级的国外商船工作的通行证。④

但有学者认为,由于实践效果的模糊性,很难说哪些效果是真正通过 ISO9001 体系取得的。上海海事大学 ISO9001 项目负责人对提高质量的说法,以毕业生的高签约率和航海技术专业英语测验的第一名以及博士点授予权的获取作为证据,其可靠性也值得推敲。因为上海海事大学作为全国海事类名列前茅的学校,不实施 ISO9001 体系也可取得相应的成绩。⑤

2000 年,哈尔滨工程大学的工程学院也通过了 ISO9000 质量体系认证。一批民办高校也纷纷引入 ISO9000 体系,如江西大宇职业技术学院、上海迈克汀国际商务学院、天津商学院宝德职业技术学院、武汉长江职业学院、陕西国际商贸职业学院等。⑥ 此外,一批高校后勤集团公司也纷纷选择通过 ISO9000 认证来改善和提高

---

① 青岛远洋船员学院:《青岛远洋船员学院质量方针》[EB/OL],http://www.coscoqmc.com.cn/other/quality.htm,2009-08-12。

② 参见江彦桥、赵伟建等:《高等学校教学质量保证体系的研究与实践》,上海外语教育出版社 2002 年版,第 175 页。

③ 同上书,第 49 页。

④ 同上书,第 177 页。

⑤ 参见何桂明:《ISO9000 族标准在高校中的应用研究——以某大学 X 学院为例》,华东师范大学 2008 年版,第 10 页。

⑥ 参见刘云:《ISO9000 在我国高等学校中的应用》,载《图书馆建设》2004 年第 4 期,第 66 页。

自身的质量管理水平。过去近十年，参与认证的高校数量一直在增加，如图 6-2 所示：①

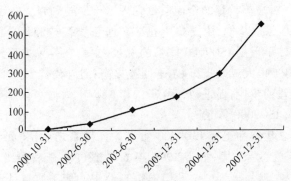

图 6-2　我国高校教育机构实施 ISO9000 认证的数量

与高校开展 ISO9000 体系认证的实践相呼应，还有相当多的研究者开展了有关 ISO9000 体系在高等教育领域应用的理论研究，如中国地质大学承担的教育部课题"我国高校贯彻 2000 版 ISO9000 族标准的实施方案研究"等。北京、上海、天津、大连、深圳、重庆等地也先后举办了"中国教育管理国际认证高级研讨会"等学术会议。

二、全面质量管理的实践案例

1. 弗吉尼亚联邦大学（Virginia Commonwealth University，VCU）

VCU 是弗尼吉亚州的一所州立高校，是由原来的里士满职业学院（Richmond Professional Institute）和弗尼吉亚商学院（Medical College of Virginia）在 1986 年合并而成，实行的是分权管理。

黛博拉·考尔斯（Deborah Cowles）和格伦·吉尔布里斯（Glenn Gilbreath）分别是弗吉尼亚联邦大学的市场营销学副教授和决策学教授，他们都亲身参与了该校全面质量管理的改革，在他们的文章中描述了该校全面质量管理改革的全过程：②

（1）为何引入 TQM？

1990 年，因学校财政吃紧，裁员、增长学费、减少服务、扩大班级规模等手段相继出台，教师工作量大大增加了，大多数科研和出版活动也失去了赞助。1991 年 4 月，商学院的一位老师向校长介绍了 TQM 的潜在价值，把它称为是提高学生和全

---

① 参见覃翠英：《ISO9000 标准在高校教学质量管理中的应用研究》，中国海洋大学 2008 年硕士学位论文，第 3 页。

② See Deborah Cowles, Glenn Gilbreath（1993），Total Quality Management at Virginia Commonwealth University: An Urban University Struggles with the Realities of TQM, *Higher Education*, 25（3）:281—302.

体教职员工士气、提高生产力、提高服务质量的有效手段。随即由几位职员向学校董事会的领导们作了一个报告,当时有几位领导很感兴趣,但对 TQM 在高等教育领域的适用性表示怀疑。随后他们又向学术委员会提交了申请报告,一些学术委员虽承认解决学校低士气和财政问题的迫切性,但他们对 TQM 的评价仍然不乐观,理由是"学生不是顾客","我们没有竞争者","公共部门和私立部门是不同的"。还有一些学术委员认为 TQM 值得尝试。在这种形势下,校长建议通过实施一些试用改进项目来做一个 TQM 适用性的测验,看其能在多大程度上发挥作用。

校长为 TQM 项目专门拨了一笔经费,这笔经费由几个关注生产力和质量改进的教师队伍支配,这支队伍最初由商学院的三位教师和公共管理学院的一位教师组成。随后,商学院的许多教师都纷纷将质量的概念渗透到课程中,虽然此时学校正在"检验"TQM 应用到学术管理的可行性。例如,商学院所有本科生和研究生必须学习程序学习和质量管理概念的基础性入门知识;决策科学和商业法律系还开设了质量管理的专门课程;此外,还资助开设了由戴明主持的校园实时卫星广播研讨会。教师们积极参与质量管理的培训和咨询工作,同时在专业的质量组织中也相当活跃,并开展了大量的质量研究。

TQM 试点从 1991—1992 学年开始,1992 年 5 月,TQM 团队向校长委员会提交了分析报告和建议书。TQM 计划方案还包括 2 名研究生助理的选择和财政补助计划。

(2)实施过程

VCU 是通过试点逐步使学校领导对质量管理的概念熟悉起来,主要经历了以下主要阶段:

第一步:建立"质量委员会"。

教师资源团队从校外聘请了一位有经验的顾问,他曾在另一所大学(亚特兰大佐治亚理工学院)启动了全面质量管理。该顾问给教师资源队伍提供了很多全面质量管理的创造性建议,并在第一个试点项目中帮助启动和培训学员。由于预算的限制,该顾问只呆了 4 天。不过,在最初提交给校长委员会的报告中,他鼓励校长建立一个质量委员会,虽然最终没有形成正式的质量委员会,但得到了校长每月拨款。同时开设了一个论坛,用于质量管理的信息交流。

论坛的第一个演讲者是人力资源公司 Ukrop 的副总裁,他强调了高级管理层在发展质量文化中的关键作用。嘉宾们还强调了培训服务工作者的重要性。在其他发言者当中,一个健康管理学院的兼职教师(当地一家大型医院前总裁)强调要有一个明确的统一的行动来开启全面质量管理工作。经过一个学年,校长委员会的成员对全面质量管理的核心概念和现行做法有了进一步的了解。但是,主要领导还未集中开展 TQM 自学活动。例如,尽管有几个董事会成员出席了戴明电话会议,但没有成员接受校园活动的邀请。

第二步:启动 TQM 的试点项目。

为了快速启动第一个全面质量管理试点,教师资源团队在校外顾问的帮助下组织了项目小组,其中每个成员都知道改善质量的方法并有权作出必要的修改,还组织了一个资源指导团队。

第一个试点项目:人事变动表(personnel action form)试点。

之所以选择这一试点项目,是因为它涉及所有人员和薪金,其影响最为广泛,而且目前的人事变动表问题很多,例如,新员工经常抱怨薪资单延误或根本没有到位等。

最初目标:提高人事部门的服务,为内部和外部客户提供更好的服务,时间为一个工资周期。

人事部门的领导在 1991 年 10 月开始会见项目组成员。通过收集的大量数据得出的结论是,人事部门的办公延误是外部和内部行政政策和做法的结果。人事部门已经成为制定管理政策和考核各项活动的工具,大多数的人事变化都是由它来负责的,现行的人员流动和管理审查周期是 4—5 周,而大约 23% 的人事变动表都存在错误。

项目组成员决定通过实现人事变动表格电子化处理过程来解决这些问题,他们认为,这种改革一定会加速部分过程的处理速度,而且它将适用于任何未来的电子环境,但基本的程序和政策问题造成的延误将仍然存在。

1992 年 2 月,项目组成员提交了人事变动表格试点结果,并提出扩大试点范围的想法,由于此试点大大提高了人事部门的办公速度和准确性,校长委员会便欣然答应了。于是项目组成员开始开发并测试在多个学院/部门进行改进的研究,记录过程周期和通过提高生产力而节省的费用。

1991—1992 学年底,由于最高管理层给项目组组长安排了其他重要任务,所以项目活动基本上停止了。许多教师认为当把质量改进看做是一个"外在的"或"附加的"活动时,就难免会遇到贯彻实施的障碍。要使整个大学广泛投入到全面质量管理活动中,并把质量改进项目正式纳入机构的基本职能中。

第二个试点项目:学术校园计算机服务(ACCS)跟踪系统试点。

目标:开发一个服务跟踪系统,以确保及时提供服务提高系统的客户满意度。

学术校园计算机服务的主要任务是满足教师、职员、学生的需求。开发跟踪服务请求系统,可以更好地管理职员的工作量,并确保有效地解决服务问题。该项目实施之前,现有的监测服务系统是通过手写的表格的形式,效果不理想,因为要花费大量时间完成表格并且不能适应电子办公环境的发展趋势。项目团队在 1992年 1 月接手负责开发更完备的跟踪系统,重点是用系统化的方法跟踪客户并及时解决问题。

1993 年初,项目组成员成功开发了新的跟踪系统软件,达到了预期效果,改善了组织效能和工作人员与客户之间的关系,并且节约了成本。工作人员能更清楚地了解客户的期望,并开始把自己的工作看成为客户提供服务,而不是单纯解决问题。管理人员能更准确、及时地了解员工工作量和客户需要的服务,同时可以更好地调配额外资源的使用。

第三个试点项目:开发校友资料库试点。

最初目标:开发一个通讯系统,以确保学校校友办公室工作人员和学校有关工作人员、院长、志愿者之间的信息、思想和计划能够及时交流。

此试点的指导小组由一名院长、两名副院长、校友活动的主任和一位发展部的董事组成。在第一次小组会议中,便修改了最初目标。小组成员认为,关注校友活动和开发数据库将有利于进一步加快质量改善进程。

经修订的目标:开发学校、社团、校友活动办公室和其他团体之间的通信系统,以确保提供最高质量的数据库。

项目组达成经修订的目标后,团队成员便开始收集保存在学校各部门和其他学术单位的校友的有关资料。研究小组发现,许多学院和部门单独保存校友名单,各部门之间数据格式也不统一。项目成员通过"头脑风暴"法找出了现行制度存在的 25 个问题。经过分类和优先排序分析,确定努力改善质量的要点。

项目小组成员继而开发出一套深入的问卷,调查评估数据库中当前和潜在用户的需求。通过分析得出的定量和定性数据,小组成员在 1993 年 1 月提出改进建议。

第四个试点项目,即在健康与科学学院进行全面质量管理试点的计划被取消了,原因是教师资源团队的成员由于工作日程冲突不得不退出。

除了由副校长领导的全面质量管理活动之外,学校的行政部门、新图书馆主任也开始向员工介绍质量的概念和技术。此外,一大批教职工在里士满的质量委员会发挥着关键作用,吸引了来自企业(大型的和小型的)、政府(国家的和地方的)和教育机构的人员加入。校长等主要领导者对"为质量而管理"的哲学也越来越感兴趣。

（3）评价

指导小组受邀在 1992 年 5 月以书信的形式向校长委员会提交一份全面质量管理状态的报告。由于指导小组成员有着不同的全面质量管理经验,经整理他们形成了最终的报告信。以下是信中的两条评论:

(院长):我直接参与全面质量管理的实践相当有限,然而,读过相关资料之后,我深信这种管理方法可以在学术机构大力推行。我认为有必要在辅助服务方面实施全面质量管理。高层行政领导要支持授权的指导小组，这一点是至关重要的。

（董事）：我们认为，这种管理分析方法将使我们能够从不同的角度看待自己，并在服务部门为我们提供自我分析的新工具。到目前为止，这些预期正在逐步实现。虽然我们还没有最终看到这项试验的成果，但我有两个想法：其一，全面质量管理过程是耗时的，从一开始就需要有充足的时间投入；其二，即使是最小的项目也会牵扯到很多的方面。

在16个指导小组成员（2名副校长，3名院长/副院长，3名高级行政人员，7名董事，1名教师）中，只有3个人在1992年5月提交了全面质量管理报告。在正式提交给校长委员会的报告中，教师资源团队成员提出，指导小组成员不愿意表露自己的真实感情，因为他们不知道高层管理人员对质量管理的哲学价值持何种立场。由于存在这种恐惧心理，在很多情况下，他们不愿表达消极的观点。

同时，项目小组成员也被邀请填写一份全面质量管理各个方面的问卷来评价TQM，结果在一定程度上证实了目前学校在某些方面缺乏参与式管理。在1992年5月向主要领导人提交的状况报告中，提到问卷中得出的某些具体的障碍可由高层管理人员解决（如开通通信渠道，员工参与决策制定，跨职能管理，认识到员工对服务质量提高的贡献，创造一个文化氛围的变化，致力于基于事实/信息的决策，建立明确的责任和问责制）。

项目小组成员还回答了有关学习全面质量管理的过程的问题。结果表明：接近3/4的人认为团队合作增加了工作人员全面质量管理的知识和经验，整体效果是积极的。

对开放问题"全面质量管理在VCU实施的补充意见"的回答中，项目组成员强调了改变质量文化的必要性，并对提供进一步投入表示关切，以下是几则回答：

（项目小组成员）：没有明显迹象表明大学管理者投入全面质量管理过程中。大学的目标中没有明确对全面质量管理作出承诺。

（项目小组成员）：全面质量管理过程和具体的团队项目对组织而言可能是一个挑战，有许多潜在价值。我认为官僚主义和地方主义是全面质量管理要克服的最大障碍。

（项目小组成员）：授权在VCU没有实现。

（项目小组成员）：全面质量管理对VCU而言是一个好的改革举措。它试图使人们专注于做出有利于学校的事情，而不只是试图恭维上司以得到晋升。希望这会使工作人员为达到最大程度的客户满意度而努力工作。

教师资源团队成员向校长理事会提供了TQM试点的评价，而且还提出一份全面质量管理未来发展的建议。他们强调真正而持久的改善通过改变组织的文化来实现,并建议下一步计划必须加强对高级领导进行全面质量管理的集中教育。只有管理层表现出对全面质量管理的投入,各级员工才能继续致力于质量改善的工作。另一方面还要改变目前 TQM 的组织结构:增加质量主任、大学质量委员会、弗吉尼亚医学院以及其他质量委员会和副校长的参与,这样一个组织不仅可以继续改善现有的项目,而且最终将使全面质量管理的理念成为日常规划和决策的组成部分。他们还邀请了校外专家来帮助高层管理者实现质量管理理念的转变。同时这些专家还可以帮助个体提高质量管理的意识和技术,将质量的观念和技术整合到课程中等。

1992 年第一学期,教师资源团队的成员意识到质量改进项目并没有向自己设想的方向发展,而且校长委员会成员决定今后质量管理将由各副校长领导在各自的领域开展。鉴于校长委员会的决定以及目前大学的质量团队结构,教师资源团队成员建议,质量改善活动要在某一具体的部门内实施。这虽然违反了 TQM 强调的跨部门合作的精神,但目前还未形成全校范围内的全面质量管理的活动,也只能先在小范围内开展了。

1992 年底,大学主要领导人把注意力转向了其他许多方面,如弗吉尼亚国家债券法批准或者不予批准将影响其以后的发展、战略规划、教师奖励。此外,大学将在 1993 年招聘学术教务长/副校长和工商管理学院院长等关键岗位。全面质量管理渐渐被搁置起来了。

2. 国内某大学 X 学院

何桂明在硕士学位论文《ISO9000 族标准在高校中的应用研究——以某大学 X 学院为例》[1]中,选择已经通过 ISO9001:2000 标准认证的某大学 X 学院作为案例,通过分析 X 学院借鉴 ISO9000 族标准建立质量管理体系的过程,及其建立过程中投入的成本、面临的困难与实际应用效果等方面的情况,全面研究该体系给学院带来的变化。因作者本身就职于某大学 X 学院,参与了该学院 ISO9001:2000 质量体系的建立过程,可以深入接触质量管理体系的相关负责人,了解体系的建立过程和运行情况,因此该案例具有较高的参考价值。

(1) X 学院引进 ISO9000 族标准的动机与决策过程

首先,社会对高等学校的人才培养提出了更高的要求。学院领导认为要确保教学质量能够满足不断变化的社会及个体需求,让合格的毕业生走向国内市场,同时抢占更多的人才市场份额,当务之急是采取一切有效的措施(包括学校管理制度的改革)以提高管理水平,有效地提高教育教学过程质量,落实教育教学改革措施,最终达到有效地提高人才培养质量及为社会提供满意的合格人才的目标。

---

① 参见何桂明:《ISO9000 族标准在高校中的应用研究——以某大学 X 学院为例》,华东师范大学 2008 年硕士学位论文。

其次，学校和学院的发展对教学管理水平提出了更高的要求。近几年，某大学得到了空前的发展，学校规模、招生人数、学校的各项教学投入增长迅速。X 学院教学任务、学科建设、专业建设及教学改革任务非常繁重。同时，学院科研工作也取得了快速发展。正在进行的国家"863"项目、一批省重点项目为提升办学水平、建立学生产学研基地提供了良好的基础。所有这些，均对学院的管理水平提出更高的要求。

因此，X 学院院长最先提出在学院引进 ISO9000 标准，建立 ISO9000 质量管理体系，进行标准化管理，使学院的管理跟上发展的需要。同时，将 ISO9000 质量体系理念运用于改造传统教学质量管理模式，转变教学管理人员和教师的传统思想理念。此提议在学院办公会议上进行了认真的讨论，分析了学院进行贯标的可能性和有可能取得的成效。有部分成员表示，该标准在企业内应用较成功，但在高校不一定合适，而且对于高校中自主性比较弱的学院，可能运行的阻力较大。大部分成员认为有的高校在应用该体系，可以先考察一下其实际应用的效果，再作决定，毕竟要运行一个体系需花费大量的人力、物力和财力。因此，办公会议最终决定对已实施 ISO9000 认证的高校进行考察，最后决定是否实施该体系。经学院院长和教学院长等一行对上海某高校进行考察后，听取了某高校 ISO9000 体系的管理者代表对该校实施该体系的过程介绍和效果评议，学院领导认为在本学院实施 ISO9000 体系，能够促进教学管理上一台阶，因此，经学院办公会议再次讨论，决定引入 ISO9000 体系，同时选择了国内颇具知名度的一家认证机构。

（2）X 学院引进 ISO9000 族标准的过程

根据 ISO9000 的运作模式，X 学院要引进 ISO9000 标准，需要按照 ISO9000 标准的认证程序，在学院建立符合 ISO9000 标准的质量文件体系，并经第三方认证，按其规定的程序和标准进行操作。这一过程包含了以下几个方面的工作：

第一，成立 ISO9000 质量管理体系组织机构（学院贯标认证工作领导小组，学院贯标文件编写与工作推进小组，内审组）。

第二，选定质量体系模式标准，确定质量体系认证范围。经学院院长与认证机构探讨，确定了 X 学院贯标的质量体系模式标准为 ISO9000 质量管理体系，学院认为该标准所提倡的管理理念和管理模式，较适合高校的教学管理，能够较好地改进教学管理，提高管理效率。为此启动了 ISO9000 质量体系建设工作。学院制定贯标总体目标：2003 年 11 月开始全面推行 ISO9000 标准，年底前建立符合 ISO9000 要求的文件化质量体系并初步运行；2004 年开始全面运行质量体系，并适时申请第三方认证；再经过两至三年的整改和提高，逐步形成适应两个根本性转变的教学管理模式，达到管理机制健全，质量管理和质量保证体系完善，运行有效的目标。根据 X 学院组织机构设置，确定了与质量体系有关的部门为 11 个，包括系、所、实验室及办公室。

第三,编制 X 学院的 ISO9000 质量管理体系推进计划。质量管理体系推进小组的成员在认证机构咨询师 W 先生的指导下,制订编制 X 学院 ISO9000 质量管理体系与体系文件工作的计划,最终正式确定了学院 ISO9000 质量体系的工作计划。该计划内容包括宣传教育、培训人员、体系分析、标准条款的选择、过程展开、责任分派、文件编制、资源配备和体系建立等方面。

(3) X 学院实施 ISO9000 族标准遇到的主要困难

第一,对 ISO9000 族标准的术语理解和转换问题。ISO0000 标准毕竟源于企业,将其应用于高校,虽然有些术语被认为可以毫无困难地直接应用,但有些则需经过适当的转换。如何对相关要素进行恰当的转换,需要进行深入思考。X 学院在参考国内学术界及其他已通过 ISO9000 认证的高校转换的基础上,结合本院的实际情况,对这些术语进行了理解和转换,具体由学院的办公室主任负责。比如,X 学院的产品是什么? 应该是"教育服务"。因为学生是学校各种活动和过程的接受者和参与者,学生通过学校教育培养在知识、能力和素质方面所获得的提高,主要是通过学校所提供的教育教学活动等服务得以实现的,本质上就是教育服务的结果,因而学校的产品在宏观上表现为教育服务。对于学院的顾客,X 学院认为应该是学生、家长与社会,但是学生是最重要的顾客。

第二,教职工的质量意识与 ISO9000 理念接轨问题。对于一名大学教师来说,很难用定量的模式去衡量教学质量的高低,教师对于质量的概念比较淡薄,他们认为贯彻 ISO9000 标准只是学院领导及管理人员的事情,与他们无关。因此,在实践中,学院的大多数教职员工并不重视、也不真正了解 ISO9000 族标准,不明白自己在学校建立 ISO9000 质量管理体系中的地位、作用以及相应的职责、权限及其相互关系,不能恰当地达到 ISO9000 质量管理原则中的第三项"全员参与"的要求。对此,学院最高管理者多次召开全院教职工大会,给全体教职员工灌输质量意识。同时,请认证机构审核员对教职工进行培训,帮助全体人员了解 ISO9000 质量管理体系的理念实质,特别要深刻理解该质量管理体系的八大管理原则以及相应的文件体系和操作程序或技巧。在此,最高管理者发挥了首脑作用,总揽大局,"因形用权",调动教职工积极性,以统一的方式评估、协调和实施质量活动。

第三,X 学院的 ISO9000 体系与学校质量管理体系协调问题。X 学院作为一个学校的二级学院,在实施 ISO9000 族标准时与学校的管理体系存在以下几个需要协调的问题:

首先,管理理念的问题。ISO9000 标准的管理理念是:质量形成于服务的全过程,必须使影响服务质量的全部因素在服务的全过程始终处于受控状态,采用过程管理的手段来保证服务的质量。X 学院在 ISO9000 理念的影响下,强调以满足顾客的需求为出发点,强调通过控制教学管理的服务过程,达到管理目标的实现。而学校目前采用的是目标管理模式,在此管理模式下,二级学院是以学校总体目标为指针,确定各自的责任,检查和评估目标完成状况等组织活动的。其管理的核心是注重结果,由二级学院根据学校在一定时期的总目标确定各自的分目标,在获得适当资源配置和授权的前提下,为各自的分目标而奋斗,从而使学校的总目标得以实现。这两种管理理念的主要区别在于对达到目标的过程注重程度不同,及对顾客的需求重视程度不同。如 2008 级某专业培养计划因为学时数过多修改很多次,学院认为应该根据学生的要求多上些专业类的课程,如学生均反映要加强实践类课程,而且认为有些课程虽然作为平台课,但对这个专业没有太大用处。可学校认为平台课得要保证,学时数超支时需删减专业课。在这种情况下,学院需服从学校的管理体系,学院不能满足顾客需求。其次,日常具体操作上的问题。X 学院在学校的管理下,需要按照学校的要求完成一系列任务,学校对完成任务时所需要上交的表格有其统一的格式,由于学校未实施 ISO9000 体系,因此,其要求上交的表格没有编号。而 X 学院实施 ISO9000 体系后,在学校表格的基础上,作了修改,对一般表格均做了编号。因此,X 学院需要用不同的表格,做两份材料,一份上交给学校,一份留底。

（4）2005—2007 年 ISO9000 在 X 学院的运行情况

学院贯彻实施 ISO9000 质量管理体系以来,将 ISO9000 精神渗透到学院每一个管理环节,"无记录就无行动"成了管理人员牢记的口号。在 2005—2007 年间,学院每年进行一次内部质量审核,通过这些审核可以看到,X 学院质量管理体系运行情况良好。同时,学院分别在 2005、2006 年的 10 月份顺利通过某认证中心的年检论证。在此三年中,为更好地实现学院"创新理念先进、管理高效、特色显著的海洋教学、科研和社会服务基地"的质量目标,学院于 2005 年 7 月召开特色研讨会,从学院生存和发展的实际出发,探索了学院办学指导思想、学科专业、人才培养、科学研究和社会服务等办学特色。为进一步了解地方经济建设对人才的需求规格,学院组织人员利用暑期分赴省内各地进行专业调研,分析人才培养目标,制订各专业的人才培养修改计划,并于 2006 年底,完成了本学院各专业的培养计划的修订。目前,学院已建成一个省级重点建设专业、一门省级重点学科以及两门省级精品课程,为更好地服务于顾客,提高顾客满意度打下了坚实的基础。在科研上,学院承担的省部级及以上课题有 27 项,总科研经费近 2000 万元。为培养学生勇于探索及创新精神,学院鼓励学生参与教师课题,且自筹资金设立学生科研基金,为学生科研搭建平台。这在某大学的办学历史上属首创。

（5）评价

到 2008 年为止,ISO9000 族标准在该学院已经运行了四年,那么效果如何？学院的主要顾客对此是如何评价的,其满意度如何? 对此作者又通过对同一个学校的 Y、J 学院学生进行调查,横向比较三个学院学生对本学院的教学质量的满意度。研究发现,在同样的管理系统这个大环境下,学生满意度有很大的差别。其中,X 学院的教学管理与教学服务的满意度高于 Y、J 学院,课程设置满意度低于 Y、J 学院,教师教学满意度相近于 Y、J 学院,对自我综合素质发展的满意度低于 Y、J 学院。

作者的主要研究结论如下:

首先,在 X 学院教育管理中应用 ISO9001:2000 族标准建立教育质量管理体系是可行的,但未必是必要的。X 学院可以在实际教学管理中应用 ISO9000 的思想和理念,吸收其管理精髓,将这种理念应用于日常的教学管理中,而不必由认证机构进行认证,毕竟认证需花费一定物力和财力,而作为一个二级学院,其物力和财力均是有限的。通过认证并未给 X 学院带来实质性的利益。X 学院引进 ISO9000 已经 4 年,为此额外付出了许多成本,但其他学院没有引进也取得了大体相当甚至更好的教育绩效。

其次,X 学院的 ISO9000 质量管理体系能规范学院的教学管理规章制度,提高教学管理人员、教师的教育服务责任意识和质量意识,但有可能妨碍教师的教学创新。所有工作的最终目的是为了提高人才培养质量,正是在这一点上,研究揭示出 ISO9000 的贡献很有限。从另一方面看,ISO9000 追求规范化,很可能是以教师教学创新意识的弱化为代价的。教学不只是忠实地实施计划、教案的过程,更是课程创新和开发的过程。ISO9000 族标准的一整套规范的操作标准,可能会压抑教师个性的创造性发挥。

再次,X 学院应用 ISO9000 族标准实施教育质量管理体系,可以促进达成管理目标,但未必能够促进达成教育目标。从对 X 学院与 Y 学院、J 学院的调查结果的比较可以看出,X 学院实施 ISO9000 质量管理体系后,有效地促进了教学管理与教学服务,使学院领导有效地达成管人、管财、管物、管事、管时间、管信息等学院管理工作的目标,因此从管理角度来说 ISO9000 是有效的。但是好的过程并不代表有好的结果,特别是对于活生生的大学生来说。通过比较,X 学院的教学质量并未明显优于其他未通过认证的学院。所以说通过认证,对于学院的直接教学质量提高并没有大的影响,对教育目标的达到,并没有大的促进作用。毕竟,ISO9000 认证只是一种质量管理体系认证,只能证明通过认证的组织所建立的质量管理体系及其运行是符合这一国际化标准的,而不能证明该组织的产品或服务符合国际化标准。

最后,X 学院实施 ISO9000 族标准的成本—收益情况不佳。在 X 学院运行 ISO9000 体系的 4 年中,与其他同类二级学院相比,额外投入的资源非常多,包括可衡量的有形成本，如物力和财力，以及无法衡量的无形成本，如学院全体教职工为此付出的时间和精力。调查结果显示，X 学院实施 ISO9000 族标准后，在很大程度上规范了学院管理，使学院各项管理均有章可循，但是从顾客满意角度来看，与其他同类二级学院相比，并未有明显不同。虽然其具体原因是多方面的，但是从投入产出角度来看，其实际收益情况不是很好。

当然以上讨论的只是可测量的短时收益，如果从长期来看，实施 ISO9000 族标准后，对学院领导的办学理念、管理策略，及对全体教职员工服务意识、责任意识的影响是难以衡量的。

第三节   全面质量管理实践的困境与展望

全面质量管理的实践既有收获，也经历了许多困境，对这些困境的分析可为以后的探索提供帮助。

一、TQM 在高等教育质量管理实践中的困境

高等教育与其他行业相比，其产品性质和运作模式有很大不同，并且很多高校尚欠缺全面质量管理的经验，难免在将标准中的原则和方法具体化以及实施过程中遇到一些障碍，也随之产生了一些值得探讨的问题。

首先，术语界定的困境。TQM 要保证的是产品的质量，并强调顾客需求，所以首先就要界定组织的产品与顾客。而高等教育的产品与顾客正是目前最有争议的两个概念。高等教育的产品是什么？是学生，还是教育服务，或者是学生在知识能力、道德品质等方面所得到的提高，又或者是教育服务和学生二重产品？不管是将高等教育产品界定成以上哪种，实际上都将高等教育产品简单化了。ISO 标准体系对"顾客"的定义是"接受产品的组织或个人"，如消费者、委托人、最终使用者、零售商、受益者和采购方，它可以是组织内部的，也可以是组织外部的。在一般的产品或服务中，顾客都是很容易识别的，就是产品的购买者或者服务的消费者。但高等教育的顾客却十分复杂，因为教育教学服务作为人才培养活动，既是学生接受服务的过程，也是社会公民素质提高的过程，其顾客是学生和社会；而社会服务产品的顾客是产品交换的组织或个人，在这些直接顾客背后，又包括家长、毕业生用人单位等间接顾客，高等教育甚至跟社会的每一个成员利益相关。所以，在高等教育活动的整个输入输出过程中，其利益关系人是很复杂的，这也正是高等教育顾客的特殊性之所在。科布（George W. Cobb）总结说："如果你试图运用 TQM 术语，你会发现鉴别消费者与产品充满了含混。学生是消费者（这使得课程成为产品），或

者学生是产品(这使得他未来的雇主或下一个教师成为消费者)。"①因此,麦卡洛克(Myra McCulloch)提醒人们,采纳 TQM 语言时需要小心。他认为像消费者、产品、输入、输出、指标与效率这样的术语在高等教育领域的应用中是有问题的。②

其次,"顾客至上"的困境。TQM 的首要原则是"顾客至上",但这一词汇很难引起教育界人士的共鸣。用于企业界的"消费者"一词过于商业化,被用来描述师生关系过于机械化和简单化。另外,在"顾客至上"理念之下,很容易使教师们迎合学生的要求而无法开展真正有利于学生掌握知识、提高技能的教学。劳伦斯(Martin Lawrence)等人也认为,在高等教育中,以消费者为中心很难,因为对学术机构来说,不可能严格地识别适当的消费者。③ 尽管大学需要尊重学生,但却不能一味取悦于学生。学生尚处于未成熟状态,正由迷茫走向成熟的时候,他们需要教育和帮助才能获得发展,他们也应该接受必要的管理。因为很多学生并不知道他们真正需要什么知识,也不知道他们所接受的知识的质量高低,教育的价值对他们来说可能要在一段时间之后才能显现出来。

再次,管理的困境。TQM 非常强调领导者的作用。最高管理层是指在最高层指挥和控制组织的一个人或一组人,他能够决定组织的命运。从资源的获得、目标的确定与调适、员工的权责划分到各过程的组织实施与监控都需要领导者决定或给出指示。但高等学校的内部管理因其松散的"有组织无政府"状态特性而更注重民主、宽松的氛围,这难免使高校的管理者面临困境。因此全面质量管理在引入高等教育领域后,为了避免受到"全面的"和"管理"这些词汇的影响,被重新命名为持续质量改进(CQI)。④

最后,文化融合的困境。尤瑟夫(Mohamed A. Youssef)等人曾指出,虽然 TQM 背后的一般哲学与语言对几乎所有的学术人员都有吸引力,但现代大学文化中的许多因素使得 TQM 实际实施有困难。⑤ 其一,学术自由是大学的经典文化传统之一,这一点显著区别于工商业界。而全面质量管理却要求加强控制,严格执行管理流程。因此,有的学者认为:"也许在学术文化中,TQM 失败最重要的因素是学术

① Margaret A. Ray (1996), Total Quality Management in Economic Education: Defining the Market, *Journal of Economic Education*, 27(3):276.

② See Mohammad S. Owlia, Elaine M. Aspinwall (1997), TQM in Higher Education——A Review, *International Journal of Quality and Reliability Management*, 5(14):531.

③ See Sitalakshmi Venkatraman (2007), A Framework for Implementing TQM in Higher Education Programs, *Quality Assurance in Education*, 15(1):99.

④ 参见〔美〕罗伯特·波恩鲍姆:《高等教育的管理时尚》,毛亚庆等译,北京师范大学出版社 2008 年版,第 121 页。

⑤ See James V. Koch (2003), TQM: Why Is Its Impact in Higher Education So Small? *The TQM Magazine*, 14(5):328.

自由的学说。"①其二，教师倾向于个体工作而不是经常一起工作。然而，集体工作是 TQM 的要旨，"离开工作团队，各种各样的全面质量管理工作过程和技术都无法实现。这些技术和过程需要高水平的沟通与交流、响应、接受和协调安排。一句话，它们需要的环境条件，只有优秀的工作团队才能提供"②。1998 年，凯莉（Mariah Carey）的研究表明，教师并没有卷入所有的 TQM 中，在其所分析的 60 个机构中，其比例大约只有一半。

正是由于上述原因，全面质量管理并未在各类高校中得到全面的实施。在英国，真正引进的是一些"技术大学、多科技术学院、在继续教育领域的一些高等教育机构和大学里的一些支持系统"③。这些都是学术性比较弱而市场性强的教学领域。在美国也是如此，直到上世纪 90 年代末期，"没有一个学院、一个大学或者学校系统已经全面执行 ISO9000 体系"④。2000 年，威热娜（James G. Vazzana）等学者曾对美国 400 所商业学院进行调查，调查的结果表明，几乎没有院校正在用 TQM 去管理核心学习过程。⑤ 我国实施 ISO9000 体系的多为海事类高校，且均是根据国际海事组织惯例和我国交通部的要求而开展的，这主要还是外力推动的结果。

二、反思与展望

全面质量管理在高等教育质量管理中到底可否应用？它究竟发挥了多大的作用？博格（E. Grady Bogue）和霍尔（Kimberely Bingham Hall）在《高等教育中的质量与问责》一书中介绍了路易斯（Ralph G. Lewis）和史密斯（Douglas H. Smith）的观点：高校实施全面质量管理是正确的选择。其一，它构建在传统质量管理理念的基础上，体现出美国和世界高等教育的特点；其二，它能够识别出高校里学生、教师、管理者的可持续发展的要求；其三，它能够将理论应用到学校管理和课堂教学，为传统上相互分离的各个系统部分架起了桥梁；其四，它能够帮助学校应对 20 世纪90 年代的挑战，建立 21 世纪的效能大学。⑥ 然而这些令人备受鼓舞的话能否经受住时间的考验呢？全面质量管理能否不负众望实现最初的诺言呢？恐怕只有实践

---

① See James V. Koch (2003), TQM: Why Is Its Impact in Higher Education So Small? *The TQM Magazine*, 14(5): 329.

② 〔美〕斯蒂芬·P. 罗宾斯：《组织行为学》，孙建敏等译，中国人民大学出版社 1997 年版，第 270 页。

③ Lundquist Robert (1997), Quality Systems and ISO9000 in Higher Education, *Assessment and Evaluation in Higher Education*, 22(2):159—172.

④ Charles Bennett (1997), ISO9000 and Higher Education: Can This Approach to Quality Work on Campus, *Business Officer*, 31(1):59—64.

⑤ See G. Srikanthan, F. Dalrymple (2002), Developing a Holistic Model for Quality in Higher Education, *Quality in Higher Education*, 8(3): 215.

⑥ 参见〔美〕E·格威狄·博格、金伯利·宾汉·霍尔：《高等教育中的质量与问责》，毛亚庆、刘冷馨译，北京师范大学出版社 2008 年版，第 153 页。

才最有发言权。

当全面质量管理最初应用于高校的质量保障系统中时,很令人感到振奋鼓舞。很多学者和管理人员认为全面质量管理是高等教育质量管理的终极哲学,是高校质量问题的"救心针",产生了近乎图腾似的崇拜,朱兰对推行 ISO9000 中宣传过热的现象提出警告:"今后十年中,欧洲的一些国家一定会感到失望,他们虽然推行 ISO9000 很成功,但质量并没有提高。"①

可以说,全面质量管理的条件还不甚充分,然而,高校实施全面质量管理就好像吃了定心丸,内心认定它一定会带领高校质量管理工作走出困境。人们一开始患上的这种狂热症只有通过时间才能彻底地治愈。经过实践检验之后,国内外许多学者对其保持了比较清醒的头脑,进行了深入的反思。

TQM 从 90 年代初被高校狂热地实施,到 90 年代末以没有给高等教育界带来实质性影响收场。90 年代初,各媒体广泛报道高校实施 TQM 后提高了教育质量,改善了经济效益。早在 1991 年,大量关于高校 TQM 成功的故事广为传播,因为 TQM 在全世界取得巨大的成功,所以被奉为"当今世界质量管理最基本、最经典的理论"②。即使有人对工业中 TQM 的效果提出疑问,支持者们还是要使高等教育界相信它在工业上的成功已经证明了 TQM 有能力改进教育过程。③ 这一点很好解释:高校等公共组织出于对公众形象的维护,会尽力不公开承认失败,他们的兴趣在于宣传早期的成功事例,而革新的支持拥护者们也会在这方面大做文章,他们绝对不愿意让失败的信息散布传播。此外,媒体也往往倾向于报道受欢迎的成功的故事。

后来,在成功的光环下,困难和失败无法再继续保持隐身状态,许多关于失败的研究报告开始显现,艾丁(D. H. Entin)在一项关于波士顿地区 1990 到 1992 年间实行 TQM 的十所高校的研究报告中说:"一些微小的系统得到了分析,并确实得到改进,但主要问题还没有解决"④。一年后,对这些院校所作的后续研究发现,五所院校已经放弃,四所院校在有选择的单位里实行,只有一所高校正尝试在其主要部门中将 TQM 制度化。因此,他认为 TQM 会作为最新的一个时尚衰落下去。⑤

果不其然,90 年代晚期,TQM 在高等教育领域中逐渐走下坡路。1996 年,马尔契斯(Ted Marchese)的研究表明,过去 20 年谈得最多的 TQM 对美国高等教育影

① 安学锋:《全面质量管理的成功率为什么不高?》,载《国外质量与可靠性》1997 年第 6 期,第 47 页。

② 龚益鸣:《质量管理学》,复旦大学出版社 2000 年版,第 57 页。

③ See J. A. Hittman (1993), TQM and CQI in Post Secondary Education, *Quality Progress*, 26(10):77—80.

④ D. H. Entin (1993), Boston: Less than Meets the Eye, *Change*, 25(3):31.

⑤ See D. H. Entin (1994), A Second Look: TQM in Ten Boston—Area Colleges, One Year Later, *AAHE Bulletin*, 46(9):7.

响并不大。① 类似的观点如赫尔姆（Marilyn M. Helms）、威廉姆斯（Ashley B. Williams）与尼科（Judy C. Nixo）指出：TQM 在商业组织中有积极的经验，但在教育管理中的成功有限。② 在 1998 年美国高等教育研究协会年会上，马里兰大学的波恩鲍姆（Robert Birnbaum）教授认为美国高校的管理时尚——TQM 已经失败，引起巨大反响。③

全面质量管理的失败，使它的那些虔诚的支持者感到痛心疾首，为什么在它身上付出了如此大的努力，最终却没能逃脱被抛弃的命运？这场革新失败的原因是什么？

正如前面所讨论的，高等教育领域引入全面质量管理存在许多理论和实践上的障碍，这些正是全面质量管理失败不可忽视的原因。西摩尔（Daniel T. Seymour）认为，在高等教育领域中，全面质量管理的持续提高原则遇到的障碍主要有四个：不愿意改变、割裂、缺乏竞争、遵照最低要求。④ 考特（Edwin L. Coate）总结了六个方面的障碍：怀疑主义、时间、语言、中层管理、大学统治、功能失调。⑤

另一方面，高校在实施全面质量管理的过程中也出现了一些问题，主要在于以下几方面：个别大学的校长不具备相应的能力或给予相应的支持，存在传统的管理氛围障碍，谨小慎微的员工们或者其他隐性因素的影响；⑥高层管理人员并不热衷于革新或者组织氛围不适合；⑦未能有效地实现全员参与，因为不同部门之间的成员阅读不同的期刊，参加不同的会议，享有不同的价值观，生活在不同的组织文化之中，这种中断使得产生了一种空白文化。⑧

此外，高校在 ISO9000 认证过程中也产生了许多问题。许多高校在还没有充分认识 ISO9000 质量管理体系的作用和意义的情况下就盲目引入标准，机械地按照模板进行学校质量管理体系文件的设计和编写，在短时间内，堆砌成了质量管理体系文件，并进行发布运行，建立的质量管理体系不但不符合学校实际，而且使各

---

① 参见黄启兵、毛亚庆：《从兴盛到衰落：西方高等教育中的全面质量管理》，载《比较教育研究》2008年第 3 期，第 57 页。

② See M. Marilyn, B. Ashley and C. Judy (2001), TQM Principles and Their Relevance to Higher Education: The Question of Tenure and Post-Tenure Review, *The International Journal of Educational Management*,15(7): 326.

③ 参见刘凡丰：《反思美国高校全面质量管理》，载《清华大学教育研究》2001 年第 1 期，第 146 页。

④ See S. Mohammad, M. Elaine (1997), TQM in Higher Education—A Review, *International Journal of Quality and Reliability Management*, 14(5):537.

⑤ See Sitalakshmi Venkatraman (2007), A Framework for Implementing TQM in Higher Education Programs, *Quality Assurance in Education*, 15(1): 98.

⑥ See M. Meredith (1993), What Works (and Doesn't) in Planning, *Planning for Higher Education*, 22 (1):30.

⑦ See H. Mintzberg (1994),*The Rise and Fall of Strategic Planning: Reconceiving Roles for Planning,Plans, Planners*, New York: The Free Press:416.

⑧ 参见〔美〕罗伯特·波恩鲍姆：《高等教育的管理时尚》，毛亚庆等译，北京师范大学出版社 2008 年版，第 101 页。

项工作陷入繁琐的文本整理之中。还有些学校为认证而认证，急功近利的短期行为突出。

还有一个问题值得探讨，全面质量管理强调的"全面性"要求在组织的各项活动中全面地实施全面质量管理，但全面质量管理却未能有效应用于高等教育的核心领域——教学与科研。关于这个问题，学术界一直在争论中，全面质量管理对高校的核心领域如教学、科研价值到底有多大？到底该不该在这些核心领域实施？大多数观点还是认为应该尽量避免干扰教学和科研的正常运行，因为学校的某些学术或行政部门（或某些过程）事实上可以与其他部门（或过程）相分离，可以独立地实施各项改革。一些学校也认识到"全面地"实施 TQM 并非上策，只是在纯粹事务性部门中实施 TQM，如行政管理、财务、后勤部门；偶然革新接近了"核心过程"，如课程安排、教学活动，但要尽量避免扰乱这些过程。[①] 在实施 TQM 过程中，面临的最为关键的问题是要分辨出在学校的哪些部门、哪些过程可以实施或者优先实施 TQM 而不干扰其他部门。总之，全面质量管理能否起到革命性的作用，关键是看其到底能够在多大程度上促进高校整体教学科研及社会服务质量的提高，而不是看其是否触及核心领域。

因此，高校在引进全面质量管理方法的时候，要充分认识和关注高校教学及其管理活动的特殊性，不能一味地追求标准化，必须要分清哪些活动可以标准化，哪些不能标准化。对于不能标准化的领域，就不能用严格的标准基础上的管理方法来管理，只能尝试引进这些方法中的某些思想。

TQM 没有给高校质量管理带来实质性的促进作用，那么它是否对高校的管理产生严重的不良后果呢？有学者认为，TQM 强调全员参与的过程，这会缩小领导者和下属之间的距离，会弱化领导的影响力。[②] 还有学者认为：时尚降低了组织的效能，给作为组织的学院和大学带来了威胁，并伤害了管理者和其他人员。[③] 此外，不难想象，高校调遣大量的物质资源与人力资源来实施全面质量管理，必然影响其学术和科研的发展，如果高校一直这样坚持下去，这种"舍本逐末"的做法后果将不堪设想。

值得庆幸的是，高校的松散的组织结构一方面成为成功实施全面质量管理的障碍，另一方面，在时尚失败的时候，它又起到了缓冲剂的作用，正如波恩鲍姆所认为的，高校的组织松散性使其核心过程——学术活动免受影响，阻止了管理时尚在高校内产生更大的影响或如反对者所说的可怕后果。[④]

---

① 参见刘凡丰：《教育界能采用全面质量管理吗？》，载《教学与管理》2001 年第 12 期，第 17 页。

② See J. L. Fisher (1993), TQM: A Warning for Higher Education, *Educational Record*, 74(2): 15—19.

③ 参见〔美〕罗伯特·波恩鲍姆：《高等教育的管理时尚》，毛亚庆等译，北京师范大学出版社 2008 年版，第 161 页。

④ 同上书，第 107 页。

　　高校目前还缺乏成功移植高等教育全面质量管理的理论体系、制度和人文环境，资源条件相对不足，种种因素的合力导致了全面质量管理在高等教育领域的实施受到了莫大的阻力。但全面质量管理在高校管理中的"失败"本身并不代表它作为一种管理时尚已经失去了所有的借鉴利用价值，诚如波恩鲍姆所言，企业界的许多管理时尚都在高等教育领域得到了应用，尽管各种时尚都相继宣告失败而被新的管理时尚所替代，但实质上它们都为高等教育的发展作出了重要贡献。即使推行时尚没有实现预期的效果，但好的思想会渗透到组织的文化中，对组织继续产生潜移默化的影响，时尚风行之后的遗留部分可能融合到组织的文化中，成为我们共同思想的一部分。①

---

　　① 参见〔美〕罗伯特·波恩鲍姆：《高等教育的管理时尚》，毛亚庆等译，北京师范大学出版社 2008 年版，第 3 页。

第七章
高等教育服务质量评价:SERVQUAL
技术与方法

随着高等教育大众化乃至普及化的推进以及高等教育成本分担机制的施行,高校与学生间的关系发生了微妙的变化。在学生眼里,高校是高等教育服务的提供机构,其基本的理由是他们付了为数不少的费用,包括学费和住宿费等。因此,学生作为学校教学和管理服务质量评价者的呼声越来越高。

为顺应这一变化要求,一些高校已经在这方面开展了相关实践探索和研究,并已经取得了有益的经验。这些探索的基本思路主要来源于曾经盛行于商业服务领域的服务质量评价思想和方法,其中影响最广泛的当属帕拉素拉曼(A. Parasuraman)、隋塞摩尔(V. Zeithaml)和贝利(L. Berry)(俗称"PZB")三人研究团队提出的 SERVQUAL 服务质量评价模型。

SERVQUAL 实为一种问卷,分为 5 个维度 22 个问项,每个问题分别从期望和感知两个方面采集信息,并在此基础上进行分析。其核心是期望与感知之间的差距。SERVQUAL 以其强大的问题诊断功能赢得了诸多领域的竞相使用,高等教育领域也不例外。

第一节　服务质量评价的理论与实践历程

服务已经成为现代社会的重要活动之一。正因为如此,服务及其质量评价也就成为管理者、消费者与研究者关注的热门领域之一。在有关此方面的探索与研究中,最引人注目的无疑是 PZB 三人研究团队提出的 SERVQUAL 方法。这一方法一经产生,便引来了管理者的极大应用和研究兴趣。之所以如此,是因为它具有独到的优势,即它能够同时识别出顾客的期望和感知,并由此诊断出服务中存在的问题进而为管理者改进服务质量提供重要依据。

一、服务质量评价的理论基础

作为学术概念,服务是指服务提供者在与顾客互动的过程中,向顾客提供的一种可为其带来利益或满足的无形活动或过程。人们对于服务质量的研究始于20世纪70年代。其中,影响最为深远的要属顾客感知服务质量(perceived service quality)理论。这一概念最早由芬兰瑞典语经济管理学院的格罗鲁斯(Christian Gronroos)教授于1982年提出。他认为,服务质量是由顾客所感知的质量,因而在很大程度上它是顾客主观意志的产物。[①]

在格罗鲁斯看来,顾客感知服务质量由两部分构成,分别是技术/结果质量和功能/过程质量。结果质量(outcome quality)是顾客在服务过程结束后的"所得",在服务管理中也称为技术质量(technical quality)。过程质量(process quality)(也被称为功能质量,即 functional quality)说明服务提供者是如何工作的,意指顾客接受服务的方式及其在服务生产和服务消费过程中的体验。二者的关系如图7-1所示,技术质量和功能质量分别表明的是"顾客得到了什么"(what)和"顾客是如何得到服务的"(how)。与技术质量不同,功能质量一般是不能用客观标准来衡量的,顾客通常会采用主观的方式来感知功能服务质量。[②]

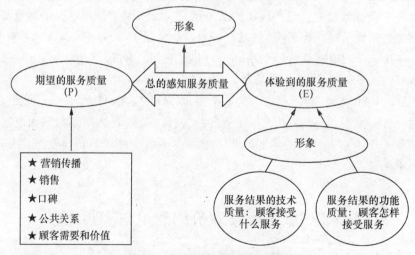

图7-1　顾客总体感知服务质量

---

①　参见〔英〕格罗鲁斯:《服务管理与营销:基于顾客关系的管理策略》(第二版),韩经纶等译,电子工业出版社2004年版,第45—48页。

②　同上书,第46页。

然而,顾客感知服务质量并不是取决于技术质量和功能质量这样两个要素,而是取决于顾客所期望的质量和所体验到的质量之间的差距(如图7-1所示)。[1] 因而,根据格罗鲁斯的定义,顾客感知服务质量(以下简称"服务质量")就是顾客对服务的期望(expectation)与感知服务绩效(perceived service performance)之间的差异比较,简言之,就是 Q = P − E。当感知服务绩效(P)大于服务期望(E)时,服务质量(Q)是良好的,反之亦然。迄今,学者们在与服务质量相关的一系列问题上已达成了共识:[2]

第一,服务质量是顾客感知的质量,具有极强的主观性,也具有极强的差异性。不同的时间不同的服务提供者所提供的服务是不同的,同一个服务提供者在不同的时间提供的服务质量也存在差异,不同的顾客乃至同一个顾客在不同的时间对服务质量的感知也不相同。

第二,服务质量由顾客所追求的"结果质量"(技术质量)和"过程质量"(功能质量)两个方面组成。有形产品的质量是可以用一些特定的标准来加以度量的,消费者对有形产品的消费在很大程度上是结果消费;而服务则不同,顾客对服务的消费,不仅仅是对服务结果的消费,更重要的是对服务过程的消费。服务结果与服务过程相辅相成,不可或缺,忽视任何一方面都会对服务质量的认识带来偏差。

第三,服务质量是在服务提供者与服务接受者的互动过程中形成的。与有形产品不同,在绝大多数情况下,服务的生产和消费是无法分割的,服务质量就是在服务生产和服务消费的互动过程中形成的,因此,互动性是服务质量与有形产品质量之间非常重要的区别之一。

在服务质量的评价方面,主要涉及服务质量的测度模型和维度(也称为"因素")两个方面。就服务质量的测度模型而言,最有影响的有 SERVQUAL 和 SERVPERF 两种。

SERVQUAL 是英文 SERVICE QUALITY 这两个单词中前 4 个字母的组合。该词最早出现在 1988 年由 PZB 三人合写的一篇题为《SERVQUAL:一种多变量的顾客感知服务质量测度方法》的文章中。[3] SERVQUAL 是一种用来测度服务质量的特定技术和方法,其核心是利用顾客对服务的期望和感知信息来判断服务质量,它

---

① 参见〔英〕格罗鲁斯:《服务管理与营销:基于顾客关系的管理策略》(第二版),韩经纶等译,电子工业出版社 2004 年版,第 49 页。

② 参见《顾客感知服务质量研究 20 年》[EB/OL](2007-2-22),http://www. em-cn. com/Article/200702/127486. html,2008 年 11 月 13 日访问。

③ See Zeithaml Parasuraman et al. (1988), SERVQUAL: A Multiple Item Scale for Measuring Consumer Perceptions of Service Quality, *Journal of Retailing*, 64(1): 12—40.

是建立在顾客感知服务质量的相关理论基础之上。[①]

1985 年，PZB 三人合作在《营销学季刊》（*Journal of Marketing*）上发表了题为《服务质量：一个概念性模型及其在未来研究中的应用》的文章，提出了服务质量的差距分析模型，显示了顾客感知质量受组织内部四个差距的影响（如图 7-2 所示）。[②] 这一模型的提出，第一次说明了服务质量是如何产生的，它是 PZB 研究团队对服务营销领域最重要的贡献之一，也为 PZB 研究团队后来的研究奠定了坚实的基础。

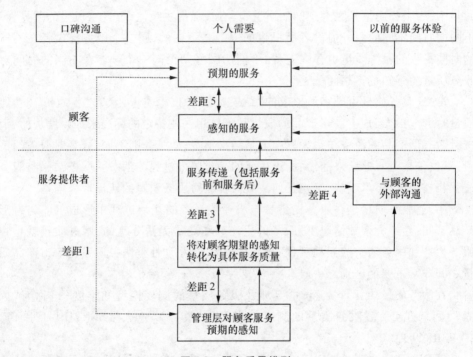

图 7-2 服务质量模型

资料来源：A. Parasuraman et al., A Conceptual Model of Service Quality and Its Implications for Future Research, *Journal of Marketing*, 1985, 49：41—50.

（1）质量感知差距 1：管理者不能准确地感知顾客服务预期。

（2）质量标准差距 2：服务提供者所制定的服务标准与管理层所认知的顾客的期望不一致。

---

① See J. Lisa & C. Morrison (2004), Measuring Service Quality：A Review and Critique of Research Using SERVQUAL, *International Journal of Market* Research, 46(4)：479—497.

② See Zeithaml Parasuraman et al. (1985), A Conceptual Model of Service Quality and Its Implications for Future Research, *Journal of Marketing*, 49：41—50.

（3）服务传递差距 3：服务生产与传递过程没有按照企业所设定的标准来进行。

（4）市场沟通差距 4：市场宣传中所作出的承诺与企业实际提供的服务不一致。

（5）感知服务质量差距 5：顾客所感知的或实际体验的服务质量与其所预期的不一致。

在这五个差距当中，感知服务质量差距居于该模型的核心地位。隋塞摩尔等人指出，其他四个差距（差距 1、2、3、4）是引起感知服务质量差距（差距 5）的根本原因。[①] 因此，围绕感知服务质量差距展开研究是学者们的一贯做法。其中，PZB 于 1988 提出的 SERVQUAL 被誉为测度感知服务质量差距的经典方法。

该方法通过对顾客服务预期（应当怎样）与顾客服务绩效（实际怎样）之间差距的比较分析来衡量顾客感知服务质量。通常选择 22 个指标，被调查者根据其体验来回答问题（每个指标分值在 1—7 之间，分别代表"完全不同意"至"完全同意"），并以此代表他们期望的服务质量和感知的服务质量，由此确定总的服务质量的分值。分值越高，表明顾客服务体验与服务预期距离越远，即顾客感知的服务质量越低。

二、SERVAUQL 的目的与价值

在顾客感知服务质量的测度模型中，还存在一种名为 SERVPERF 的方法。SERVPERF 是 Service Performance 的缩写，于 1992 年由克罗宁（J. J. Cronin）和泰勒（S. A. Taylor）在 SERVAUQL 的基础上提出。[②] 该模型只利用一个变量即服务绩效来测度顾客感知的服务质量，即 Q = P，相应地，SERVPERF 所使用的问卷只涉及服务绩效而不涉及服务期望。除此之外，其所采用的问卷维度和问项与 SERVAUQL 完全相同。

在对顾客感知服务质量测度中，不排除还有其他的方法，但影响最大且最重要的只有两种：SERVQUAL（差异比较法）和 SERVPERF（直接测度法）。对于一个企业管理者而言，当在评估 SERVPERF 和 SERVQUAL 的使用价值时，往往会遇到一个问题："哪一个工具能提供最有用的信息和诊断价值？"[③]实际上，学者对于两者

① See Zeithaml Parasuraman et al. (1985), A Conceptual Model of Service Quality and Its Implications for Future Research, *Journal of Marketing*, 49：41—50.

② See Jr. Cronin et al. (1994), SERVPERF Versus SERVQUAL：Reconciling Performance-Based and Perceptions-Minus-Expectations Measurement of Service Quality, *Journal of Marketing*, 58(1)：125—131.

③ Elliott & M. Kevin (1994), SERVPERF versus SERVQUAL：A Marketing Management Dilemma When Assessing Service Quality, *Journal of Marketing Management*, 4(2)：56—61.

的比较研究层出不穷。① 综观这些讨论，可以大致归纳为两派：

一为测量派。持这种观点的人多从心理测量学的合理性出发，通过实证研究特别是通过效度和信度分析发现，SERVPERF 无论在信度还是效度方面都优于 SERVQUAL②，布雷迪（Brady）等（2001）、韦福祥（2005）的研究也得出了与之相似的结论。③

二为功用派。坚持这种观点的人主要针对 SERVPERF 和 SERVQUAL 的功用——"用它能做什么"而论。在这一点上，研究者们殊途同归，得出了相同或相似的结论——两种方法在服务质量管理中的使用价值各有千秋：当对公司的服务质量进行总体评价或者与其他公司进行比较时，可采用 SERVPERF，因为它具有心理测量学意义上的合理性和使用的便利性。当要试图发现公司服务质量的不足之处以便介入管理时，SERVQUAL 备受青睐，因为它具有优越于 SERVPERF 的诊断功能。④

然而在实际的服务管理中，管理者可能更加倾向于识别服务的缺陷和不足之处，而不是解释公司整体服务质量发生了何种变化。对于一个成功的组织来说，关键是使顾客满意。在今天竞争日益激烈的环境中，弄清楚顾客的需要和期望至关重要，在这种情况下，识别顾客所期望的服务显得尤为重要。SERVQUAL 正是为管理者提供了在营销决策中所需的顾客期望，这是 SERVPERF 所无能为力的。⑤ 这也是 SERVQUAL 虽然备受争议，⑥但是仍然被人们广泛使用的最根本原因。

三、实施工具的改良

最初，PZB 经过探索性研究认为，顾客感知服务质量的最终决定因素有 10

---

① 此部分内容可参见 Elliott & M. Kevin（1994），SERVPERF versus SERVQUAL：A Marketing Management Dilemma When Assessing Service Quality，*Journal of Marketing Management*，4（2）：56—61；K. Miehael & Jr. Cronin（2001），Some New Thoughts on Conceptualizing Perceived Service Quality：A Hierarchical Approach，*Journal of Marketing*，65：34—49；K. Sanjay & G. Garima（2004），Measuring Service Quality：SERVQUAL vs. SERVPERF Scales，*VIKALPA*，29（2）：25—37；韦福祥：《服务质量评价与管理》，人民邮电出版社 2005 年版，第 76 页。

② See K. Miehael & Jr. Cronin（2001），Some New Thoughts on Conceptualizing Perceived Service Quality：A Hierarchical Approach，*Journal of Marketing*，65：34—49。

③ 参见韦福祥：《服务质量评价与管理》，人民邮电出版社 2005 年版，第 77 页。

④ See Zeithaml Parasuraman et al.（1994），Alternative Scales for Measuring Service Quality：A Comparative Assessment Based on Psychometric and Diagnostic Criteria，*Journal of Retailing*，70（3）：193—194；Jr. Cronin et al.（1994），SERVPERF versus SERVQUAL：Reconciling Performance-Based and Perceptions-Minus-Expectations Measurement of Service Quality，*Journal of Marketing*，58（1）：125—131；Sanjay K. Jain & Garima Gupta（2004），Measuring Service Quality：SERVQUAL vs. SERVPERF Scales，*VIKALPA*，29（2）：25—37。

⑤ See Elliott & M. Kevin（1994），SERVPERF versus SERVQUAL：A Marketing Management Dilemma When Assessing Service Quality，*Journal of Marketing Management*，4（2）：56—61。

⑥ 参见〔英〕格罗鲁斯：《服务管理与营销：基于顾客关系的管理策略》（第二版），韩经纶等译，电子工业出版社 2004 年版，第 56 页。

个——可靠性（reliability）、反应性（responsiveness）、能力（competence）、易接近性（access）、礼貌（courtesy）、沟通（communication）、可信度（credibility）、安全性（security）、理解（understanding/knowing consumer）和有形性（tangibility）（见表 7-1 所示）。格罗鲁斯指出："能力一项与技术质量有关，而可信度则与企业形象相关，其余的几项都或多或少地与功能质量相关，所以该项研究充分说明了功能质量的重要性。"[①]

表 7-1　决定顾客感知服务质量的因素

1. 可靠性——涉及绩效与可靠性的一致
   - 公司的第一次服务要及时、准确地完成
   - 准确结账
   - 企业财务数据和顾客数据记录准确
   - 在指定的时间内完成服务
2. 响应性——员工提供服务的意愿
   - 及时服务
   - 即刻办理邮寄业务
   - 迅速回复顾客打来的电话
   - 提供恰当的服务
3. 能力——掌握所需技能和知识
   - 与顾客接触的员工所具备的知识和技能
   - 运营支持人员的知识和技能
   - 组织的研究能力
4. 可接近性——易于接触和方便联系
   - 通过电话很容易联系到服务
   - 接受服务所等待的时间不长
   - 营业的时间便利
   - 服务设备安置地点便利
5. 礼貌——包括客气、尊重、周到和友善
   - 考虑顾客的利益
   - 与顾客接触的员工的外表干净、整洁
6. 沟通——用顾客听得懂的语言表达和耐心倾听顾客陈述
   - 介绍服务本身的内容
   - 介绍所提供服务的费用
   - 介绍服务与费用的性价比
   - 向顾客确认能解决的问题
7. 可信度——信任、诚实和心中想着顾客的利益
   - 公司名称
   - 公司声誉
   - 与顾客接触的员工的个人特征
   - 在互动关系中推销的难易程度

---

① 〔英〕格罗鲁斯：《服务管理与营销：基于顾客关系的管理策略》（第二版），韩经纶等译，电子工业出版社 2004 年版，第 54 页。

（续表）

8. 安全性——安全、没有风险和疑虑
- 身体上的安全性
- 财务上的安全性
- 信任程度
9. 理解——尽力去理解顾客的需求
- 了解顾客的特殊需求
- 提供个性化的关心
- 认出老顾客
10. 有形性——服务的实物特征
- 实物设施
- 员工形象
- 提供服务时所使用的工具和设备
- 服务的实物表征（卡片等）
- 服务设施中的其他东西

资料来源：Zeithaml Parasuraman et al.（1985），A Conceptual Model of Service Quality and Its Implications for Future Research，*Journal of Marketing*，49：41—50.

　　如 PZB 所言，"从探索性研究中所得的这些发现为 SERVQUAL 工具的浮出提供了良好的基础"[①]。1988 年，PZB 在对电器维修业、银行业、长途电话公司、证券商以及信用卡中心五种服务业进行实证研究的基础上，将 1985 年提出的服务质量的 10 个因素优化并压缩为 5 个，即有形性（tangibility）、反应性（responsiveness）、保证性（assurance）、移情性（empathy）、可靠性（reliability），见表 7-2 所示。从两表的对比中可以看出，除了有形性、反应性和可靠性外，能力、易接近性、礼貌、沟通、可信度、安全性六个因素被压缩为一个因素——保证性，与此同时，理解则被冠以移情性的新概念，并赋予了新的意义。按照格罗鲁斯对于服务质量构成的观点，这六个因素都与功能质量相关，再次说明功能质量之于服务质量的重要意义。

表 7-2　SERVQUAL"五维度"及问项

维度	解说	问项
有形性 tangibility	包括实际设施、设备以及服务人员的外表等	1. 有现代化的服务设施
		2. 服务设施具有吸引力
		3. 员工有整洁的服装和外套
		4. 公司的设施与他们所提供的服务相匹配

---

① Zeithaml Parasuraman et al.（1988），SERVQUAL：A Multiple Item Scale for Measuring Consumer Perceptions of Service Quality，*Journal of Retailing*，64（1）：12—40.

（续表）

维度	解说	问项
可靠性 reliability	指可靠地、准确地履行服务承诺的能力	5. 公司向顾客承诺的事情都能及时完成
		6. 顾客遇到困难时，能表现出关心并帮助
		7. 公司是可靠的
		8. 能准时地提供所承诺的服务
		9. 正确记录相关的记录
响应性 responsiveness	指帮助顾客并迅速地提高服务水平的意愿	10. 不能指望他们告诉顾客提供服务的准时时间*
		11. 期望他们提供及时的服务是不现实的*
		12. 员工并不总是愿意帮助顾客*
		13. 员工因为太忙一直无法立即提供服务，满足顾客的需求*
保证性 assurance	指员工所具有的知识、礼节以及表达出自信与可信的能力	14. 员工是值得信赖的
		15. 在从事交易时，顾客会感到放心
		16. 员工是礼貌的
		17. 员工可以从公司得到适当的支持，以提供更好的服务
移情性 empathy	指关心并为顾客提供个性服务	18. 公司不会针对顾客提供个别的服务*
		19. 员工不会给予顾客个别的关心*
		20. 不能期望员工了解顾客的需求*
		21. 公司没有优先考虑顾客的利益*
		22. 公司提供的服务时间不能符合所有顾客的需求*

说明：* 表示分值相反。

资料来源：Zeithaml Parasuraman et al. (1988), SERVQUAL: A Multiple Item Scale for Measuring Consumer Perceptions of Service Quality, *Journal of Retailing*, 64(1): 12—40.

第二节　SERVQUAL 在高等教育领域的应用研究

SERVQUAL 最早来自营销领域并在营利性组织得以广泛应用，而如今其应用范围远远超出了这一领域并在非营利性组织得到应用。如唐纳利（M. Donnelly）等人使用该工具对政府组织的服务质量进行了测度；[①]威斯妮斯基（M. Wisniewski）和唐纳利分析认为，SERVQUAL 适用于医疗服务组织、地方政府、警察、应急服务、政府中介等公共部门服务质量的评估；[②]尼克（S. Nyeck）等认为"测量工具 SE-

---

① See M. Donnelly, M. Wisniewski, J. F. Dalrymple & A. C. Curry, Measuring Service Quality in Local Government: The SERVQUAL Approach, *International Journal of Public Sector Management*, 1995, 8(7): 15—20.

② See M. Wisniewski & M. Donnelly, Measuring Service Quality in the Public Sector: The Potential for SERVQUAL, *Total Quality Management*, 1996, 7(4): 357—366.

RVQUAL 的主要好处是研究人员能够检查医疗保健、银行、金融服务、教育等多个服务行业的服务质量"[①]。"在教育领域，SERVQUAL 已经被修订成 Lib-QUAL，用以测定图书馆的服务质量"[②]。高等学校作为一种非营利性机构，同样存在着服务质量及其评价的难题。

一、应用研究进展

SERVQUAL 从上世纪 90 年代开始受到高等教育界的关注，一些学者展开了初步的应用研究。为了便于比较和分析，笔者将 SERVQUAL 在高等教育质量管理中的应用研究分为作者（时间）、研究对象、研究内容、研究工具、质量维度和主要结论六个项目，如下表所示：

表 7-3　SERVQUAL 在高等教育中的应用研究情况

作者/时间	研究对象	研究内容	研究工具	质量维度	主要结论
安德森（E. Anderson），1995[③]	某学院学生	某学院实施 TQM 前后的学生服务质量	修订的 SER-VQUAL	有形性、反应性、保证性、移情性、可靠性	实施 TQM 后，高等教育质量的可靠性和反应性有所提高，而在高度接触的某些环节诸如移情性则有所降低
勒布朗（G. LeBlanc）等，1997[④]	工商管理学科的学生	工商管理学科学生在教育服务质量评价中所关注的维度	修订的 SE-RVQUAL	声誉、行政人员、教师、课程体系、响应性、有形设备、设备的可利用性	所关注的维度依次分别是：声誉、行政人员、教师、课程体系、响应性、有形设备以及设备的可利用性
奥利亚（M. S. Owlia）等，1998[⑤]	制造业和机械工程学科的学生	构建高等教育质量的测度框架	修订的 SE-RVQUAL	学术资源、服务能力、服务态度、服务内容	由四个维度所构成的框架可用于未来高等教育服务的测度和改进

　　① S. Nyeck, M. Morales, R. Ladhari & F. Pons, 10 Years of Service Quality Measurement: Reviewing the Use of the SERVQUAL Instrument, *Cuadernos de Difusion*, 2002, 7(13)：101—107.

　　② C. Cook & B. Thompson, Reliability and Validity of SERVQUAL Scores Used to Evaluate Perceptions of Library Service Quality, *Journal of Academic Librarianship*, 2000, 26(4)：248—258.

　　③ See E. Anderson, High Tech v. High Touch: A Case Study of TQM Implementation in Higher Education, *Managing Service Quality*, 1995, 5(2)：48—56.

　　④ See G. LeBlanc & N. Nguyen, Searching for Excellence in Business Education: An Exploratory Study of Customer Impressions of Service Quality, *International Journal of Educational Management*, 1997, 11(2)：72—79.

　　⑤ See M. S. Owlia & E. M. Aspinwall, A Framework for Measuring Quality in Engineering Education, *Total Quality Management*, 1998, 9(6)：501—518.

（续表）

作者/时间	研究对象	研究内容	研究工具	质量维度	主要结论
关（Yum-Keung Kwan）等,1999[①]	中国香港和大陆的高校学生	验证 Hampton 的研究发现,为不同文化背景的学生提供参考	修订的 SE-RVQUAL	有形性、可靠性、反应性、保证性、移情性	学生对高等教育服务质量的期望和感知受文化氛围和社会环境影响
汉姆（C. L. Ham）,2003[②]	南卫斯里昂大学和西密歇根大学的学生	测量学生的期望与感知的服务质量,并对五个维度的重要性进行区分	修订的 SE-RVQUAL	有形性、可靠性、反应性、保证性、移情性	服务质量五个维度的克龙巴赫 alpha 系数值在 0.64—0.87 之间,全部的 alpha 值为 0.91,表明其具有较高的信度
王齐奉,2003[③]	某普通高校和高职院校的大学生	研究学生对教育服务质量期望与感知的差异情况	修订的 SE-RVQUAL	有形性、可靠性、反应性、保证性、移情性	两类大学的学生对5个服务属性的重要性认识基本一致,其中保证性和可靠性更为重要,且普通院校的服务质量高于高职院校
谈（K. C. Tan）等,2004[④]	新加坡两所大学工程学学科的学生	探求 A、B 两所大学的教育服务质量差距	修订的 SE-RVQUAL	课程、评价、工作量、学习、教学与指导、与管理者的交流、大学设备设施、社会活动	SERVQUAL 方法在收集、分析学生对教育服务的感知信息方面具有很强的实用性
马万民,2005[⑤]	国内某财经大学的本科学生	探究高等教育服务质量评价中年级因素和指标因素之间的相关情况	修订的 SE-RVQUAL	可靠性、反应性、保证性、移情性、可感知性	年级因素与评价指标因素之间是相互独立的,即对服务质量评价的结果与学生来自哪个年级没有关系

① See Y. K. Kwan & W. K. Paul, Quality Indicators in Higher Education-Comparing Hong Kong and China's Students, *Managerial Auditing Journal*, 1999, 14(1/2): 20—27.

② See C. L. Ham, Service Quality, Customer Satisfaction, and Customer Behavioral Intentions in Higher Education, *Nova Southeastern University*, 2003, 11: 79—80.

③ 参见王齐奉:《高校教育服务质量感知的定量研究》,载《高等工程教育研究》2003 年第 6 期,第 20—23 页。

④ See K. C. Tan & W. K. Sei, Service Quality in Higher Education Using an Enhanced SERVQUAL Approach, *Quality in Higher Education*, 2004, 10(1): 17—24.

⑤ 参见马万民:《高等教育服务质量管理研究》,上海交通大学出版社 2005 年版,第 88—104 页。

（续表）

作者/时间	研究对象	研究内容	研究工具	质量维度	主要结论
顾佳峰，2006[①]	北京大学在校生	探讨背景变量对高等教育服务质量的影响	修订的 SE-RVQUAL	互动性、可信性、价值性、保证性、关怀性和外观	在互动性方面女生的缺口大于男生，在可信性和关怀性上文科学生高于理工科学生，在价值性方面中西部地区学生大于东部地区学生
阿姆贝维拉（R. Arambewela）等，2006[②]	维多利亚和澳大利亚的亚洲留学生	研究在 SE-RVQUAL"五维度"上不同国籍学生的满意程度	SERVQUAL	有形性、反应性、保证性、移情性、可靠性	不同国籍学生在 SERVQUAL 的不同维度上的满意程度存在巨大差异
陈东良（Tung-Liang Chen）等，2006[③]	台湾某校大学生	探讨该校大学生寝室服务质量的评价	修订的 SE-RVQUAL	有形性、可靠性、反应性、保证性、移情性	SERVQUAL 的五个维度仍然适用于大学生寝室服务质量评价
伊曼纽尔（R. Emanuel）等，2006[④]	美国某大学学生	研究学生对于教师教学服务的满意程度	修订的 SE-RVQUAL	有形性、可靠性、反应性、保证性、移情性	可靠性和响应性是影响学生满意程度的最重要因素，女生比男生更不满意
苏纳·马尔科维奇（Suzana Marković），2006[⑤]	克罗地亚旅游管理专业大学生	构建旅游管理高等教育服务质量的维度	修订的 SE-RVQUAL	可靠性、移情性、保证性、响应性、有形性、学习安排的合理性、网络学习	SERVQUAL 适用于管理者对旅游高等教育的服务质量进行评价

①　参见顾佳峰：《高等教育服务质量研究——以北京大学为例》，载《黑龙江高教研究》2006 年第 6 期，第 5—10 页。

②　See R. Arambewela & J. Hall, A Comparative Analysis of International Education Satisfaction Using SERVQUAL, *Journal of Services Research*, 2006, 6(Special Issue)：141—163.

③　See Tung-Liang Chen & Yao-Hsien Lee, Two-dimensional Quality Model and Important-Performance Analysis in the Student's Dormitory Service Quality Evaluation in Taiwan, *The Journal of American Academy of Business*, 2006, 9(2)：324—330.

④　See R. Emanuel & J. N. Adams, Assessing College Student Perceptions of Instructor Customer Service via the Quality of Instructor Service to Students (QISS) Questionnaire, *Assessment & Evaluation in Higher Education*, 2006, 31(5)：535—549.

⑤　See S. Marković, Expected Service Quality Measurement in Tourism Higher Education, Our Economy (Nase Gospodarstvo), 2006, 52(1/2)：86—95.

（续表）

作者/时间	研究对象	研究内容	研究工具	质量维度	主要结论
巴恩斯（B. R. Barnes），2007①	英国某商业管理学院的中国留学生	主要研究在英的中国留学生教育服务质量	修订的 SE-RVQUAL	有形性、反应性、保证性、移情性、可靠性	在英的中国留学生的教育服务期望和服务绩效之间存在较大差距
札弗普波斯·科斯塔斯（Zafiropoulos Costas），2008②	希腊某技术教育学院本科生	探讨学生和教师之间对于服务质量评价的可能差异	修订的 SE-RVQUAL	有形性、可靠性、反应性、保证性、移情性	教师有很高的期望，同时感知服务水平也较高；学生的期望较低，同时感知服务水平也较低
沈勇，2008③	北京某两所高校的在校生	探讨过程质量、结果质量在形成行为意图中的前因作用及其相互关系	修订的 SE-RVQUAL	指导质量、有形性、可靠性	过程质量和结果质量均影响学生评价教育服务质量，教育服务质量的测度工具及维度与 SE-RVQUAL 模型有差异

二、适用性与可行性

由表 7-3 可以看出，自 20 世纪 90 年代 SERVQUAL 被引入高等教育服务质量管理中以来，相关研究取得了显著成果。

第一，研究思路和模式具有一致性，基本遵循了引论—文献研究—方法论—研究发现—结论的研究思路，而这正是一般量化研究惯用的研究步骤。在一定程度上说明，SERVQUAL 在高等教育质量管理中的应用研究设计属于量化研究的范畴，这与现代质量管理的基本特征——科学化、数量化相吻合。

第二，研究对象基本围绕一所或两所高校的在校生而展开。此类研究很少针对某一地区或某一国家的高等教育服务质量进行评价研究，而是在一定范围内（一至两所高校，或者一所高校的某个学科）进行针对性研究。这在一定意义上说明，SERVQUAL 的功能和擅长之处并不在于收集大范围的服务质量信息或者进行服务质量的改进。相反，SERVQUAL 所使用的范围越小，其针对性就越强，其功能和优越性就越容易彰显。

---

① See B. R. Barnes, Analyzing Service Quality: The Case of Post-Graduate Chinese Students, *Total Quality Management*, 2007, 18(3): 313—331.

② See C. Zafiropoulos & V. Vrana, Service quality assessment in a greek higher education institute, *Journal of Business Economics & Management*, 2008, 9(1): 33—45.

③ 参见沈勇：《教育服务管理——基于学生满意的视角》，知识产权出版社 2008 年版，第 105—129 页。

　　第三,研究目的可以大致归纳为工具取向和诊断取向。工具取向侧重探求高等教育服务质量的影响维度和因素,并考虑如何将之科学而合理地整合到经过修订的 SERVQUAL 框架当中,试图建立一套用于高等教育服务质量的测度工具,以收一劳永逸之效。例如,勒布朗(G. LeBlanc)等试图建立工商管理学科学生对于教育服务质量评价的维度,结论认为学生所关注的维度依次为声誉、行政人员、教师、课程体系、响应性、有形设备以及设备的可利用性;奥利亚(M. S. Owlia)等的研究认为高等教育服务质量受学术资源、服务能力、服务态度、服务内容四个维度的影响;苏纳·马尔科维奇(Suzana Markovič)的研究表明可靠性、移情性、保证性、响应性、有形性、学习安排的合理性、网络学习等是旅游管理高等教育服务质量的维度,等等。可以看出,在此方面仍然呈现出见仁见智、众说纷纭的局面,迄今尚未出现一套"权威"的高等教育服务质量测度工具。

　　诊断取向研究的目的不在于建立高等教育服务质量测度工具本身,而是试图采用相对科学化的测度工具收集学生对高等教育服务期望和服务绩效信息,在此基础上,诊断高等教育服务中的问题和不足所在,为高校管理者提高服务质量提供参考依据,尽管工具本身的科学化和合理化也是这类研究的重要步骤和组成部分。例如安德森(E. Anderson)、王齐奉(2003)、谈(K. C. Tan)、伊曼纽尔(R. Emanuel)、陈东良(Tung-Liang Chen)、阿姆贝维拉(R. Arambewela)、巴恩斯(B. R. Barnes)等人的研究均属此类。

　　第四,所采用的研究工具 SERVQUAL 均经过了一定程度的修订,极少有研究者直接将之应用于高等教育服务质量的测度中。一般对 SERVQUAL 的修订包括两个方面:对维度的修订和对题项的修订。从现有研究来看,部分沿用了 SERVQUAL 五维度——可靠性、响应性、保证性、移情性和有形性,认为 SERVQUAL 五维度适合高等教育服务质量的测度。如安德森、阿姆贝维拉、札弗普波斯·科斯塔斯(Zafiropoulos Costas)等人的研究。相对而言,基于五维度的探索性修订居多,但修订后没有完全相同的两个维度框架。究其原因,可能是由于研究者所关注的研究对象和所选择的样本不同所致。

　　相比维度而言,研究者们对于陈述项的修订则要大胆得多,经过修订的陈述项大都多于原来的 22 个。实际上,根据不同行业的特点和要求,需要对 SERVQUAL 进行适切性修订,这完全符合 PZB 的初衷。

　　通过上述文献分析可以发现,服务质量评价的基本思想、理念以及伴随着 SERVQUAL 等评价模型在高等教育服务质量管理领域的应用不仅是可行的,而且具有很大的应用前景。在我国,高等教育质量保障或质量管理的方式有多种,譬如由政府组织实施的本科教学水平评估、方便高校管理者的"学生评教"等。与这些质量保障或质量管理方式相比,SERVQUAL 具有独特的优势:(1)以学生为评价主体。这种基于学生中心的评价方法适合于大众和普及高等教育阶段的系统环境。(2)由于其所具有的诊断功能,大大提高了该评价方法在管理改善应用中的针对性和生命力。就我国而言,它与我国本科教学工作水平评估在功能方面可以互补。本科教学工作水平评估具有较强的鉴定分等功能,倾向于终结性评价,而 SERVQUAL 模型则擅长于发挥诊断功能,倾向于形成性评价。此外,SERVQUAL 模型与"学生评教"不同:后者通常主要被用来评价教师的教学质量;而前者则既可用来评价教学质量,也可用于学校管理等其他与学生教育有关的领域。

第三节　SERVQUAL 调查法在研究生教育领域的应用

从现有的研究成果来看,SERVQUAL 在高等教育领域得以应用,其对象主要针对本科学生,在研究生教育领域的应用研究尚不多见。虽然研究生教育同属高等教育范畴,但它毕竟与本科生教育有所区别。因而有必要在研究生教育领域进行探索性应用研究。

一、研究背景与问题

随着高校生源的多样化以及高等教育成本分担机制的施行,研究生越来越倾向于将自己和所在的高校视为"顾客"和"教育服务者"的关系,一种消费者"花钱值得"的思想已经深深烙印在其内心。因而,他们有权利对高校提供的以教育为中心的服务作出评价,且这种评价是政府、高校和社会等评价主体所无法替代的。

在现实生活中,研究生往往怀着憧憬和期望踏进大学之门,然而当踏入并体验之后发现,高校的教育服务远非当初所想象和期望的那样。于是,研究生怨声载道,牢骚满腹。当高校的管理层对这种牢骚和抱怨没有意识或者视而不见时,无论是对研究生学习生活还是对高校的稳定发展都是不利的。

本研究试图运用 SERVQUAL 开展有关研究生教育服务质量的探索性评价。

二、概念与分析框架

将 SERVQUAL 应用于研究生教育领域,首先需要对"研究生教育服务质量"进行界定和说明。本书认为:研究生教育服务质量是研究生对高校提供的以教育教学为中心的相关服务的期望水平(expectation)和感知服务水平(performance)之间的差异比较。当感知服务水平大于服务期望水平时,服务质量是良好的,反之亦然。

第一,研究生教育服务质量的高低与研究生教育服务效果的好坏没有必然联系。[①] 研究生教育服务效果的好坏不仅取决于研究生教育服务质量的高低,而且

---

① 参见马万民:《高等教育服务质量管理研究》,上海交通大学出版社 2005 年版,第 54 页。

与学生个人先天素质和后天的知识、经历、努力程度密切相关。

第二，研究生教育服务质量是结果质量和过程质量的统一体，与受教育主体研究生的主观判断有关。

第三，准确测度和评价研究生教育服务质量比较困难。由于研究生教育服务质量是一种偏重主观性的质量，故难以客观准确地测度。

本研究在 SERVQUAL 的修订过程中遵循"一个不变"和"两个改变"的原则。"一个不变"指差距分析的思路不改变，这是 SERVQUAL 的灵魂和精髓所在。"两个改变"是指根据研究生教育服务的特点而适当地调整 5 个维度和 22 个问项。这种"改造"并不违背 PZB 的思想，相反，这样恰恰与其初衷相符合。本研究的框架如图 7-3 所示：

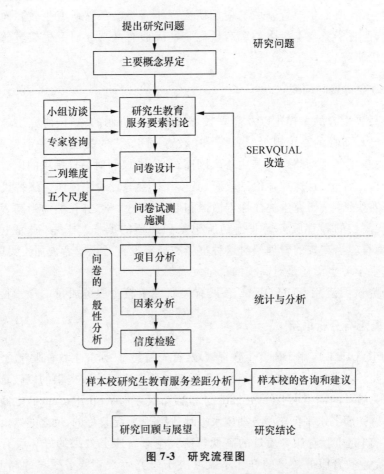

图 7-3　研究流程图

经过小组访谈和专家咨询，最终问卷包括研究生教育服务的六个方面，共有51 个项目，每个项目均包含期望和感知两个维度，如表 7-4 所示：

表7-4 研究生教育服务问卷项目

	项目
课程与教学	教室的设施设备满足教学的需要
	实验室设备条件先进
	课程内容与社会需求紧密结合
	课程内容反映本学科最新研究成果
	教学环节和临床实践环节的时数分配合理
	基础理论课和试验课的时数分配科学合理
	提供足够多的选修课程
	学术评价体制有利于研究生创新能力的培养
	实行小班授课
授课教师与导师	授课教师的专业知识渊博
	教师的授课方式能调动学生的积极性
	授课教师对学生的进步给予及时反馈
	授课教师对学生的评价客观公正
	导师根据学生的特点制订培养计划
	导师帮助我解答课程学习中的问题
	导师有时间与我共同研讨学术
	导师为我提供参与课题研究的机会
	导师给予学生同等的发展机会
	导师对我的学习给予客观评价
图书馆服务	设施设备给人以愉悦的感觉
	座位数量充足，能满足学生的需求
	馆藏资源丰富
	图书借阅便利
	工作人员态度友好礼貌
管理与支持	勤工助学岗位数量能满足学生的需求
	心理咨询对我的学习生活有帮助
	辅导员关心学生的成长和发展
	辅导员在学习上能给予指导
	辅导员经常深入学生的生活
	研究生管理部门办事的程序简单明了
校园文化氛围	校园整体环境优美
	体育娱乐设施设备能满足学生的需要
	体育娱乐设施的收费合理
	体育文化活动能满足学生的需要
	校园网站的更新及时
	定期举办学术讲座
	学术讲座的内容新颖

（续表）

	项目
后勤保障	食堂环境令人心情愉悦
	饭菜价格合理
	饭菜品种多样可供选择
	饭菜品种经常更新
	食堂工作人员的态度热情
	住宿条件舒适
	宿舍管理制度合理
	宿舍楼管理员的态度友好
	我住在宿舍有安全感
	宿舍的宽带快速而流畅
	校医院医疗设备先进
	校医务人员拥有精良的医疗技术
	校医院工作人员的态度热情友好
	学校重视学生所反映的合理意见

在对问卷进行试测后，采用系统抽样和分层抽样相结合的方法，以上海某高校2008级硕士研究生为研究对象，共发放问卷305份，收回215份，回收率为70.49%。经检对，有效问卷为203份，有效率为94.42%。

三、统计与分析

本研究对所收集的数据进行了项目分析、因素分析和信度分析，在此基础上进行了研究生教育服务质量的差距分析。

通过项目分析发现，51个陈述项的决断值均达到显著性水平（$p < 0.001$），故此51个陈述项予以保留并进入因素分析。本研究因素分析在计算因素负荷量时采用主成分分析法，在转轴时采取直接转轴法中的最大变异法，共进行两次因素分析（如表7-5所示），第二次因素分析的KMO值为0.911，表示极适合进行因素分析。[①] Bartlett球形检验的卡方值为7517.681（自由度为1035），达到显著性水平（$p < 0.001$），也表明适合进行因素分析。

---

① 参见吴明隆：《SPSS统计应用实务：问卷分析与应用统计》，科学出版社2003年版，第67页。

表 7-5　KMO 与 Bartlett 检验

Kaiser-Meyer-Olkin	取样适当性度量	0.911
Bartlett 球形检验	近似卡方分布	7517.681
	自由度（df）	1035
	显著性	0.000

据附表 7-2 显示，初始特征值中大于 1 者共有 8 个，这说明因素分析时共抽取 8 个共同因素。抽取出的因素在旋转前所能解释方差均大于 2%，8 个共同因素的累计解释变异量为 71.014%。从转轴后的成分矩阵（附表 7-3）可知，共有 8 个成分析出。

通常在探索性因素分析中，确定因素数量的原则是：特征值大于 1，抽取出的因素在旋转前至少能解释 2% 方差，每个因素至少包含 3 个项目。[①] 经过两次探索性因素分析后，共抽取 8 个共同因素。每个因素的特征值都大于 1，抽取出的单个因素在旋转前的解释总变异均大于 2%，每个因素所含的问题项数量适当。

结合研究生教育的环境和特征对该 8 个因素进行命名：

（1）课程教学：包括教学和实验设备、课程设置和课程内容、授课教师的素养、教学方法、课堂组织形式、教学评价和学术评价体制等。

（2）食宿等后勤服务：包括餐厅环境、饭菜价格、饭菜品种以及品种的更新、餐厅工作人员的态度、住宿条件、寝室管理制度的合理性、管理员的态度以及所在寝室的安全性等。

（3）导师指导：包括导师根据研究生的特点制定培养计划，帮助研究生解答课程学习中的问题，与研究生共同探讨学术问题，为研究生提供参与课题研究的机会和同等的发展机会，以及对研究生的学习给予客观评价。

（4）图书馆服务：包括图书馆环境、座位数量、馆藏资源的多寡，以及借阅图书的便利性。

（5）学生管理与支持：包括研究生管理部门的办事程序，辅导员对研究生学习、成长和发展的指导，以及辅导员深入研究生生活的情况。

（6）学术活动：包括定期举办学术讲座，学术讲座的内容新颖性，以及校园网站信息的更新等。

（7）校园文化娱乐：包括体育娱乐设施的数量是否充裕，收费是否合理，体育文化活动的丰富与否，以及校园的整体环境。

（8）医疗服务：包括校医院医疗设备的先进性，医务人员的医疗技术和工作态度。

---

① 参见范丰慧、黄希庭：《中学校风因素结构的探索性分析》，载《心理科学》2005 年第 3 期，第 533—536 页。

在因素分析之后，采用克朗巴哈系数对其信度进行检验。在对保留的 46 个问项进行信度检验后可知，整个测验分数的信度为 0.962（如表 7-6 所示），可以认定此 46 个问题项之间具有较高的内在一致性，信度较高。问项之间相关矩阵（Inter-Item Correlation Matrix）见附表 7-4 所示。

表 7-6　信度统计量

克朗巴哈 Alpha	标准化 Alpha	题项数
0.962	0.962	46

按照信度分析的基本原理，"如果内在信度系数在 0.8 以上，表示量表或问卷有高的信度，因素分析之后每个构造层面的内在 Alpha 通常会较总量表的信度值低"[1]。从表 7-7 可以得知，8 个因素的 Alpha 均大于 0.8，说明各个因素内部具有很好的一致性，8 个因素具有很高的信度。

表 7-7　各因素的信度

题项	因素	信度
B4 课程内容反映本学科最新研究成果	因素一 （13）	0.923
B3 课程内容与社会需求紧密结合		
B2 实验室设备条件先进		
B1 教室的设施设备满足教学的需要		
B5 教学环节和临床实践环节的时数分配合理		
B12 授课教师对学生的进步给予及时反馈		
B10 授课教师的专业知识渊博		
B11 教师的授课方式能调动学生的积极性		
B6 基础理论课和试验课的时数分配科学合理		
B9 实行小班授课		
B13 授课教师对学生的评价客观公正		
B8 学术评价体制有利于研究生创新能力的培养		
B7 提供足够多的选修课程		

---

[1]　吴明隆：《SPSS 统计应用实务：问卷分析与应用统计》，科学出版社 2003 年版，第 67—108 页。

（续表）

题项	因素	信度
B41 饭菜品种经常更新	因素二 （9）	0.916
B40 饭菜品种多样可供选择		
B39 饭菜价格合理		
B42 食堂工作人员的态度热情		
B38 食堂环境令人心情愉悦		
B43 住宿条件舒适		
B44 宿舍管理制度合理		
B45 宿舍楼管理员的态度友好		
B46 我住在宿舍有安全感		
B19 导师对我的学习给予客观评价	因素三 （6）	0.916
B17 导师为我提供参与课题研究的机会		
B18 导师给予学生同等的发展机会		
B16 导师有时间与我共同研讨学术		
B14 导师根据学生的特点制订培养计划		
B15 导师帮助我解答课程学习中的问题		
B21 座位数量充足，能满足学生的需求	因素四 （4）	0.855
B20 设施设备给人以愉悦的感觉		
B23 图书借阅便利		
B22 馆藏资源丰富		
B28 辅导员在学习上能给予指导	因素五 （4）	0.906
B27 辅导员关心学生的成长和发展		
B29 辅导员经常深入学生的生活		
B30 研究生管理部门办事的程序简单明了		
B36 定期举办学术讲座	因素六 （3）	0.868
B37 学术讲座的内容新颖		
B35 校园网站的更新及时		
B33 体育娱乐设施的收费合理	因素七 （4）	0.894
B32 体育娱乐设施设备能满足学生的需要		
B34 体育文化活动能满足学生的需要		
B31 校园整体环境优美		
B49 校医务人员拥有精良的医疗技术	因素八 （3）	0.904
B50 校医院工作人员的态度热情友好		
B48 校医院医疗设备先进		

　　SERVQUAL 最大的特点就在于其强大的问题诊断功能,能够将服务质量的差距挖掘出来,并为管理者弥合和改进这些差距提供明确方向。在差距分析时,感知—期望矩阵是一种有效的方法。利用感知(用满意程度表示)和期望(用重要程度表示)二维度可构建如表 7-8 所示的矩阵,满意程度被分为五个维度,分别为"非常满意"、"较满意"、"不置可否"、"不满意"和"非常不满意",并分别用大写字母"A"、"B"、"C"、"D"、"E"表示,期望程度被分为"非常重要"、"重要"和"不那么重要"三个等级,分别用大写字母"X"、"Y"、"Z"表示,由此构成该矩阵的 15 个方格。各方格的含义和解释见表 7-9 所示。

表 7-8　感知—期望矩阵

		感知				
		非常不满意 E	不满意 D	不置可否 C	较满意 B	非常满意 A
期望	非常重要 X	XE	XD	XC	XB	XA	5
	重要 Y	YE	YD	YC	YB	YA	4.30
	不那么重要 Z	ZE	ZD	ZC	ZB	ZA	4.18
	1	2.85	3.19	3.52	3.81	5	1

表 7-9　感知—期望矩阵的解释

		感知				
		非常不满意 E	不满意 D	不置可否 C	较满意 B	非常满意 A
期望	非常重要 X	急需改进的领域	优先改进的领域	未来需要改进的领域	保证无下滑并努力改进的领域	保持现有高标准的领域	5
	重要 Y	需要大力改进的领域	需要改进的领域	保证无下滑的领域	保持现有标准的领域	避免过度关注的领域	4.30
	不那么重要 Z	条件允许时改进的领域	保证未来无下滑的领域	给予适当注意的领域	维持必要标准的领域	无须采取行动的领域	4.18
	1	2.85	3.19	3.52	3.81	5	1

　　参照表 7-8,每个问题项均可落脚于该矩阵中的一个方格。对照表 7-8 与表 7-9,各方格的意义解释如下:

　　XE:急需改进的领域;

　　XD:优先改进的领域;

　　XC:未来需要改进的领域;

XB:保证无下滑并需努力改进的领域；

XA:保持现有高标准的领域；

YE:需要大力改进的领域；

YD:需要改进的领域；

YC:保证无下滑的领域；

YB:保持现有标准的领域；

YA:避免过度关注的领域；

ZE:条件允许时改进的领域；

ZD:保证未来无下滑的领域；

ZC:给予适当注意的领域；

ZB:维持必要标准的领域；

ZA:无须采取行动的领域。

实际上,从表 7-9 可以清楚地看出,这一矩阵有一定规律可循,左边方格比右边方格更有改进的紧迫性和优先性,而上边方格比下边的更具改进的紧迫性,相邻两个方格之间具有程度上的优先次序,例如 YE 比 YD 更加迫切需要改进,而 XE 则比 YE 更加迫切需要改进。另外,如果从 XC 到 ZE 划一道直线,那么此线左侧的区域(包括直线经过的区域)是需要改进的。相应地,右侧则是需要保持现状的区域,而在需要改进的区域当中,两条直线各自所经过的区域成为同一紧迫或优先层次。

根据感知平均数以及感知与期望矩阵分析工具,对研究生教育服务质量的各个问题项进行逐一分析,则可确定每个问题项的位置(称之为"落脚"),以便为高校管理者提高改善研究生教育服务质量提供参考信息。表 7-10 为每个问题项的落脚,为便于直观显示,将表 7-10 整理后如表 7-11 所示。

表 7-10　问题项的落脚

题项	感知平均数 （P）	期望平均数 （E）	题项的 落脚
B4 课程内容反映本学科最新研究成果	3.70	4.30	YB
B3 课程内容与社会需求紧密结合	3.55	4.29	YB
B2 实验室设备条件先进	3.65	4.24	YB
B1 教室的设施设备满足教学的需要	3.57	4.23	YB
B5 教学环节和临床实践环节的时数分配合理	3.52	4.33	XC
B12 授课教师对学生的进步给予及时反馈	3.66	4.20	YB
B10 授课教师的专业知识渊博	3.92	4.39	XA
B11 教师的授课方式能调动学生的积极性	3.74	4.40	XB

（续表）

题项	感知平均数（P）	期望平均数（E）	题项的落脚
B6 基础理论课和试验课的时数分配科学合理	3.58	4.27	YB
B9 实行小班授课	3.29	4.05	ZC
B13 授课教师对学生的评价客观公正	3.88	4.37	XA
B8 学术评价体制有利于研究生创新能力的培养	3.48	4.23	YC
B7 提供足够多的选修课程	3.51	4.07	ZC
B41 饭菜品种经常更新	2.85	4.27	YE
B40 饭菜品种多样可供选择	2.80	4.31	XE
B39 饭菜价格合理	3.06	4.48	XD
B42 食堂工作人员的态度热情	3.16	4.24	YD
B38 食堂环境令人心情愉悦	3.27	4.20	YC
B43 住宿条件舒适	3.29	4.33	XC
B44 宿舍管理制度合理	3.54	4.31	XB
B45 宿舍楼管理员的态度友好	3.74	4.30	YB
B46 我住在宿舍有安全感	3.75	4.52	XB
B19 导师对我的学习给予客观评价	3.91	4.35	XA
B17 导师为我提供参与课题研究的机会	3.80	4.56	XB
B18 导师给予学生同等的发展机会	3.88	4.43	XA
B16 导师有时间与我共同研讨学术	3.68	4.44	XB
B14 导师根据学生的特点制订培养计划	3.81	4.44	XB
B15 导师帮助我解答课程学习中的问题	3.73	4.22	YB
B21 座位数量充足，能满足学生的需求	3.34	4.24	YC
B20 设施设备给人以愉悦的感觉	3.82	4.08	ZA
B23 图书借阅便利	3.82	4.45	XA
B22 馆藏资源丰富	3.51	4.45	XC
B28 辅导员在学习上能给予指导	3.20	3.82	ZC
B27 辅导员关心学生的成长和发展	3.34	3.95	ZC
B29 辅导员经常深入学生的生活	3.33	3.90	ZC
B30 研究生管理部门办事的程序简单明了	3.56	4.38	XB
B36 定期举办学术讲座	3.93	4.39	XA
B37 学术讲座的内容新颖	4.02	4.52	XA
B35 校园网站的更新及时	3.56	4.28	YB
B33 体育娱乐设施的收费合理	3.30	4.18	ZC
B32 体育娱乐设施设备能满足学生的需要	3.19	4.22	YD
B34 体育文化活动能满足学生的需要	3.25	4.20	YC
B31 校园整体环境优美	3.50	4.10	ZC
B49 校医务人员拥有精良的医疗技术	3.02	4.34	XD
B50 校医院工作人员的态度热情友好	3.20	4.31	XC
B48 校医院医疗设备先进	3.03	4.31	XD

表 7-11　问题项的落脚

		感知				
		非常不满意 E	不满意 D	不置可否 C	较满意 B	非常满意 A	
期望	非常重要 X	(40)	(39)(49) (48)	(5)(43) (22)(50)	(11)(44) (46)(17) (16)(14) (30)	(10)(13) (19)(18) (23)(36) (37)	5
	重要 Y	(41)	(42)(32)	(8)(38) (21)(34)	(4)(3)(2) (1)(12)(6) (45)(15) (35)		4.30
	不重要 Z			(9)(7)(28) (27)(29) (33)(31)		(20)	4.18
	1	2.85	3.19	3.52	3.81	5	1

四、结果与解释

通过整理,各个因素和问题项的分布如表 7-12 所示。依据表 7-11 的基本思路,需要改进的区域用深色标示,维持现有标准的区域用浅色所示。从中可以看出,因素二需要改进的问题项最多,因素八次之,因素一、因素四和因素七各有一项,其余各因素无须投入过多的管理精力,只要在保持现有标准的基础上有所提升即可。

表 7-12　差距的分布情况

问题领域	因素一	因素二	因素三	因素四	因素五	因素六	因素七	因素八
急需改进 (XE)		(40)						
优先改进 (XD)		(39)						(49) (48)
未来需要改进 (XC)	(5)	(43)		(22)				(50)
需要大力改进 (YE)		(41)						

（续表）

问题领域	因素一	因素二	因素三	因素四	因素五	因素六	因素七	因素八
需要改进 （YD）		（42）					（32）	
保证无下滑 并努力改进 （XB）	（11）	（44） （46）	（16） （17） （14）		（30）			
保持现有 高标准（XA）	（10）（13）		（19） （18）	（23）		（36） （37）		
保证无下滑 （YC）	（8）	（38）		（21）			（34）	
保持现有标准 （YB）	（4）（3）（2） （1）（12）（6）	（45）	（15）			（35）		
给予适当注意 （ZC）	（9）（7）				（28） （27） （29）		（33） （31）	
无须采取行动 （ZA）				（20）				

首先，样本校食宿等后勤服务（因素二）方面的问题最为突出，需要大力改进。其中，"饭菜品种的多样性"（40）差距最大，迫切需要改善。在对研究生的进一步访谈中发现，研究生普遍反映学校食堂饭菜的品种过少，可选择余地太小。具体而言，第一，菜类居多而面食（包括馒头）过少，未能照顾到北方生源研究生的口味；第二，早餐品种过于单一，且缺乏新花样，另外，提供的汤类也存在类似问题；第三，多数菜味偏甜，辣味的炒菜过少。同时，"饭菜价格"问题（39）也不容忽视。在进一步的访谈中发现，研究生认为现有的饭菜特别是荤菜的价格偏高，高出研究生所能承受的范围；馒头的价格也偏贵。另外发现，工作人员给研究生所盛的饭量太少，致使部分研究生怀疑此举是餐厅变相涨高饭菜价格。

其次，样本校的医疗服务也亟待改进。问题较为突出的是"校医院的医疗技术"（49）和"医疗设备"（48）。通过对曾在校医院就医的研究生的访谈得知，医疗设备较为陈旧落后，可勉强应付诸如感冒发烧一类的疾病，缺乏应对较大型疾病的医疗设备。除了硬件设备外，校医的医疗技术等软件也存在问题，主要表现为，校医的医术仅停留在能够诊断头疼感冒等常规性疾病的低水平上，综合的、高级的医疗技术仍然很缺乏。这些与以培养高级医疗医务人才著称的大学形象以及人们的期望相差甚远。在访谈中还发现，校医院的医疗设备和医疗技术之所以成为研究生们关注的重点问题，是因为研究生本身所在的学科即是医学，他们多是以"内行"的眼光审视校医院的一切,包括硬件和软件。

最后,未来需要改进的有"教学环节和临床实践环节的时数分配"问题(5)、"住宿条件"问题(43)、"馆藏资源"问题(22)以及"校医务工作人员的工作态度"问题(50)。与此同时,"饭菜品种的更新"问题(41)、"食堂工作人员的态度"问题(42)、"体育娱乐设施设备"问题也不容忽视。

除上述各项差距需要改进之外,其他各项应该保持现有的高标准,并在条件允许的情况下有计划、有步骤地进行改进。

五、结论与反思

通过上述探索性应用,可以发现,SERVQUAL在研究生教育服务质量管理中具有一定的适用性和实用性。但是,在具体的应用过程中应该注意若干问题:

首先,要明确SERVQUAL的功能特点。尺有所短,寸有所长。SERVQUAL真正的特点在于其强大的问题诊断功能,在选择使用SERVQUAL时,应该尽量看到其长处和优点并发挥之。

其次,要对SERVQUAL的维度和问题项进行适当修订。SERVQUAL共有5个维度22个题项,如果生搬硬套,不加分析地运用于研究生教育服务质量的管理中,势必事与愿违。笔者认为,在不改变SERVQUAL基本思想的前提下,可大胆进行修订,包括对维度和问题项或者增加、或者删减。

再次,开发并充分利用感知—期望矩阵分析方法。可以说,SERVQUAL与感知—期望矩阵是孪生关系。没有SERVQUAL所获的数据,该矩阵也无法建立起来;反过来,没有该矩阵,SERVQUAL所获的数据就无法得到充分利用。但是,开发感知—期望矩阵并非一劳永逸之事,而是要根据已获数据来构建。例如,随着问卷尺度的变化,该矩阵的方格数也将随之发生变化,矩阵刻度也要根据已知数据来确定。

最后,辅之以访谈。SERVQUAL只能诊断问题所在以及问题改进的优先次序,但不能提供问题的全部信息。比如,SERVQUAL可以确定"胃里"病,但不知究竟是何病。欲掌握较为全面的信息并提供改进建议,还需要辅之以访谈的方法以便获取更全面及具有情景特征的信息。

附表

附表 7-1   报表整理与结果说明

题项	决断值 CR	题项	决断值 CR	题项	决断值 CR
B1	4.611***	B18	9.753***	B35	7.574***
B2	6.370***	B19	10.516***	B36	4.644***
B3	7.822***	B20	5.425***	B37	3.740***
B4	7.090***	B21	7.403***	B38	11.728***
B5	8.404***	B22	7.920***	B39	11.755***
B6	8.208***	B23	7.046***	B40	10.200***
B7	10.257***	B24	6.906***	B41	10.064***
B8	9.394***	B25	10.771***	B42	10.102***
B9	8.529***	B26	13.023***	B43	13.060***
B10	5.556***	B27	9.042***	B44	9.607***
B11	8.713***	B28	8.694***	B45	7.611***
B12	9.728***	B29	10.715***	B46	5.497***
B13	9.049***	B30	11.458***	B47	7.323***
B14	11.409***	B31	10.108***	B48	14.719***
B15	11.527***	B32	11.958***	B49	12.469***
B16	10.880***	B33	13.712***	B50	14.237***
B17	8.997***	B34	9.875***	B51	13.104***

注：*** $p < 0.001$

附表 7-2   解释总变异量

成分	初始特征值			平方和负荷量萃取			转轴平方和负荷量		
	总和	方差的%	累计的%	总和	方差的%	累计的%	总和	方差的%	累计的%
1	17.278	37.560	37.560	17.278	37.560	37.560	6.563	14.266	14.266
2	3.552	7.722	45.283	3.552	7.722	45.283	5.467	11.884	26.151
3	2.922	6.351	51.634	2.922	6.351	51.634	5.252	11.417	37.568
4	2.660	5.783	57.416	2.660	5.783	57.416	3.448	7.495	45.063
5	2.203	4.788	62.205	2.203	4.788	62.205	3.348	7.279	52.342
6	1.657	3.603	65.807	1.657	3.603	65.807	3.201	6.958	59.300
7	1.282	2.788	68.595	1.282	2.788	68.595	2.833	6.158	65.458
8	1.113	2.420	71.014	1.113	2.420	71.014	2.556	5.556	71.014
9	0.969	2.107	73.121						
10	0.898	1.951	75.072						
11	0.809	1.758	76.831						
12	0.684	1.488	78.318						
13	0.682	1.483	79.801						

（续表）

成分	初始特征值			平方和负荷量萃取			转轴平方和负荷量		
	总和	方差的%	累计的%	总和	方差的%	累计的%	总和	方差的%	累计的%
14	0.607	1.319	81.121						
15	0.574	1.249	82.369						
16	0.564	1.227	83.596						
17	0.530	1.152	84.748						
18	0.510	1.108	85.856						
19	0.435	0.945	86.801						
20	0.421	0.916	87.718						
21	0.404	0.879	88.597						
22	0.379	0.823	89.420						
23	0.351	0.762	90.183						
24	0.346	0.753	90.935						
25	0.332	0.721	91.657						
26	0.311	0.677	92.333						
27	0.290	0.630	92.963						
28	0.275	0.598	93.562						
29	0.266	0.579	94.141						
30	0.256	0.558	94.699						
31	0.226	0.492	95.190						
32	0.223	0.485	95.676						
33	0.205	0.446	96.122						
34	0.200	0.434	96.555						
35	0.193	0.420	96.975						
36	0.182	0.396	97.371						
37	0.177	0.386	97.757						
38	0.175	0.381	98.138						
39	0.141	0.307	98.445						
40	0.136	0.295	98.740						
41	0.119	0.259	98.998						
42	0.113	0.246	99.244						
43	0.100	0.217	99.461						
44	0.093	0.202	99.663						
45	0.080	0.175	99.837						
46	0.075	0.163	100.000						

萃取方法：主成分分析

附表 7-3 转轴后的成分矩阵（a）

	成分							
	1	2	3	4	5	6	7	8
B4 课程内容反映本学科最新研究成果	0.765	0.238	0.133	−0.037	0.053	0.069	0.005	0.040
B3 课程内容与社会需求紧密结合	0.750	0.131	0.050	0.148	0.204	0.044	0.067	0.111
B2 实验室设备条件先进	0.679	0.229	0.024	0.163	−0.073	0.004	0.208	−0.019
B1 教室的设施设备满足教学的需要	0.677	0.092	−0.065	0.371	−0.263	0.105	0.205	−0.065
B5 教学环节和临床实践环节的时数分配合理	0.667	0.216	0.203	−0.080	0.263	−0.040	0.019	0.219

（续表）

	成分							
	1	2	3	4	5	6	7	8
B12 授课教师对学生的进步给予及时反馈	0.660	0.119	0.299	0.071	0.207	0.145	0.203	0.003
B10 授课教师的专业知识渊博	0.630	0.028	0.202	0.243	-0.075	0.338	0.003	-0.021
B11 教师的授课方式能调动学生的积极性	0.617	-0.055	0.427	0.140	0.147	0.185	0.233	0.066
B6 基础理论课和试验课的时数分配科学合理	0.608	0.307	0.266	-0.103	0.195	-0.048	0.008	0.169
B9 实行小班授课	0.583	-0.021	0.227	0.025	0.236	-0.053	0.234	0.273
B13 授课教师对学生的评价客观公正	0.582	0.069	0.326	0.034	0.246	0.252	0.149	0.184
B8 学术评价体制有利于研究生创新能力的培养	0.540	0.186	0.198	0.048	0.405	0.026	0.025	0.280
B7 提供足够多的选修课程	0.537	0.283	0.340	-0.008	0.188	-0.136	0.118	0.235
B41 饭菜品种经常更新	0.228	0.810	0.065	0.091	0.178	0.023	0.079	0.124
B40 饭菜品种多样可供选择	0.127	0.794	0.010	0.110	0.208	0.086	0.107	0.150
B39 饭菜价格合理	0.164	0.769	0.114	-0.018	0.216	0.121	0.213	0.078
B42 食堂工作人员的态度热情	0.220	0.749	0.118	-0.011	0.229	0.155	0.001	0.161
B38 食堂环境令人心情愉悦	0.252	0.654	0.091	-0.059	0.186	0.290	0.285	0.118
B43 住宿条件舒适	0.109	0.600	0.345	0.221	0.062	0.101	0.283	0.192
B44 宿舍管理制度合理	0.180	0.537	0.237	0.310	-0.114	0.415	0.126	0.169
B45 宿舍楼管理员的态度友好	0.087	0.515	0.234	0.318	-0.110	0.355	0.138	0.074
B46 我住在宿舍有安全感	0.099	0.515	0.134	0.307	-0.272	0.372	-0.003	0.099
B19 导师对我的学习给予客观评价	0.096	0.102	0.815	0.190	0.129	0.099	0.079	0.025
B17 导师为我提供参与课题研究的机会	0.183	0.076	0.794	0.062	0.168	0.057	0.153	0.047
B18 导师给予学生同等的发展机会	0.165	0.102	0.782	0.188	0.067	0.233	-0.027	0.041
B16 导师有时间与我共同研讨学术	0.186	0.108	0.775	0.075	0.161	-0.030	0.184	0.098
B14 导师根据学生的特点制定培养计划	0.253	0.174	0.741	0.075	0.120	0.017	0.072	0.161
B15 导师帮助我解答课程学习中的问题	0.244	0.120	0.709	0.179	0.105	-0.015	0.149	0.118
B21 座位数量充足,能满足学生的需求	0.121	0.105	0.189	0.762	0.248	-0.067	0.148	0.197
B20 设施设备给人以愉悦的感觉	0.119	-0.014	0.222	0.737	-0.002	0.176	0.029	0.158
B23 图书借阅便利	0.095	0.124	0.140	0.707	0.182	0.177	0.205	0.062
B22 馆藏资源丰富	0.030	0.196	0.145	0.692	0.338	-0.055	0.151	0.207
B28 辅导员在学习上能给予指导	0.226	0.246	0.214	0.202	0.751	0.026	0.173	0.090
B27 辅导员关心学生的成长和发展	0.213	0.195	0.258	0.263	0.734	0.102	0.109	0.091
B29 辅导员经常深入学生的生活	0.205	0.241	0.294	0.182	0.724	0.064	0.228	0.104
B30 研究生管理部门办事的程序简单明了	0.233	0.195	0.232	0.158	0.518	0.238	0.136	0.339
B36 定期举办学术讲座	0.040	0.132	0.034	0.052	0.045	0.879	0.072	0.036
B37 学术讲座的内容新颖	0.034	0.151	0.030	-0.023	0.113	0.867	-0.010	0.061
B35 校园网站的更新及时	0.189	0.296	0.122	0.167	0.089	0.723	0.065	-0.016
B33 体育娱乐设施的收费合理	0.210	0.191	0.170	0.214	0.258	0.016	0.746	0.163
B32 体育娱乐设施设备能满足学生的需要	0.227	0.246	0.271	0.165	0.156	0.056	0.724	0.198
B34 体育文化活动能满足学生的需要	0.211	0.301	0.276	0.141	0.183	0.038	0.707	0.254
B31 校园整体环境优美	0.442	0.250	0.079	0.302	-0.022	0.252	0.548	0.042
B49 校医务人员拥有精良的医疗技术	0.196	0.195	0.153	0.280	0.108	0.096	0.179	0.756
B50 校医院工作人员的态度热情友好	0.166	0.356	0.163	0.204	0.163	0.097	0.155	0.737
B48 校医院医疗设备先进	0.209	0.349	0.116	0.256	0.137	-0.009	0.240	0.702

萃取方法:主成分分析

旋转方法:含 Kaiser 正态化的 Varimax 法

a 转轴收敛于 8 个迭代

附表 7-4　问题项间相关矩阵

	B1	B2	B3	B4	B5	B6	B7	B8	B9	B10	B11	B12	B13	B14	B15	B16	B17	B18	B19	B20	B21	B22	B23	B27
B1	1.000	0.662	0.487	0.487	0.279	0.263	0.301	0.303	0.329	0.534	0.419	0.394	0.340	0.122	0.196	0.123	0.138	0.170	0.153	0.296	0.316	0.194	0.238	0.101
B2		1.000	0.533	0.479	0.424	0.434	0.464	0.347	0.396	0.415	0.389	0.471	0.389	0.300	0.247	0.201	0.229	0.245	0.153	0.167	0.224	0.198	0.195	0.241
B3			1.000	0.628	0.583	0.460	0.470	0.502	0.471	0.460	0.516	0.592	0.569	0.326	0.286	0.298	0.289	0.231	0.200	0.242	0.278	0.229	0.264	0.369
B4				1.000	0.595	0.526	0.499	0.510	0.460	0.463	0.494	0.570	0.495	0.370	0.291	0.321	0.277	0.215	0.260	0.146	0.130	0.081	0.149	0.308
B5					1.000	0.750	0.507	0.610	0.525	0.340	0.467	0.498	0.564	0.454	0.399	0.342	0.320	0.316	0.247	0.151	0.211	0.214	0.170	0.441
B6						1.000	0.591	0.555	0.534	0.346	0.429	0.485	0.462	0.420	0.408	0.403	0.334	0.343	0.276	0.131	0.180	0.189	0.175	0.386
B7							1.000	0.603	0.541	0.362	0.480	0.479	0.453	0.475	0.488	0.460	0.408	0.346	0.363	0.129	0.294	0.269	0.210	0.408
B8								1.000	0.502	0.319	0.449	0.482	0.519	0.432	0.365	0.362	0.329	0.330	0.321	0.205	0.322	0.330	0.269	0.483
B9									1.000	0.375	0.513	0.528	0.470	0.340	0.479	0.383	0.351	0.249	0.306	0.187	0.311	0.269	0.211	0.405
B10										1.000	0.622	0.489	0.442	0.282	0.324	0.282	0.310	0.377	0.319	0.305	0.207	0.136	0.315	0.268
B11											1.000	0.745	0.693	0.488	0.493	0.483	0.496	0.470	0.481	0.297	0.332	0.246	0.306	0.429
B12												1.000	0.686	0.411	0.428	0.422	0.437	0.376	0.367	0.214	0.308	0.245	0.245	0.427
B13													1.000	0.487	0.408	0.448	0.443	0.442	0.344	0.184	0.308	0.253	0.309	0.409
B14														1.000	0.666	0.619	0.635	0.644	0.613	0.320	0.359	0.381	0.254	0.375
B15															1.000	0.668	0.578	0.569	0.627	0.337	0.377	0.309	0.327	0.386
B16																1.000	0.695	0.571	0.730	0.232	0.294	0.228	0.312	0.414
B17																	1.000	0.697	0.691	0.290	0.312	0.283	0.198	0.439
B18																		1.000	0.705	0.389	0.309	0.313	0.268	0.396
B19																			1.000	0.293	0.355	0.309	0.345	0.431
B20																				1.000	0.624	0.476	0.566	0.287
B21																					1.000	0.732	0.594	0.457
B22																						1.000	0.585	0.462
B23																							1.000	0.423
B27																								1.000

（续表）

	B28	B29	B30	B31	B32	B33	B34	B35	B36	B37	B38	B39	B40	B41	B42	B43	B44	B45	B46	B48	B49	B50
B1	0.138	0.086	0.157	0.518	0.300	0.286	0.296	0.284	0.174	0.101	0.236	0.190	0.187	0.227	0.127	0.195	0.339	0.263	0.308	0.275	0.221	0.191
B2	0.237	0.269	0.303	0.450	0.399	0.314	0.363	0.239	0.126	0.093	0.349	0.286	0.300	0.357	0.270	0.265	0.308	0.274	0.213	0.317	0.263	0.265
B3	0.414	0.431	0.397	0.479	0.337	0.359	0.339	0.261	0.097	0.112	0.342	0.277	0.267	0.344	0.379	0.309	0.286	0.231	0.131	0.370	0.357	0.358
B4	0.283	0.298	0.296	0.416	0.281	0.277	0.331	0.275	0.118	0.162	0.413	0.320	0.293	0.376	0.393	0.274	0.315	0.222	0.227	0.282	0.272	0.266
B5	0.398	0.417	0.345	0.392	0.349	0.384	0.384	0.207	0.057	0.101	0.427	0.368	0.310	0.383	0.376	0.300	0.267	0.179	0.114	0.368	0.339	0.394
B6	0.395	0.358	0.369	0.371	0.337	0.319	0.389	0.199	0.079	0.118	0.461	0.407	0.352	0.412	0.372	0.377	0.305	0.207	0.171	0.328	0.301	0.360
B7	0.438	0.435	0.433	0.329	0.461	0.396	0.461	0.189	0.056	−0.008	0.394	0.387	0.363	0.366	0.452	0.440	0.313	0.228	0.159	0.460	0.383	0.397
B8	0.524	0.494	0.526	0.314	0.411	0.373	0.465	0.291	0.097	0.146	0.404	0.373	0.336	0.372	0.384	0.316	0.299	0.194	0.129	0.429	0.380	0.440
B9	0.406	0.424	0.369	0.368	0.411	0.434	0.426	0.088	0.090	0.045	0.309	0.240	0.167	0.230	0.255	0.267	0.217	0.164	0.020	0.405	0.359	0.375
B10	0.229	0.224	0.241	0.504	0.243	0.227	0.184	0.431	0.309	0.241	0.265	0.216	0.235	0.202	0.238	0.229	0.352	0.268	0.281	0.235	0.316	0.217
B11	0.408	0.447	0.414	0.483	0.485	0.413	0.438	0.314	0.181	0.152	0.277	0.237	0.165	0.239	0.260	0.375	0.335	0.238	0.181	0.337	0.354	0.333
B12	0.417	0.505	0.394	0.449	0.472	0.387	0.445	0.314	0.193	0.165	0.360	0.358	0.229	0.386	0.380	0.386	0.328	0.295	0.236	0.337	0.323	0.304
B13	0.452	0.444	0.559	0.432	0.395	0.412	0.472	0.293	0.219	0.300	0.356	0.332	0.245	0.321	0.364	0.396	0.420	0.239	0.267	0.353	0.355	0.410
B14	0.392	0.451	0.456	0.304	0.454	0.344	0.443	0.274	0.084	0.098	0.303	0.327	0.235	0.297	0.304	0.437	0.336	0.303	0.229	0.336	0.354	0.379
B15	0.425	0.410	0.312	0.343	0.422	0.367	0.472	0.262	0.128	0.077	0.287	0.276	0.259	0.259	0.264	0.419	0.290	0.301	0.177	0.356	0.370	0.329
B16	0.402	0.427	0.345	0.292	0.400	0.415	0.468	0.186	0.108	0.075	0.269	0.322	0.214	0.228	0.274	0.463	0.234	0.217	0.135	0.346	0.325	0.351
B17	0.416	0.484	0.408	0.275	0.445	0.373	0.406	0.227	0.096	0.100	0.288	0.245	0.167	0.236	0.263	0.367	0.334	0.261	0.160	0.311	0.300	0.293
B18	0.308	0.393	0.428	0.277	0.357	0.240	0.343	0.345	0.235	0.229	0.271	0.222	0.186	0.239	0.224	0.366	0.424	0.372	0.280	0.221	0.289	0.303
B19	0.368	0.456	0.330	0.274	0.357	0.322	0.381	0.246	0.178	0.166	0.228	0.260	0.220	0.213	0.237	0.420	0.320	0.292	0.214	0.292	0.313	0.304
B20	0.201	0.251	0.266	0.359	0.310	0.304	0.257	0.270	0.230	0.184	0.163	0.092	0.124	0.169	0.093	0.282	0.376	0.326	0.262	0.335	0.368	0.312
B21	0.415	0.425	0.383	0.347	0.410	0.455	0.420	0.175	0.095	0.054	0.184	0.235	0.273	0.298	0.218	0.432	0.347	0.231	0.230	0.463	0.466	0.412
B22	0.483	0.457	0.442	0.357	0.397	0.420	0.470	0.220	0.100	0.054	0.215	0.303	0.368	0.290	0.265	0.383	0.350	0.314	0.219	0.442	0.450	0.456
B23	0.352	0.356	0.331	0.437	0.376	0.461	0.400	0.335	0.245	0.194	0.264	0.223	0.271	0.231	0.207	0.418	0.393	0.398	0.307	0.361	0.366	0.353
B27	0.814	0.799	0.565	0.318	0.451	0.486	0.408	0.307	0.164	0.191	0.384	0.391	0.371	0.365	0.400	0.392	0.304	0.231	0.156	0.443	0.404	0.444

（续表）

	B28	B29	B30	B31	B32	B33	B34	B35	B36	B37	B38	B39	B40	B41	B42	B43	B44	B45	B46	B48	B49	B50
B28	1.000																					
B29	0.803	1.000																				
B30	0.616	0.677	1.000																			
B31	0.363	0.365	0.370	1.000																		
B32	0.455	0.516	0.477	0.626	1.000																	
B33	0.475	0.523	0.405	0.590	0.708	1.000																
B34	0.491	0.532	0.494	0.577	0.785	0.780	1.000															
B35	0.244	0.272	0.390	0.460	0.295	0.244	0.257	1.000														
B36	0.106	0.145	0.220	0.293	0.165	0.137	0.157	0.683	1.000													
B37	0.151	0.141	0.252	0.221	0.102	0.099	0.165	0.579	0.807	1.000												
B38	0.405	0.446	0.437	0.499	0.490	0.457	0.509	0.445	0.399	0.376	1.000											
B39	0.424	0.425	0.364	0.403	0.449	0.415	0.479	0.401	0.266	0.269	0.720	1.000										
B40	0.414	0.410	0.361	0.391	0.373	0.380	0.428	0.389	0.250	0.251	0.631	0.757	1.000									
B41	0.441	0.434	0.384	0.378	0.407	0.345	0.466	0.331	0.173	0.204	0.622	0.699	0.772	1.000								
B42	0.416	0.440	0.421	0.326	0.357	0.317	0.375	0.406	0.273	0.271	0.623	0.645	0.657	0.710	1.000							
B43	0.395	0.433	0.425	0.457	0.519	0.520	0.557	0.337	0.228	0.225	0.529	0.573	0.530	0.585	0.604	1.000						
B44	0.265	0.306	0.432	0.463	0.446	0.340	0.464	0.510	0.409	0.421	0.515	0.468	0.430	0.488	0.550	0.655	1.000					
B45	0.232	0.298	0.286	0.425	0.378	0.278	0.400	0.472	0.349	0.330	0.455	0.392	0.373	0.415	0.438	0.525	0.725	1.000				
B46	0.125	0.122	0.229	0.399	0.235	0.170	0.262	0.426	0.347	0.340	0.393	0.368	0.384	0.411	0.375	0.421	0.622	0.597	1.000			
B48	0.462	0.465	0.491	0.424	0.540	0.488	0.541	0.209	0.141	0.082	0.456	0.460	0.509	0.508	0.447	0.503	0.411	0.356	0.345	1.000		
B49	0.390	0.407	0.469	0.409	0.486	0.448	0.485	0.281	0.173	0.147	0.359	0.356	0.456	0.372	0.365	0.429	0.372	0.301	0.282	0.781	1.000	
B50	0.431	0.470	0.541	0.390	0.460	0.452	0.546	0.269	0.166	0.197	0.457	0.454	0.459	0.506	0.495	0.554	0.487	0.402	0.330	0.761	0.743	1.000

第八章
学生学习质量评价:CEQ 技术与方法

　　作为高等教育的直接参与者和受益者,学生的学习质量是高校教学质量的有力证据。因而,关注学生的学习经历、学习体验并获取有关学生学习产出的信息,能触及影响质量的核心要素,能更真实、直接、有效地反映高校的课程教学质量。从学生的学习行为、学习体验出发,对学生学习质量进行测量与评价,已逐步成为一些发达国家教学质量保障的新动向。如美国的学生学习投入度调查 NSSE(national survey of student engagement)、大学就读成果调查 CRS(collegiate results survey)、大学生就读经验调查 CSEQ(college student experiences questionnaire)和大学生调查 CSS(college student survey),英国的全国学生调查 NSS(national student survey)和神秘学生评价大学绩效(mystery students evaluate university performance),[1] 日本的大学生调查 CSS(college student survey)以及澳大利亚的大学生课程体验调查 CEQ(course experience questionnaire)等。[2]

　　大学生课程体验调查法(course experience questionnaire,CEQ)作为一种评价学生学习质量的方法,已成为澳大利亚和英国高等教育质量保障的重要工具,受到了学者们和管理界的广泛关注。它通过实施问卷调查,测查学生学习产出和学校教学质量情况。通过了解学生关于课程与教学服务的感受、体验等数据资料,进而获得学生的学习行为、学习状态、学习成效等信息,借此可帮助学校改善课程教学工作。

---

　　[1]　See Alex Douglas and Jacqueline Douglas, Campus Spies? Using Mystery Students to Evaluate University Performance, *Educational Research*,2006,48(1):111—119.

　　[2]　参见鲍威:《高等院校教学质量与教育成果及其关联性的实证研究——基于北京市高校学生学业状况的调研》,载《大学·研究与评价》2008 年第 3 期,第 72 页。

第一节　大学生课程体验调查法：实践历程与理论基础

大学生课程体验调查法是以毕业生为调查对象，调查毕业生关于学校所提供的课程及教学服务的感知。最初起源于英国，在澳大利亚得到发展与盛行。

澳大利亚政府始终坚信高质量的高等教育体系是澳大利亚经济、文化和社会发展的重要动力，因而一直非常重视高等教育质量管理。政府在质量保障与评估、改进方面扮演着关键角色。为了保证高校的教学质量，澳大利亚联邦政府通过教育训练与青年事务工作部（the Department of Employment, Education, Training and Youth Affairs, DEETYA）为大学提供财政支持并开展有关评估活动。

澳大利亚在高等教育质量保障方面，拥有全国性数据采集与报告的先进体系，这为澳大利亚各大学优质教学服务的提供奠定了基础。① 澳大利亚各高校除了有自己内部的自我评估以外，还须按年度向联邦提供大学各领域有关运转与业绩的统计数据。联邦政府通过教育训练与青年事务工作部将反映各校教学质量的绩效指标逐项统计并予以公布，同时按各校比较的格式出版这些信息，以利于学生、家长和社会通过这些指标对大学及其专业进行比较和排序。②

在众多的绩效指标数据中，毕业生对课程及教学的满意情况作为反映学生学习产出和教学质量情况的一项重要指标，是通过大学生课程体验调查法（course experience questionnaire, CEQ）予以实施的。现在，大学生课程体验调查法已在澳大利亚所有高校推广实施，取得了很好的成效。

最初承担大学生课程体验调查的是澳大利亚毕业生职业委员会（GCCA），后来由澳大利亚大学质量保障机构（AUQA）组织调查实施。从1989年开发使用至今，大学生课程体验调查的内容历经了多次修改和调整。现在的指标体系包括优质教学、清晰的目标与标准、考核合理化、学习量合理化、一般技能、课程整体满意度、学生学习支持、学习资源、学习共同体、毕业生素质和激发智能等方面。

一、实践历程

大学生课程体验调查法经历了从英国到澳大利亚再到英国的实施历程。这与它的设计师保罗·拉姆斯登（Rams Den）的职业发展经历密切相关。

保罗·拉姆斯登在教学质量改进研究方面颇有建树，他的研究成果对英国、斯堪的那维亚半岛和澳大利亚等国的高等教育质量政策影响较大，尤其对澳大利亚

---

① 参见田莉：《澳大利亚高等教育改革政策的发展趋势》，载《外国教育研究》2005年第12期，第48页。
② 参见章建石：《澳大利亚学生课程经验研究》，载《科学时报》2007年第26期，第B03页。

和英国。① 他曾为澳、英两国高校教职员工培训、学生课程体验和学习结果的测评、大学绩效提升等方面提供了重要的政策咨询与建议。保罗·拉姆斯登在博士学习期间，就曾承担国家"教学及评价对大学生学习质量影响研究"的调查工作。1981 年，他和同事们在英国兰卡斯特大学的首批毕业生中实施了大学生课程体验调查法——当时称做"课程感知调查"（course perceptions questionnaire）。② 保罗·拉姆斯登曾是澳大利亚副校长委员会的常务委员。在 1999 至 2004 年间，他还担任悉尼大学的副校长（主管教学），负责质量保障研究及战略举措的实施工作。③在其提倡与指导下，自 1989 年，澳大利亚的部分大学开始使用大学生课程体验调查法——当时称做学校体验问卷调查（school experience questionnaire）。④ 在保罗·拉姆斯登等学者的潜心研究与指导下，大学生课程体验调查法在澳大利亚得到更大范围的应用与发展。自 1993 年以来，澳大利亚每年都会在全国范围内调查当年刚获得大学学位或者完成大学课程的毕业生。⑤ 大学生课程体验调查法的实施，对于澳大利亚教学质量保障与改进工作起到了极大的推动作用，获得了国际社会的一致认可与好评。

2001 年，英国开始从澳大利亚引进大学生课程体验调查问卷并在部分高校使用。保罗·拉姆斯登目前是英国高等教育学院的首席行政长官及英国 2008 年大学科研水平评估（RAE）的专家组成员。他曾开发了悉尼大学和牛津大学之间、伦敦大学学院和开放大学之间教育质量保障和学习技术应用的关键协议。

可以说，保罗·拉姆斯登已经架起了澳、英两国在教学质量研究方面彼此沟通的桥梁。在其深入指导下，英国的大学生课程体验调查与研究工作也得以广泛开展。

二、实施程序

大学生课程体验调查法是通过全国问卷调查予以实施的。其实施程序包括：大学生课程体验调查问卷的发放与回收、调查结果的统计与分析、调查结果的公

---

① See Professor Paul Ramsden, The Higher Education Academy［EB/OL］（2009- 02- 03），http://www. heacademy. ac. uk/contacts/detail/paulramsden,2009-08-01.

② See National Course Experience Questionnaire 2007—Comparative Review of British, American and Australian National Surveys of Undergraduate Students, *Higher Education Academy*, February, 2007.

③ See Paul Ramsden, Chief Executive Officer, Higher Education Academy, Australian Universities Quality Agency［M/OL］（2009-01-27），http://www. auqa. edu. au/aboutauqa/auditors/description. php? id = 80,2009-08-01.

④ See National Course Experience Questionnaire 2007—Comparative Review of British, American and Australian National Surveys of Undergraduate Students, *Higher Education Academy*, February, 2007.

⑤ See Patrick Griffin, Hamish Coates, Craig McInnis, Richard James（2003），The Development of an Extend Course Experience Questionnaire, *Quality in Higher Education*, London：CarMax Publishing.

示、调查结果的使用等。

第一步是调查问卷的发放与回收。澳大利亚毕业生就业协会负责总体的研究与实施工作，联邦政府教育、培训和青年事务部负责资助，具体的调查实施则由澳大利亚大学副校长委员会负责。"大学副校长委员每年都会组织这项调查，调查将统一的问卷通过各学校用邮件寄给调查对象。要求被调查者填写后用已印好了回信地址的信封寄回，回收率一般在60%左右"[1]。回收的原始数据将根据每所高校的学生人数等情况进行统计学上的调整。

第二步是数据统计与分析。回收的数据经统计整理后，将全部录入大学生课程体验调查的全国数据库。基于全国数据库的统计，毕业生就业协会将分两个层面对数据进行处理。第一层为全国总体分析，第二层为各高校的总体情况分析。当然，各高校根据不同的用途，也可自行作出自己所需的统计与分析。有基于课程、专业、学校三个层面上的数据比较，也有学校及学校之间的比较和本校跨年度的比较。如新南威尔士大学(the University of New South Wales)使用调查数据与其他高校的相同专业进行比较；墨尔本大学(the University of Melbourne)将调查数据和学校内部调查所得数据一起使用，用来综合评定本校的教学质量。

虽然各高校对数据的使用情况不同，但是作为全国的整体性调查，全国呈现的分析是统一的。分析方法一般采用以下几种：概念模型、报告领域模式、用户化模式。选择的软件平台一般是SAS、SPSS、Power Play、Microsoft Access 和 Microsoft Excel。一般情况下，最常使用的是 Microsoft Excel，因为许多人认为这是最方便的，最便于普通人理解与使用。[2]

第三步是结果公示。一般情况下，全国性的统计结果是向所有公众公开的，毕业生就业协会负责公布结果。2005年以前，统计结果反馈给各学校，用于学校的质量改进。近年来，他们将统计结果提供给《好大学指南》，为准大学生们选择学校提供大学排名信息。但是2006年开始，统计结果开始与资助金挂钩。2006年，澳大利亚政府引进了一个新的基于绩效的资助模型。这个初创的额外资助项目金额较大，部分"教学绩效指标"（包括学生课程体验绩效指标）完成较好的大学将会获得这项资助。[3]

因而，在一定程度上可以说，从2006年开始，澳大利亚各高校将会更加在意大学生课程体验调查的结果。

---

① 参见章建石：《澳大利亚学生课程经验研究》，载《科学时报》2007年2月6日（B03）。

② See Terry Hand, Kerry Trembath, The Course Experience Questionnaire Symposium 1998, *Higher Education Division*, 1999:102.

③ See J. Carolin Kreber, The Relationship between Students' Course Perception and Their Approaches to Studying in Undergraduate Science Courses: A Canadian Experience, *Higher Education Research & Development*, 2003,22(1):61.

三、实施工具的改良

大学生课程体验调查作为一项教学质量绩效评估指标在澳大利亚和英国经历了多次修改与调整。

自 1989 年调查开发正式启动以来,澳大利亚大学生课程体验调查问卷的内容经历了两次较大的调整。每次的调整都经过了多方讨论和科学认证。以 2002 年为分界线,澳大利亚的大学生课程体验调查问卷共有两种版本。这两种版本的问卷都采用李克特五点评价法,要求大学生从非常赞同到极不认可五个选项中选出自己的看法。其中,优质教学维度 GTS（good teaching scale）、一般技能维度 GSS（general skills scale）、整体满意度指标 OSI（overall satisfaction item）三项一直是调查问卷的核心部分。

澳大利亚原始调查版本由五项指标体系、一个总结项以及两个开放式题目构成。大学生课程体验调查的指标要素反映了学生学习体验的五个关键内容:第一,优质教学维度 GTS（good teaching scale）,包括有效教学的基本要素,如讲解清晰、注重教学反馈、教学互动、对学生进步所表现出的兴趣。第二,清晰的目标与标准维度 CSS（clear totals and standards scale）,包括学生知晓对他们的期许是什么、鼓励是什么。第三,考核合理化维度 AAS（appropriate assessment scale）,包括考核形式与内容应鼓励学生深度学习而不是简单应付与浅层学习。第四,学习量合理化维度 AWS（appropriate workload scale）,包括可以调控的学习负荷等。第五,一般技能考核维度 GSS（generic skills scale）,包括书面与口头交流能力、批判性思维能力、与他人合作的能力。总结项即课程整体满意度指标 OSI（overall satisfaction item）,主要调查毕业生对大学所学课程的整体满意程度。最后是两个提问项目,学生会被询问课程的内容、课程的优缺点和需要改进的地方。

20 世纪末,随着高等教育发展多元化日趋明显,大学生课程体验调查进入了新的阶段。在 1998 年澳大利亚第四届大学生课程体验调查讨论会上,学者们聚焦于大学生课程体验调查法的未来发展。研讨的核心议题包括:应该给予大学生课程体验调查法的重视程度;是否保持当前这种问卷形式;数据采集以及继续这项调查研究将要花费的时间、经费的预算等。学者们认为,传统的大学生课程体验调查关注的只是发生在教室内的教育学习活动过程,仅限于对课程学习成果的判断。然而,随着高等教育大众化的不断深入,社会对学生的影响逐渐加深。影响学校教育教学质量以及学生学习成果的因素变得更加复杂与多样。大学生课程体验调查应该突破现有的模式,从更宽泛的视角去把握与考察学生的各种学习与社会经历。因此,研讨会拟定发展一些新的调查项目,且使用概念框架、测量模式、回归分析模式等方式构建新项目,并注重其测量学属性,计划在高校进行新版本的试用。①

为此,墨尔本大学高等教育研究和评估研究中心受教育部的委托,开始着手对大学生课程体验调查的内容进行修改。2002 年以后,新一轮的大学生课程体验调查问卷中增加了学生学习支持 SSS（student support item）、学习资源 LRS（learning resources scale）、学习共同体 LCS（learning community scale）、毕业生素质 GQS（graduate qualities scale）和激发智能 IMS（intellectual motivation scale）、大学体验总体满意度（overall satisfaction item）六项指标体系。新开发的指标体系来自于麦金尼斯（McInnis）、格里芬（Griffin）、詹姆斯（James）和科茨（Coates）等人的研究成果。②

英国大学生课程体验调查法的研究与实施,主要受澳大利亚的影响。英国历来非常重视高校的教学科研质量。即使如此,仍有研究者认为,"英国的教学质量保障大部分都把焦点集中在教师和具体的课程单元上。然而,要从整体上来改进教学质量,必须把关注的重点放在学生整体的课程体验上"③。澳大利亚大学生课程体验调查法恰好充分体现了这一点,于是,借鉴性地引入澳大利亚大学生课程体验调查法便成为一种现实选择。2001 年,英国开始从澳大利亚引入大学生课程体验调查。

在引入澳大利亚大学生课程体验调查法的同时,英国也对调查问卷进行了试测与修订。英国学者们相信,如果学生在学校的生活、学习环境中感到愉悦;如果他们能积极地融入社会,感觉有归属感;如果在整个大学学习的过程中,他们明确的期望得到了满足,并且获得了支持,那么,他们将继续努力学习而不会简单地疲于应付各种学习任务;他们将会带着大学的体验与经历,用全身心的爱去感悟人生的真谛;他们将携带在大学里收获的生存技能、知心朋友、社会交往技能等,充满自信地挥洒于整个人生历程。④ 可见,大学生在大学的整个体验与经历是其人生经历不可分割的一部分,且对个体的人生有很深远的影响。上述观点在调查问卷的修订上得到了较好的体现。修订后的问卷突破了 2002 年以前澳大利亚使用的旧版本问卷的形式,共由两大部分组成:第一部分从学习环境、教师教学、课程体验、技能发展、考核、学习量与学习压力、目标与标准等方面来收集课程与教学方面的

---

① See Terry Hand, Kerry Trembath, The Course Experience Questionnaire Symposium 1998, *Higher Education Division*, 1999:102.

② See Ramsden, Student Surveys and Quality Assurance, Proceedings of the Australian Universities Quality Forum 2003, AUQA Occasional Publication, The University of Sydney.

③ 章建石:《课程评估——澳、英高校教学质量保障的新动向》,载《中国高等教育》2007 年第 22 期,第 63 页。

④ See Richardson, A British Evaluation of the Course Experience Questionnaire, *Studies in Higher Education*, London: Routledge.

信息。第二部分主要获知学生对各项教学服务的评价信息。

待到澳大利亚 2002 年新版本问卷问世以后，一部分英国高校便开始引入澳大利亚的新版调查问卷，并直接展开跨国的校校合作。比如，牛津大学于 2002 年从悉尼大学引进了大学生课程体验调查的问卷并进行了适用性修订。"修订后的内容除了在'一般技能'指标体系上与悉尼大学的问卷有一些差异外，其余的内容基本上一致"①。然而，调查对象有所改变，牛津大学主要面向本校大三学生推行这一调查研究，建立了本校的课程体验研究的数据库，主要用于考核被评估学科的教学质量和学生的学习状况，从整体上监控学校教学质量体系。

牛津大学在实施大学生课程体验调查法后，其教学质量保障工作取得了良好的成效。之后历次修订并最终形成了现在英国特色的 NSS 问卷。

英国 NSS 调查即学生满意度调查，2005 开始由英国政府组织实施正式全国调查。它与澳大利亚 CEQ 有相似之处：一是实施目的近似。英国 NSS 调查的主要目的是测评学生对大学各方面的看法以及各种预期的满意程度，以此作为改善学校和学生之间的关系、促进学校发展、监测教学质量、指导未来新生选校学习的重要手段。② 二是调查对象的类别相同。两者的调查对象都是刚毕业的大学本科毕业生。三是调查的内容相近。两者都调查学生的课程学习经历，获取有关学生课程学习的信息，对未来学生选择大学和课程学习提供帮助。四是调查方式相同。两种调查都是通过网络方式进行，负责实施调查的机构将调查问卷 E-mail 给调查对象，调查结果也将在各自网站上发布，从而为大学自身研究及大学之间的横向比较提供数据。五是量表形式相同。两者都采用李克特五点量表，分五个等级对每个项目打分。

NSS 与 CEQ 在两个方面有所不同：首先，实施调查的机构不同。CEQ 由澳大利亚大学质量保障机构（AUQA）负责实施，而 NSS 的整个调查过程及报告撰写由政府委托的调查公司负责具体实施。其次，调查项目不同。CEQ 由 12 个指标体系，50 个项目组成。而 NSS 则由 6 个指标体系③（分别为课程教学、评估与反馈，学术支持，组织与管理，学习资源，个人发展以及一个主观性、概括性的教育经历问题），23 个项目组成。

---

① 章建石：《课程评估——澳、英高校教学质量保障的新动向》，载《中国高等教育》2007 年第 22 期，第 63 页。

② 参见杨晓明：《学生满意度调查在英国大学管理中的作用》，载《大学教育科学》2008 年第 1 期，第 12 页。

③ See The National Student Survey 2005：Response and Survey Methodology[M/OL]，http://www.hefce.ac.uk/pubs/rdreports/2006/rd22-06/，2009-06-16.

四、理论基础

大学生课程体验调查法的理论基础是学生学习的"预期—过程—结果"模式（the presage-process-product model），①即学生的学习方式和学习结果取决于他们对课程、教学和考评等的感知。

威尔逊（Williston）、普洛瑟（Prosser）和特伦维尔（Trigwell）教授等曾实证地分析过学习环境和学生学习方式之间的关系。研究表明："学生在'课程体验问卷'所有因素上的得分与深层学习方式存在显著的正相关，与表层学习方式存在显著的负相关"②。深层学习方式与优质教学、考核合理化之间存在最紧密的联系。相反，表层学习方式则与过重的学习量和不合理的考核之间存在最紧密的联系。表层学习方式已被普洛瑟和特伦维尔定义为"工具化或程序化"刺激，寻求用最小程度的努力来满足任务所需。而深层学习方式已被普洛瑟和特伦维尔描述为"可真正激发学生的求知欲，学生将取得更好的学习效果"③。

保罗·拉姆斯登④等学者也认为，学生对学习背景的感知和学生的学习方式之间以及学生的学习方式和学习结果之间存在显著的联系。即学生对整个学习背景、学习氛围、教师要求的感知等会影响学生学习方法的选择，进而影响其学习结果。比如，如果学生感觉到学习量太重或者任务考核倾向于考察记忆力，则更倾向于采用表层学习方式进行学习。可见，学习方式的选择会直接影响到教学质量和学习结果。

此外，学生学习结果与教师采用的教学方法之间也有密切的关系。如果教师正采用一种以学生为中心的教学方法进行教学，使学生成为教学的核心焦点，教学过程也始终密切关注学生对已学材料感知的发展和变化状态，学生们则会采用深层学习方式进行学习。

因此，大学生课程体验调查法聚焦于学生对其学习背景的感知。学生对学习背景的感知在学生学习的"预期—过程—结果"模式中扮演着重要角色，被认为是教师的教学方法和学生的学习方法之间的调停中介。另外，学生对学习背景的感知反过来也会影响学生的学习结果。在获取关于学生如何接受或感知有关学习背景的信息时，也许可以折射或反映出学生未来学习的结果。因而可以被教师用于

---

① National Course Experience Questionnaire 2007—Comparative Review of British, American and Australian National Surveys of Undergraduate Students, *Higher Education Academy*, February, 2007.

② 陆根书：《优化学生学习经验 提高高校教学质量——基于学生视角的高校教学质量改进途径与方法探讨》，载《复旦教育论坛》2007年第2期，第10页。

③ 同上。

④ National Course Experience Questionnaire 2007—Comparative Review of British, American and Australian National Surveys of Undergraduate Students, *Higher Education Academy*, February, 2007.

确认下一步教学应该改进的活动领域。

上述有关大学生课程体验调查法的理论研究，使大学生课程体验调查法的实施成为可能，为其进一步发展奠定了理论基础。

大学生课程体验调查法已实施多年，赢得了普遍认可。澳大利亚长期且大范围地使用大学生课程体验调查法，有其充足的理由：

首先，学生是教学质量的主体。虽然高校没必要向商业机构那样把取悦消费者作为机构发展的目标。但是，"学生始终是学校教学质量活动关注的核心，是学校教学活动主动的参与者，对教学质量进步承担特殊的责任"①。此外，"教学质量最终都体现在学生身上。学生对课程的理解方法决定了他们的学习方法、对课程的掌握程度以及教学质量的高低"②。由此说，学生在课程与教学中的体验、感受始终居于核心位置。

其次，学生是理性的审视者。西蒙·马金森（Simon Marginson）在其《澳大利亚教育与公共政策》一书上指出："没有哪个国家比澳大利亚在'谁受益谁付钱'这个改革上动作更快了。按照国际标准来看，澳大利亚高等教育收费相对较高。"③其实，"当缴纳的学费占到一定比例，并且成为上大学的一个关键影响因素时，学生就会用很挑剔的眼光，理性地判断院校以及学习质量问题了"④！也有证据表明，对大学课程与教学的评估偏好方面，学生更加具有消费者的心态，并不断尽可能地向大学施加微妙的压力。⑤

另外，学生是可靠的评价者。马什（Marsh）提到："学生评价所获信息，与许多经常被视为存在潜在偏见来源的变量比较，显然是多方面的、非常可信且合理有效的。能为学生、教职员工和管理者提供有用的信息。"⑥保罗·拉姆斯登等学者也相信，如果学生获得的信息全面且他们是理性的消费者，那么，学生们的反馈将刺激教学质量保障系统的多样化，提高质量和效率。因此，我们应该相信大多数学生对自己的学习和行为的责任感。

此外，大学生课程体验调查法的实施对提高澳大利亚高等教育质量至关重要。

---

① 沈玉顺、陈玉琨：《运用评价手段保障高校教学质量》，载《中国地质大学学报（社会科学版）》2002年第4期，第51页。

② 章建石：《课程评估：澳、英高校教学质量保障的新动向》，载《中国高等教育》2007年第22期，第62页。

③ 西蒙·马金森：《澳大利亚教育与公共政策》，严慧仙，洪森译，浙江大学出版社2007年版，第129页。

④ 韩映雄：《高等教育质量研究——基于利益关系人的分析》，上海科技教育出版社2003年版，第94页。

⑤ 参见陆根书：《优化学生学习经验 提高高校教学质量——基于学生视角的高校教学质量改进途径与方法探讨》，载《复旦教育论坛》2007年第2期，第10页。

⑥ David De Bellis, Flinders University Course Experience Questionnaire Notes, Planning Services Unit, 2, May, 2006.

有学者认为,澳大利亚在教育的某些关键性领域落后于 OECD 国家,"对于大学来说,一些具体的目标包括:提高入学率、扩大弱势群体的入学机会、阻止文理学科学生的流失、鼓励更多学生学习研究性高等学位。有意味的是,许多有关这方面的挑战都能从本科课程更新中找到根源"[①]。为此,澳大利亚政府采用适切的方法,加强对大学课程与教学质量的监控。显然,采用大学生课程体验调查法考察本科课程与教学质量,有助于澳大利亚政府及时把握各大学的教学动态,宏观调控高校课程与教学的质量。

实践表明,大学生课程体验调查法经历不断的变革与发展,日臻成熟,为澳大利亚高校教学质量的提高作出了积极的贡献。现在,大学生课程体验调查法正被更多的国家借鉴使用。

五、目的与价值

大学生课程体验调查法,用于测量学生感知的教学状态,目的是寻求学生对教学质量的反馈。大学生课程体验调查法的实施目的,在其实施历程中曾不断发展变化。

大学生课程体验调查法的最初目的在于通过收集和分析毕业生课程学习经历的相关数据资料,为高校课程与教学质量改进,学生选择学校、专业与课程,高校完善自身管理等提供相关信息。起初,人们认为,大学生课程体验调查结果至少可以用于以下两个方面:一是教育主管部门可以把得到较好评定结果的学校作为范例,提供给其他高校作为参考。二是得到较差评定结果的高校可以通过对比、审视、反思本校的质量问题。2002 年大学生课程体验调查内容革新以后,课程体验调查结果已作为衡量各高校教学质量的重要依据,成为显示高校教学质量改进成效的重要指标。当前,大学生课程体验调查数据主要用于大学内部的质量监控,而不仅仅是为大众选择提供信息。

归纳起来,大学生课程体验调查法的目的主要体现在四个方面:

第一,为政府有关计划提供数据。自 1998 年以来,澳大利亚要求所有三年期的资助院校向联邦政府提交一份制度性质量保证和改进计划。计划拟定包含大学生课程体验全国调查数据,政府以此为基础监督高校的教学质量,并且做好每年的计划工作。

第二,为大学排名提供依据。2004 年度的《好大学指南》就曾使用 OSI、GTS、

---

① 〔澳〕理查德·詹姆士:《澳大利亚本科教育评估与改进的经验》,陈运超译,载《复旦教育论坛》2004年第 2 期,第 84 页。

GSS[①] 等指标向每所大学提供关于"大学教育体验：毕业生评定"的数据。这些数据影响着公众对于每所大学的印象评判以及学生对于大学的选择。

第三，为课程排名提供数据。《好大学指南》也给参与课程评定的 GTS、GSS、OSI 的每一项提供细目分类，被描述为更好的、一般的、更差的质量等级。

第四，为高校自己作总结和计划提供依据。大学生课程体验调查数据可以看做是评价学校、教师员工及大学各层次的绩效评估的关键指标之一。

上述分析尽管可以表明，大学生课程体验调查法是非常有价值的测量方法，能够达到改善教学质量的目的，但是人们对此并没有明显的统一意见。

澳大利亚弗林德斯大学认为，大学生课程体验调查之所以重要，是因为它可以为政府计划提供数据支持。[②] 大学生课程体验调查数据库已经融入到澳大利亚高等教育政府计划中，可以为政府进行的各类大学排名提供依据。约翰·尼兰德（John Niland）认为，学生对课程及教学的满意度是大学学习体验的重要方面。大学生课程体验调查法的实施，恰好把这个重要方面提上了议事日程。此外，他还认为，学生们从大学生课程体验调查中了解到各种评价信息后，会决定是否把其就读的课程、专业或者学校推荐给他的朋友。[③] 学生的口耳相传会影响作为大学核心竞争力的大学声誉。

事实表明，大学生课程体验调查法的价值与其使用目的密切相关。使用目的的多样性决定了其具有多样的功能。相应地，它赋予各利益关系人的价值与功能也不同。具体而言，大学生课程体验调查法的价值主要体现在以下三个方面：

一是赋予内部质量保障的价值。英国同澳大利亚的做法一样，依据调查结果，建立了数据库。数据库的展示，可帮助参与调查的学校监控本校教学质量，以及开展校际间的质量比较与学习。一方面，参与调查的学校可在本校内部按照院系、专业、某门具体课程报告的方式，在线提供给全校师生，促使他们根据这些反馈信息自觉地改善教学，同时也便于学校从整体上监控各课程的教学状况和各院系教学质量变化情况。另一方面，高校也可将本校的调查数据与各类常模进行对比，将本校和其他同层次、同类型高校，甚至全国性的学生课程学习体验进行比较，从而明确学校的不足和改进的方向。另外，可以促使高校内部质量保障体系的建立与完善。基于大学生课程体验的研究，澳大利亚的大学纷纷建立起内部教学质量保障机构。也有很多大学开设专门机构来从事教学研究、质量保证和教师培训等工作。

---

① OSI（overall satisfaction Item）即整体满意度指标，GTS（good teaching scale）即优质教学维度，GSS（generic skills scale）即一般技能维度。

② See Terry Hand, Kerry Trembath, The University of New South Wales, The Course Experience Questionnaire Symposium 1998, *Higher Education Division*, 1999：102.

③ See John Niland, Terry Hand, Kerry Trembath, The Course Experience Questionnaire Symposium 1998, Canberra：DETYA, *Higher Education Division*, 1999：5.

如,悉尼大学教学研究中心开展的八项重点研究工作,"包括学生学习经验的研究、质量保证和教学及学习的评估、检查学生学习、教师培训、提高教学的灵活性、衡量教学对毕业生的贡献等"①。这些工作的开展都离不开大学生课程体验调查所提供的信息。

二是赋予外部质量监控的价值。大学生课程体验调查的结果,能够用以比较不同学校同一专业学生课程体验状况。通过相应调查结果的统计分析、比较,作为以改进教学质量为宗旨的英国各专业联盟,澳大利亚联邦政府等可据此从宏观上把握各校同类专业的教学质量状况,监控各专业教学质量的变化动态。此举有利于对同一专业但质量迥异的高校采取不同的质量监控措施,从而提高质量干预的有效性。②

三是能有效推动高等教育问责制的发展。马什指出,大学生课程体验调查的结果可以产生大量的信息,这些反馈信息能为学生、家长选择就读高校与专业提供客观的参考信息,为学生评判大学的课程与教学水平提供咨询,并促使学生、家长及社会等各方利益关系人问责高等教育质量。③

有许多研究都指出了大学生课程调查体验法的独特作用以及在我国试行的必要性。鲍威认为,大学生课程体验调查法是高校教学质量保障从"供给者本位"向"需求者本位"的转化,其指标体系打破了教室这一传统的教学场域,从一个全面综合的视角去把握学生在教室内外所经历的各种学习经验。④ 章建石通过对大学生课程体验调查法的研究,认为大学生课程体验调查法能够弥补我国高校学生评教的不足之处,因为"学生既是评价主体,又是直接的价值主体。两者的统一性把学生在教学质量中的主体地位提高到了前所未有的高度,这有利于客观、真实地收集评价信息"⑤。陆根书⑥曾以西安交大 13 个学院 2000 级的学生为调查对象,直接采用澳大利亚大学生课程体验调查法的问卷进行调查。结果表明,学生的学习风格与教学情景呈正相关,因此,高校可以通过改变学生所感知的教学情景来提高教学质量。

---

① 章建石:《课程评估:澳、英高校教学质量保障的新动向》,载《中国高等教育》2007 年第 22 期,第 62 页。

② 参见乐山师院高教研究所:《澳大利亚本科教育评估与改革的经验》[G/OL](2004-04-10),http://210.41.160.4:100/04diwuqi.htm,2004-04-10。

③ See David De Bellis, Flinders University Course Experience Questionnaire Notes, Planning Services Unit, 2, May, 2006.

④ 参见鲍威:《学生眼中的高等院校教学质量——高校学生教学评估的分析》,载《现代大学教育》2007 年第 4 期,第 18 页。

⑤ 章建石:《课程评估:澳、英高校教学质量保障的新动向》,载《中国高等教育》2007 年第 22 期,第 63 页。

⑥ 参见陆根书:《优化学生学习经验 提高高校教学质量——基于学生视角的高校教学质量改进途径与方法探讨》,载《复旦教育论坛》2007 年第 2 期,第 9 页。

第二节　大学生课程体验调查法的应用研究

与我国高校学生评教等质量管理方法比较而言，大学生课程体验调查法更加突显了学生的主体地位，也更加关注学生的学习结果与学习体验；更充分突出了大学生作为高等教育质量主体的地位，触及了影响质量的核心要素——学生的就读体验。通过学生就读体验的反馈，被调查高校可以了解学生在整个学习过程中所学的东西和所经历的各种体验，明确大学在多大程度上促进了学生的发展，以及促进了学生哪些方面的发展，进而进行归因分析。同时，还可明确大学所提供的教育在哪些方面需要进一步改进与完善，探寻提高学生学习质量的途径，便于高校更准确地、有针对性地对教学和学习成果质量进行干预与调控。

一、研究背景与问题

在影响高等教育质量的诸因素中，课程与教学质量是一个核心要素。因此，它也就成为各有关利益关系人关注的核心问题。由于课程与教学服务是通过"高等教育服务人员和顾客（学生）的交往并在真实瞬间共同完成的活动"[①]，因此，对课程与教学服务质量的评价并不存在统一的且由高等院校单方面制定的标准。所以说，学生作为消费者对高校所提供的课程教学服务质量的感受、体验就自然成为评估的重要依据。如果学生对课程与教学服务质量的真实感受不好，就会影响其对服务的接受，而且会互相传播，进一步影响高等教育服务的提供者及其教学效果。

"我国通常采用的是一种狭义的'输入品质'，过多地偏向于通过对大学的硬件投入、师资力量、生源情况和学术声誉等投入因素的分析，进行教学质量的判断"[②]。但是，大学课程教学的实际过程究竟是怎样的？大学提供的各种教学服务对学生学习究竟产生了何种影响？学生在教学过程中学到了什么？诸如此类的问题却没有得到很好的解答。正如潘懋元教授所说："长期以来，我们忽视了对作为教育主体的大学生学习的研究，忽视了从教学的本源上去解决质量问题"[③]。

尽管大学生课程体验调查法在我国已有一些探索性实施，但尚未引起人们的足够重视。本研究选取一所高校的 2009 届毕业生为样本进行了尝试性的应用研究。研究的目的在于为我国高等教育质量管理提供一种新的研究与实践视角，也

---

① 马万民：《高等教育服务质量管理的理论与应用研究》，南京理工大学 2004 年硕士学位论文，第 44 页。

② 章建石：《增值评价法——关注学生的实际进步》，载《评鉴》2007 年第 8 期，第 51 页。

③ 潘懋元：《〈学习风格与大学生自主学习〉书评》，载《西安交通大学学报（社会科学版）》2004 年第 4 期，第 95—96 页。

可为样本校提供学生关于课程与教学质量的评价信息。

本研究首先对大学生课程体验调查问卷的指标体系进行初步本土化的修订。之后，采用该工具进行施测，了解学生对样本校课程与教学服务的体验，为样本校提供质量诊断报告，形成关于样本校办学水平和教育质量的意见和结论。此外，通过比较三个不同学院的法学专业学生的体验情况，为样本校三个法学专业提供质量参考报告。①

本研究重点关注四个问题：第一，样本校学生对课程及教学服务体验的整体感知如何？第二，不同专业的学生对各自所在专业课程及教学服务体验的感知如何？第三，不同性别的学生对课程及教学服务体验是否存在差异？差异何在？第四，不同学院相同专业的学生（法律学院法学专业、国际法学院法学专业、经济法学院法学专业的学生）对学校课程及教学服务体验是否存在差异？差异何在？

二、概念与分析框架

我国学者对 CEQ 的译法有三种：一种是"大学生课程体验问卷"调查，以陈运超、陆根书和哈尔滨工程大学为代表；另一种是"大学生课程经验问卷"调查，以陈玉琨和章建石为代表；第三种是"大学生课程经历问卷"调查，以鲍威为代表。

每种译法的分歧点在于对"experience"的不同看法。通常，"experience"译做"经验"。但是，结合大学生课程体验问卷的内容，笔者发现，CEQ 的内容既包含"students' perceptions of the courses"，也包含"students' expectations of the courses"。也就是说，大学生对大学所提供的课程服务质量的认识，是其对课程的感知（perceptions）与其预期的（expectations）质量标准之间的差距。正是因为实际感受与预期之间的差异，会使学生产生各种各样的体验。因此，笔者较认同第一种译法，即把 CEQ 译为"大学生课程体验问卷"调查，并将其视为一种质量保障的方法，称之为"大学生课程体验调查法"。

此外，此处的"course"——课程也有词义上的发展变化过程。2002 年以前，大学生课程体验调查的内容仅限于学生对课堂教学的评价，是一种狭义的课程观背景下的定义。但随着大学生课程体验调查内容的扩展，"course"已不再仅仅指学生在校期间所学习的每门课程，也可以理解为个体学习者在学校教育中所获得的一系列体验。②

大学生课程体验调查法的问卷共包含如下 12 个指标体系：

---

① 注：样本校共有 22 个专业，法学专业是其中的一个大类专业，包含 4 个方向，并分属于 3 个学院。为了研究的方便，笔者将法学专业按照其归属学院的不同，分别称为法律学院法学专业、经济法学院法学专业、国际法学院法学专业。

② 参见郝德永：《课程研制方法论》，教育科学出版社 2000 年版，第 50 页。

（1）优质教学维度是问卷的核心维度，主要评价教师的教学实践行为，测评教师在教学中使用以下教学行为的频率，包括采取措施使所教科目有趣生动；讲解清晰透彻；理解、同情学生的学习困难；及时给予学生关于学习进展的有效的、详细的反馈信息。如果这一维度得分高，则说明教师在教学中存在这些良好的教学行为。

（2）一般技能维度也是问卷的核心维度。该项维度主要考察大学教育是否产出有价值的成果；大学课程的学习是否培养或促进了学生的能力发展；学生感知的程度如何。

（3）清晰的目标与标准维度旨在测评大学课程与教学是否具有清晰的目标与标准，教师对学生的期待目标是否明确等方面。

（4）学习量合理化维度主要测评学生对学习量合理性的感知情况。正如前文所述，过重的学习任务会阻碍学生对所学知识进行深层次的理解与吸收。

（5）考核合理化维度主要考察学校对学生的评价或考核方式，了解学校究竟注重考核学生对知识的理解，还是对知识进行简单的记忆或简单的事实回忆。

（6）课程整体满意度维度也是问卷的核心维度。这项指标主要反映学生对大学几年所学课程的总体满意度，是一项满意度的测评。

（7）学生学习支持维度主要关注学生对学校所提供的设施（如图书馆等设备）以及各种服务（如职业指导与规划，健康、福利和咨询等服务）的感知。

（8）学习资源维度主要关注课程材料和学习资源的有效性与适切性。学习资源对于学习质量起着关键性的作用。

（9）学习共同体维度旨在了解学生在大学学习获得的社会体验，考察学校是否为学生营造了适合学习的生态环境。

（10）毕业生素质维度作为学生学习结果的一种体现，不是测评毕业生获得的特殊领域的技能，而主要获取毕业生对今后学习、生活的态度等信息。

（11）激发智能维度主要考察学校的课程与教学能在多大程度上启发学生的灵感与智能。

（12）大学体验总体满意度指标是最为核心的一个维度，是对大学课程与教学质量总体效果的评判。如果学生对自己的大学总体体验相当满意，那么，我们可以据此判断，学校的教学质量得到了学生的肯定与认可。这一指标的数据非常重要，澳大利亚很多大学排名都将该指标作为重要的绩效指标予以利用。

本研究调查结果的分析框架主要涉及两个层面：首先，使用描述统计的相关方法，对学校整体的课程及教学服务体验现状进行描述与分析。包括基于问卷各维度即学校课程与教学服务各领域的描述统计，基于各专业的描述统计，基于性别差异的描述统计三方面。其次，使用方差分析，比较三个不同学院相同专业学生的课程及教学服务体验状况的差异。

三、统计与分析

本研究首先对大学生课程体验调查问卷进行编译与试测，然后通过各种统计检验方法，探讨问卷的适用性，并对其进行本土化的修订。

试测的信度检验结果为：量表的克隆巴赫阿尔法系数（Cronbach's Alpha）为0.897，标准化的信度系数（Cronbach's Alpha Based on Standardized Items）为0.899。这表明该测验的50个题项间具有较高的内部一致性，信度良好。结合进一步的专家效度分析以及访谈分析，笔者对问卷进行了适用性修订，形成了一份正式调查问卷。

本研究使用分层随机抽样，在样本校2009届毕业生共2937人中抽取了500人作为研究样本。研究样本涉及被调查学校的各个专业。总共回收问卷451份，回收率为89.66%。其中，有效问卷共426份，问卷有效率为94.46%。

在研究过程中，即使使用修订后的量表，最好还是经预试工作，重新进行项目分析，重新检验其信度与效度。因为受试对象会因时间等干扰因素对量表内涵产生不同的知觉或感受。因此，笔者紧接着对正式问卷的调查结果进行了项目分析、信度与效度检验。

本研究采用 Microsoft Excel 2002 和 SPSS15.0 for Windows 软件进行数据的统计分析。第一步是数据的整理与编辑。将调查数据输入数据库，在输入过程中剔除无效问卷。然后使用描述统计相关方法，计算出问卷50个题项上每个选项的频数、百分比、平均数与标准差，为后续研究提供数据依据。结果见表8-1所示：

表 8-1　学生体验统计描述

序号	非常同意		比较同意		不确定		不太同意		非常不同意		平均数	标准差
	频数	%	频数	%	频数	%	频数	%	频数	%		
Q1	102	23.9	172	40.4	93	21.8	47	11.0	12	2.8	3.72	1.037
Q2	53	12.4	104	24.4	147	34.5	82	19.2	40	9.4	3.11	1.140
Q3	62	14.6	136	31.9	144	33.8	67	15.7	17	4.0	3.37	1.040
Q4	65	15.3	168	39.4	110	25.8	68	16.0	15	3.5	3.47	1.043
Q5	77	18.1	198	46.5	92	21.6	48	11.3	11	2.6	3.66	0.984
Q6	85	20.0	197	46.2	89	20.9	42	9.9	13	3.1	3.7	0.995
Q7	96	22.5	172	40.4	87	20.4	61	14.3	2	2.3	3.66	1.050
Q8	104	24.4	180	42.3	86	20.2	41	9.6	15	3.5	3.74	1.042
Q9	104	24.4	170	39.9	91	21.4	55	12.9	6	1.4	3.73	1.015

（续表）

序号	非常同意		比较同意		不确定		不太同意		非常不同意		平均数	标准差
	频数	%	频数	%	频数	%	频数	%	频数	%		
Q10	98	23.0	175	41.1	99	23.2	45	10.6	9	2.1	3.72	1.000
Q11	89	20.9	194	45.5	94	22.1	44	10.3	5	1.2	3.75	0.941
Q12	95	22.3	171	40.1	96	22.5	53	12.4	11	2.6	3.67	1.036
Q13	84	19.7	161	37.8	117	27.5	51	12.0	13	3.1	3.59	1.030
Q14	71	16.7	170	39.9	106	24.9	64	15.0	15	3.5	3.51	1.048
Q15	31	7.3	107	25.1	101	23.7	128	30.0	59	13.8	2.82	1.169
Q16	52	12.2	135	31.7	121	28.4	85	20.0	33	7.7	3.21	1.129
Q17	96	22.5	142	33.3	77	18.1	73	17.1	38	8.9	3.43	1.256
Q18	91	21.4	168	39.4	100	23.5	54	12.7	13	3.1	3.63	1.048
Q19	40	9.4	123	28.9	111	26.1	113	26.5	39	9.2	3.03	1.139
Q20	53	12.4	150	35.2	101	23.7	87	20.4	35	8.2	3.23	1.154
Q21	6	1.4	58	13.6	70	16.4	146	34.3	146	34.3	2.14	1.078
Q22	18	4.2	55	12.9	83	19.5	148	34.7	122	28.6	2.29	1.138
Q23	17	4.0	93	21.8	158	37.1	108	25.4	50	11.7	2.81	1.033
Q24	62	14.6	176	41.3	105	24.6	67	15.7	16	3.8	3.47	1.041
Q25	94	22.1	167	39.2	83	19.5	58	13.6	24	5.6	3.58	1.139
Q26	109	25.6	200	46.9	75	17.6	37	8.7	5	1.2	3.87	0.933
Q27	56	13.1	147	34.5	116	27.2	73	17.1	34	8.0	3.28	1.135
Q28	69	16.2	150	35.2	103	24.2	84	19.7	20	4.7	3.38	1.113
Q29	71	16.7	196	46.0	89	20.9	57	13.4	13	3.1	3.6	1.013
Q30	82	19.2	178	41.8	89	20.9	64	15.0	13	3.1	3.59	1.055
Q31	52	12.2	125	29.3	143	33.6	88	20.7	18	4.2	3.25	1.048
Q32	65	15.3	174	40.8	122	28.6	57	13.4	8	1.9	3.54	0.967
Q33	63	14.8	172	40.4	123	28.9	62	14.6	6	1.4	3.53	0.961
Q34	64	15.0	138	32.4	117	27.5	85	20.0	22	5.2	3.32	1.109
Q35	151	35.4	165	38.7	65	15.3	39	9.2	6	1.4	3.98	1.001
Q36	79	18.5	173	40.6	94	22.1	65	15.3	15	3.5	3.55	1.066
Q37	88	20.7	154	36.2	112	26.3	61	14.3	11	2.6	3.58	1.049
Q38	88	20.7	204	47.9	74	17.4	47	11.0	13	3.1	3.72	1.010
Q39	95	22.3	125	29.3	126	29.6	52	12.2	28	6.6	3.49	1.156
Q40	93	21.8	157	36.9	105	24.6	55	12.9	16	3.8	3.6	1.078
Q41	105	24.6	179	42.0	83	19.5	42	9.9	17	4.0	3.73	1.062
Q42	104	24.4	190	44.6	76	17.8	45	10.6	11	2.6	3.78	1.015
Q43	110	25.8	172	40.4	91	21.4	39	9.2	14	3.3	3.76	1.039
Q44	95	22.3	180	42.3	89	20.9	45	10.6	17	4.0	3.68	1.056

（续表）

| 序号 | 非常同意 | | 比较同意 | | 不确定 | | 不太同意 | | 非常不同意 | | 平均数 | 标准差 |
	频数	%	频数	%	频数	%	频数	%	频数	%		
Q45	107	25.1	165	38.7	99	23.2	44	10.3	11	2.6	3.73	1.030
Q46	115	27.0	162	38.0	93	21.8	43	10.1	13	3.1	3.76	1.054
Q47	104	24.4	150	35.2	92	21.6	65	15.3	15	3.5	3.62	1.115
Q48	106	24.9	162	38.0	77	18.1	64	15.0	17	4.0	3.65	1.126
Q49	129	30.3	172	40.4	70	16.4	44	10.3	11	2.6	3.85	1.046
Q50	98	23.0	176	41.3	68	16.0	48	11.3	36	8.5	3.59	1.199
总和	4043	18.9	7908	37.1	4952	23.3	3240	15.2	1157	5.4	3.49	53.160

注：表中灰色区域的均值表示未及总体均值（3.49）的题项，紫色区域的均值表示未及3分的题项。

从表8-1可以看出，学生对课程与教学各领域的感知分数总体较低，50个题项的总体均值为3.49，且所有题项的均值都没有超过4分。50个题项的总项解释方面，"非常同意"、"比较同意"两项之和占56.1%，"不太同意"与"非常不同意"之和为20.65%，说明学生对学校课程与教学服务的体验尚佳。

为了检验每个题项的鉴别度，保证测验的可行性与适合度，需要进行项目分析，即求出每一个题项的"决断值"（critical ratio，CR值）。通过统计检验，保留达到显著性水平的题项，删除未达到显著性水平的题项。结果见表8-2所示。表8-2表明该问卷中的50个问题项的决断值均达到显著水平，故这50个问题项均可保留。

表8-2 报表整理与结果说明

题项	决断值	题项	决断值	题项	决断值
Q1	7.077***	Q18	7.770***	Q35	8.189***
Q2	6.825***	Q19	13.288***	Q36	11.235***
Q3	10.232***	Q20	14.760***	Q37	13.156***
Q4	12.783***	Q21	14.944***	Q38	9.964***
Q5	13.207***	Q22	12.310***	Q39	14.887***
Q6	11.477***	Q23	15.068***	Q40	14.934***
Q7	13.061***	Q24	15.282***	Q41	12.620***
Q8	12.554***	Q25	10.944***	Q42	11.522***
Q9	13.775***	Q26	9.382***	Q43	14.768***
Q10	13.156***	Q27	8.279***	Q44	14.762***
Q11	12.326***	Q28	10.368***	Q45	13.932***
Q12	12.479***	Q29	12.079***	Q46	13.395***
Q13	12.958***	Q30	11.478***	Q47	17.710***
Q14	10.646***	Q31	10.828***	Q48	15.037***

（续表）

题项	决断值	题项	决断值	题项	决断值
Q15	11.914***	Q32	12.534***	Q49	14.865.***
Q16	7.936***	Q33	11.798***	Q50	16.600***
Q17	7.701***	Q34	13.105***		

注：*** 代表 $p < 0.001$。

本次效度检验仍然采用专家效度法检验问卷效度。检验结果表明，修订后的正式调查问卷具有内容效度，测验题目能较好地代表原来的测验内容。

由于测验的分数会因受试者不同而有所不同，因此多数研究者认为每次施测量表后，都要进行信度检验。继续执行预试阶段的信度分析方法，得到如表 8-3 所示的结果，即该测验的 Cronbach's Alpha 信度系数为 0.942，标准化的信度系数为0.945，表明该测验具有优良的信度。该测验 50 个题项之间的内部一致性较高，不用将任何一题项予以删除。

表 8-3　信度统计量

Cronbach's Alpha 信度系数	标准化的信度系数	题项数
.942	.945	50

第二步是利用描述统计方法进行计算与分析。

首先，分析样本校学生对课程与教学总体及各维度的体验情况。各维度均值见表 8-4 所示，各维度同意百分比见表 8-5 所示。

表 8-4　各维度均值表

维度	平均值	维度	平均值
激发智能	3.72	学生学习支持	3.50
一般技能	3.71	课程整体满意度	3.47
毕业生素质	3.71	学习资源	3.45
学习共同体	3.66	学习量合理化	3.33
大学体验总体满意度	3.59	清晰的目标与标准	3.28
优质教学	3.51	考核合理化	2.41
总体均值		3.445	

表 8-5　各维度"同意（非常同意 + 比较同意）百分比"

维度	同意百分比%	维度	同意百分比%
毕业生素质	64.8	课程整体满意度	55.9
一般技能	64.5	优质教学	55.5
激发智能	64.5	学习资源	52.3
大学体验总体满意度	64.3	学习量合理化	50.6
学习共同体	62.0	清晰的目标与标准	47.6
学生学习支持	59.1	考核合理化	19.3
总体均值		3.445	

如表 8-4 所示,学校在各维度上的平均值从高到低依次为:激发智能、一般技能、毕业生素质、学习共同体、大学体验总体满意度、学生学习支持、优质教学、课程整体满意度、学习资源、学习量合理化、清晰的目标与标准、考核合理化。表 8-4 直观显示,各维度的总体均值为 3.445。其中,有三个维度的均值低于总体均值3.445,分别是"考核合理化"、"学习量合理化"和"清晰的目标与标准"维度。尤其是"考核合理化"维度的均值只有 2.41,未及 3 分。

如表 8-5 所示,学校在各维度上的同意百分比从高到低依次为:毕业生素质、一般技能、激发智能、大学体验总体满意度、学习共同体、学生学习支持、课程整体满意度、优质教学、学习资源、学习量合理化、清晰的目标与标准、考核合理化。其中,同意百分比达到 60% 的一共有五个维度,分别是:毕业生素质、一般技能、激发智能、大学体验总体满意度、学习共同体。

其次,描述各专业学生对本专业课程与教学质量的感知情况。

如表 8-6 所示,各专业学生对课程与教学各领域的感知,从相对较好到相对较差的专业依次为:经济学专业、边防管理专业、汉语言文学专业、工商管理专业、会计学专业、计算机科学与技术专业、治安学专业、行政管理专业、知识产权专业、法律学院法学专业、新闻专业、侦查学专业、劳动与社会保障专业、政治学与行政学专业、日语专业、国际经济与贸易专业、金融专业、经济法学院法学专业、司法社会工作专业、英语专业、文化产业管理专业、国际法学院法学专业、公共事业管理专业、社会学专业。各专业的总体均值为 3.52。高于和低于总体均值的专业各占一半。

表 8-6　各专业平均值表

专业	平均值	专业	平均值
经济学专业	4.54	劳动与社会保障专业	3.49
边防管理专业	3.98	政治学与行政学专业	3.48
汉语言文学专业	3.77	日语专业	3.47
工商管理专业	3.70	国际经济与贸易专业	3.42
会计学专业	3.66	金融专业	3.40
计算机科学与技术专业	3.65	经济法学院法学专业	3.40
治安学专业	3.65	司法社会工作专业	3.35
行政管理专业	3.54	英语专业	3.33
知识产权专业	3.54	文化产业管理专业	3.30
法律学院法学专业	3.53	国际法学院法学专业	3.10
新闻专业	3.53	公共事业管理专业	3.06
侦查学专业	3.53	社会学专业	2.98
总体均值		3.52	

　　另外,采用独立样本 T 检验方法,分析男女学生在课程与教学质量各维度体验状况的差异,结果如表 8-7 所示:

表 8-7　组别统计量

维度	性别	个数	平均数	标准差	平均数的标准误
优质教学	男	208	20.78	5.506	0.382
	女	218	21.28	4.080	0.276
一般技能	男	208	21.74	5.221	0.362
	女	218	22.80	4.541	0.308
清晰的目标与标准	男	208	13.00	2.535	0.176
	女	218	13.25	2.482	0.168
学习量合理化	男	208	13.38	3.034	0.210
	女	218	13.28	3.043	0.206
考核合理化	男	208	7.52	2.683	0.186
	女	218	6.97	2.228	0.151
课程整体满意度	男	208	3.35	1.124	0.078
	女	218	3.59	0.943	0.064
学生学习支持	男	208	24.44	5.689	0.394
	女	218	24.87	5.124	0.347
学习资源	男	208	17.00	4.334	0.301
	女	218	17.44	3.689	0.250
学习共同体	男	208	17.80	4.346	0.301
	女	218	18.81	3.436	0.233
毕业生素质	男	208	21.80	5.522	0.383
	女	218	22.76	4.462	0.302
激发智能	男	208	14.53	3.905	0.271
	女	218	15.21	3.323	0.225
大学体验总体满意度	男	208	3.50	1.304	0.090
	女	218	3.67	1.086	0.074

　　从表 8-8 可直观看出,男女学生在"优质教学"、"清晰的目标与标准"、"学习量合理化"、"学生学习支持"、"学习资源"维度上不存在显著差异;在"一般技能"、"考核合理化"、"课程整体满意度"、"毕业生素质"四个维度上存在显著差异;在"学习共同体"维度上存在极其显著的差异。

表 8-8　独立样本 T 检验整理后的表格

维度	t	df	Sig. (2-tailed)	备注
优质教学	-1.063	380.95	0.288	不显著
一般技能	-2.237	409.944	0.026*	
清晰的目标与标准	-1.038	424	0.3	不显著
学习量合理化	0.339	424	0.734	不显著
考核合理化	2.322	402.685	0.021*	
课程整体满意度	-2.345	404.397	0.020*	
学生学习支持	-0.828	424	0.408	不显著
学习资源	-1.139	406.733	0.256	不显著
学习共同体	-2.638	393.909	0.009**	
毕业生素质	-1.965	397.929	0.050*	
激发智能	-1.911	406.674	0.057	不显著
大学体验总体满意度	-1.911	406.674	0.057	不显著

注：*表示存在显著差异；**表示存在极其显著的差异。

结合表 8-7 和表 8-8 可知，在"考核合理化"维度上，男生显著高于女生；在"一般技能"、"课程整体满意度"、"毕业生素质"维度上，女生显著高于男生；在"学习共同体"维度上，女生极其显著地高于男生。

第三步是使用方差分析方法，比较样本校三个学院法学专业学生的课程与教学体验现状及差异。

大学生课程体验调查法，适用于对相同专业或者开设相似课程的专业进行比较。[①] 在此，主要通过辨识法学专业的质量差异，促使法学专业的质量改进。由于该部分研究意在考察专业间的评价差异，只有专业一个自变量，而有两个以上的因变量，且因变量为连续变量，自变量为类别变量。因此，应使用单因素方差分析（ANOVA）。

由表 8-9 方差分析结果可见，法律学院法学专业、国际法学院法学专业和经济法学院法学专业的学生间，在"优质教学"和"学生学习支持"两个维度上的感知不存在显著差异。在"学习资源"维度上存在显著差异。在"一般技能"、"清晰的目标与标准"、"学习量合理化"、"考核合理化"、"课程整体满意度"、"学习共同体"、"毕业生素质"、"激发智能"和"大学体验总体满意度"九个维度上的感知都存在极其显著的差异。由于三个专业的受试者在十个维度的 F 值检验结果达到显著，需要事后比较哪两组间的感知有差异。因而，笔者对 Post Hoc Tests 检验的多重比较 Scheffe 法的报表结果进行了分析，如表 8-10 所示。

---

① See National Course Experience Questionnaire 2007—Comparative Review of British, American and Australian national Surveys of Undergraduate Students[R], *Higher Education Academy*, February, 2007.

表 8-9　单因素方差分析结果报表

维度		平方和	df	均方	F	Sig.
优质教学	组间	15.954	2	7.977	0.332	0.718
	组内	4281.704	178	24.055		
	总体	4297.657	180			
一般技能	组间	319.065	2	159.533	5.770	0.004**
	组内	4921.289	178	27.648		
	总体	5240.354	180			
清晰的目标与标准	组间	96.178	2	48.089	7.435	0.001**
	组内	1151.225	178	6.468		
	总体	1247.403	180			
学习量合理化	组间	96.528	2	48.264	6.279	0.002**
	组内	1368.256	178	7.687		
	总体	1464.785	180			
考核合理化	组间	66.620	2	33.310	4.907	0.008**
	组内	1208.320	178	6.788		
	总体	1274.939	180			
课程整体满意度	组间	17.982	2	8.991	8.078	0.000**
	组内	198.128	178	1.113		
	总体	216.110	180			
学生学习支持	组间	41.524	2	20.762	1.307	0.273
	组内	2828.288	178	15.889		
	总体	2869.812	180			
学习资源	组间	110.264	2	55.132	3.640	0.028*
	组内	2696.365	178	15.148		
	总体	2806.630	180			
学习共同体	组间	279.551	2	139.776	8.670	0.000**
	组内	2869.686	178	16.122		
	总体	3149.238	180			
毕业生素质	组间	592.536	2	296.268	11.609	0.000**
	组内	4542.735	178	25.521		
	总体	5135.271	180			
激发智能	组间	280.916	2	140.458	11.320	0.000**
	组内	2208.630	178	12.408		
	总体	2489.547	180			
大学体验总体满意度	组间	23.357	2	11.678	7.909	0.001**
	组内	262.831	178	1.477		
	总体	286.188	180			

注：*表示存在显著差异，**表示存在极其显著的差异，灰色区域的数字表示不存在显著差异。

表 8-10　多重比较 Scheffe 法报表

因变量	(I)专业	(J)专业	平均差异 (I-J)	标准误	显著性	95% 置信区间	
						下界	上界
优质教学	法律学院法学	国际法学院法学	0.703	0.908	0.741	-1.54	2.95
		经济法学院法学	0.566	0.902	0.822	-1.66	2.79
	国际法学院法学	法律学院法学	-0.703	0.908	0.741	-2.95	1.54
		经济法学院法学	-0.138	0.874	0.988	-2.29	2.02
	经济法学院法学	法律学院法学	-0.566	0.902	0.822	-2.79	1.66
		国际法学院法学	0.138	0.874	0.988	-2.02	2.29
一般技能	法律学院法学	国际法学院法学	3.237(*)	0.974	0.005	0.83	5.64
		经济法学院法学	1.141	0.967	0.499	-1.25	3.53
	国际法学院法学	法律学院法学	-3.237(*)	0.974	0.005	-5.64	-0.83
		经济法学院法学	-2.096	0.937	0.085	-4.41	0.22
	经济法学院法学	法律学院法学	-1.141	0.967	0.499	-3.53	1.25
		国际法学院法学	2.096	0.937	0.085	-0.22	4.41
清晰的目标与标准	法律学院法学	国际法学院法学	1.798(*)	0.471	0.001	0.64	2.96
		经济法学院法学	0.735	0.468	0.293	-0.42	1.89
	国际法学院法学	法律学院法学	-1.798(*)	0.471	0.001	-2.96	-0.64
		经济法学院法学	-1.063	0.453	0.067	-2.18	0.06
	经济法学院法学	法律学院法学	-0.735	0.468	0.293	-1.89	0.42
		国际法学院法学	1.063	0.453	0.067	-0.06	2.18
学习量合理化	法律学院法学	国际法学院法学	1.714(*)	0.514	0.004	0.45	2.98
		经济法学院法学	1.421(*)	0.51	0.022	0.16	2.68
	国际法学院法学	法律学院法学	-1.714(*)	0.514	0.004	-2.98	-0.45
		经济法学院法学	-0.293	0.494	0.839	-1.51	0.93
	经济法学院法学	法律学院法学	-1.421(*)	0.51	0.022	-2.68	-0.16
		国际法学院法学	0.293	0.494	0.839	-0.93	1.51
考核合理化	法律学院法学	国际法学院法学	-1.381(*)	0.483	0.018	-2.57	-0.19
		经济法学院法学	-0.216	0.479	0.903	-1.4	0.97
	国际法学院法学	法律学院法学	1.381(*)	0.483	0.018	0.19	2.57
		经济法学院法学	1.165(*)	0.464	0.045	0.02	2.31
	经济法学院法学	法律学院法学	0.216	0.479	0.903	-0.97	1.4
		国际法学院法学	-1.165(*)	0.464	0.045	-2.31	-0.02
课程整体满意度	法律学院法学	国际法学院法学	0.570(*)	0.195	0.016	0.09	1.05
		经济法学院法学	-0.152	0.194	0.735	-0.63	0.33
	国际法学院法学	法律学院法学	-0.570(*)	0.195	0.016	-1.05	-0.09
		经济法学院法学	-0.722(*)	0.188	0.001	-1.19	-0.26
	经济法学院法学	法律学院法学	0.152	0.194	0.735	-0.33	0.63
		国际法学院法学	0.722(*)	0.188	0.001	0.26	1.19

（续表）

因变量	(I)专业	(J)专业	平均差异(I−J)	标准误	显著性	95% 置信区间	
						下界	上界
学生学习支持	法律学院法学	国际法学院法学	0.726	0.738	0.618	−1.1	2.55
		经济法学院法学	−0.411	0.733	0.855	−2.22	1.4
	国际法学院法学	法律学院法学	−0.726	0.738	0.618	−2.55	1.1
		经济法学院法学	−1.137	0.71	0.281	−2.89	0.62
	经济法学院法学	法律学院法学	0.411	0.733	0.855	−1.4	2.22
		国际法学院法学	1.137	0.71	0.281	−0.62	2.89
学习资源	法律学院法学	国际法学院法学	1.909(*)	0.721	0.032	0.13	3.69
		经济法学院法学	0.696	0.716	0.624	−1.07	2.46
	国际法学院法学	法律学院法学	−1.909(*)	0.721	0.032	−3.69	−0.13
		经济法学院法学	−1.212	0.694	0.22	−2.92	0.5
	经济法学院法学	法律学院法学	−0.696	0.716	0.624	−2.46	1.07
		国际法学院法学	1.212	0.694	0.22	−0.5	2.92
学习共同体	法律学院法学	国际法学院法学	3.002(*)	0.744	0	1.17	4.84
		经济法学院法学	0.951	0.738	0.438	−0.87	2.77
	国际法学院法学	法律学院法学	−3.002(*)	0.744	0	−4.84	−1.17
		经济法学院法学	−2.051(*)	0.715	0.018	−3.82	−0.28
	经济法学院法学	法律学院法学	−0.951	0.738	0.438	−2.77	0.87
		国际法学院法学	2.051(*)	0.715	0.018	0.28	3.82
毕业生素质	法律学院法学	国际法学院法学	4.327(*)	0.936	0	2.02	6.64
		经济法学院法学	1.229	0.929	0.419	−1.06	3.52
	国际法学院法学	法律学院法学	−4.327(*)	0.936	0	−6.64	−2.02
		经济法学院法学	−3.098(*)	0.9	0.003	−5.32	−0.88
	经济法学院法学	法律学院法学	−1.229	0.929	0.419	−3.52	1.06
		国际法学院法学	3.098(*)	0.9	0.003	0.88	5.32
激发智能	法律学院法学	国际法学院法学	2.989(*)	0.652	0	1.38	4.6
		经济法学院法学	0.879	0.648	0.4	−0.72	2.48
	国际法学院法学	法律学院法学	−2.989(*)	0.652	0	−4.6	−1.38
		经济法学院法学	−2.110(*)	0.628	0.004	−3.66	−0.56
	经济法学院法学	法律学院法学	−0.879	0.648	0.4	−2.48	0.72
		国际法学院法学	2.110(*)	0.628	0.004	0.56	3.66
大学体验总体满意度	法律学院法学	国际法学院法学	0.887(*)	0.225	0.001	0.33	1.44
		经济法学院法学	0.365	0.223	0.265	−0.19	0.92
	国际法学院法学	法律学院法学	−0.887(*)	0.225	0.001	−1.44	−0.33
		经济法学院法学	−0.521	0.217	0.058	−1.06	0.01
	经济法学院法学	法律学院法学	−0.365	0.223	0.265	−0.92	0.19
		国际法学院法学	0.521	0.217	0.058	−0.01	1.06

注：* 在 0.05 水平上的平均差异很显著。

四、主要结论

经统计检验,该项研究所开发并使用的大学生课程体验调查问卷具有较好的内部一致性,它能够有效解释所欲建构的特质,也具有良好的项目特征。因此,该问卷可作为课程教学质量感知体验的工具,具有一定的推广价值。

有关样本校课程与教学质量的结果如下:

第一,描述统计结果表明,样本校课程与教学质量总体情况尚佳。

(1) 在"毕业生素质"、"一般技能"、"激发智能"三方面均取得了良好的成绩。"学习共同体"、"大学体验总体满意度"领域也是该校成果较为突出的方面,获得了各专业学生的普遍认可。

(2) 在"优质教学"、"课程整体满意度"、"学生学习支持"、"学习资源"等方面还有较大的提升空间。

(3) "考核合理化"、"学习量合理化"及"清晰的目标与标准"等领域的认可度相对较低,这三方面的质量问题急需诊断与改进,尤以"考核合理化"问题最为突出。

第二,描述统计结果表明,经济学、边防管理、汉语言文学、工商管理等专业的大学生课程体验状况相对较好,均值都在 3.70 以上。尤其是经济学专业学生,对课程与教学各方面的质量都非常认可。公共事业管理、社会学、文化产业管理、国际法学院法学等专业的学生课程体验状况则相对较差。其中,尤以社会学和公共事业管理专业问题最为突出。

通过访谈等方式进一步了解获知,优质的师资与教学支持服务是经济学专业获得较好评价的保证与支柱。而公共事业管理和社会学专业获得较差评价的原因主要在于师资的不足与教学支持服务的不完善。当然,专业开设的时间长短也有很大关系。

第三,独立样本 T 检验结果表明,男女学生对大学课程与教学多方面质量的感知均存在显著性差异,女生的体验感知明显好于男生。在"学习共同体"维度上,女生极其显著地好于男生。唯有在"考核合理化"维度的感知上,男生好于女生。

第四,不同学院法学专业课程与教学质量的结果也不完全相同。方差分析结果表明,除在"优质教学"和"学生学习支持"两个维度上法律学院、国际法学院和经济法学院学生的感知不存在显著差异外,在其他维度上都存在显著差异。通过事后比较结果(表8-10)发现,三个专业存在显著性差异的具体表现为:

(1) 在"学习资源"维度上,法律学院显著地高于国际法学院。

(2) 在"一般技能"、"清晰的目标与标准"、"大学体验总体满意度"维度上,法律学院极其显著地高于国际法学院。

(3) 在"学习量合理化"维度上,法律学院学生的体验情况极其显著地好于经济法学院,也极其显著地好于国际法学院。

(4) 在"课程整体满意度"、"学习共同体"、"毕业生素质"、"激发智能"维度上,法律学院极其显著地高于国际法学院,经济法学院也极其显著地高于国际法学院。

(5) 在"考核合理化"维度上,国际法学院极其显著地高于法律学院和经济法学院。

三个专业间为什么存在这些差异呢? 除了学生群体的差异以外,还有哪些因素导致了不同的评价效果呢? 深入访谈结果表明,学习共同体的创设为法律学院法学专业赢得了好的评价。而师生交流不充分、学生归属感弱、学习难度大等则影响了国际法学院法学专业学生的体验效果。当然,还有一个重要影响因素是学生的期望值。国际法学院学生生源素质较高,在平日的学习中,更加努力,他们对自己的要求更高、更严格,对学校课程与教学的质量期许也更高。

附表

附表 8-1　澳大利亚 CEQ

CORE：Good Teaching Scale（six items）

1. The teaching staff of this course motivated me to do my best work.
2. The staff put a lot of time into commenting on my work.
3. The staff made a real effort to understand difficulties I might be having with my work.
4. The teaching staff normally gave me helpful feedback on how I was going.
5. My lecturers were extremely good at explaining things.
6. The teaching staff worked hard to make their subjects interesting.

CORE：Generic Skills Scale（six items）

7. The course developed my problem-solving skills.
8. The course sharpened my analytic skills.
9 The course helped me develop my ability to work as a team member.
10. As a result of my course, I feel confident about tackling unfamiliar problems.
11. The course improved my skills in written communication.
12. My course helped me to develop the ability to plan my own work.

Clear Goals and Standards Scale（four items）

13. It was always easy to know the standard of work expected.
14. I usually had a clear idea of where I was going and what was expected of me in this course.
15. It was often hard to discover what was expected of me in this course.
16. The staff made it clears right from the start what they expected from students.

Appropriate Workload Scale（four items）

17. The workload was too heavy.
18. I was generally given enough time to understand the things I had to learn.
19. There was a lot of pressure on me to do well in this course.
20. The sheer volume of work to be got through in this course meant it couldn't all be thoroughly comprehended.

（续表）

Appropriate Assessment Scale（three items）

21. To do well in this course all you really needed was a good memory.

22. The staff seemed more interested in testing what I had memorized than what I had understood.

23. Too many staff asked me questions just about facts.

CORE：Overall Satisfaction Item

24. Overall, I was satisfied with the quality of these courses.

Student Support Scale（five items）

25. The library services were readily accessible.

26. I was able to access information technology resources when I needed them.

27. I was satisfied with the course and careers advice provided.

28. Health, welfare and counseling services met my requirements.

29. Relevant learning resources were accessible when I needed them.

Learning Resources Scale（five items）

30. The library resources were appropriate for my needs.

31. Where it was used, the information technology in teaching and learning was effective.

32. It was made clear what resources were available to help me learn.

33. The study materials were clear and concise.

34. Course materials were relevant and up to date.

Learning Community Scale（five items）

35. I felt part of a group of students and staff committed to learning.

36. I was able to explore academic interests with staff and students.

37. I learned to explore ideas confidently with other people.

38. Students' ideas and suggestions were used during the course.

39. I felt I belonged to the university community.

Graduate Qualities Scale（six items）

40. University stimulated my enthusiasm for further learning.

41. The course provided me with a broad overview of my field of knowledge.

42. My university experience encouraged me to value perspectives other than my own.

43. I learned to apply principles from this course to new situations.

44. The course developed my confidence to investigate new ideas.

45. I consider what I learned valuable for my future.

Intellectual Motivation Scale（four items）

46. I found my studies intellectually stimulating.

47. I found the course motivating.

48. The course has stimulated my interest in the field of study.

49. Overall, my university experience was worthwhile.

CORE：Overall Satisfaction Item

50. Overall, I am very satisfied with my university experience so far.

Two open responses/free text boxes are provided, provide more detailed feedback

1. What are you consider to be the best aspects of your course?

2. What aspect you feel is most in need of improvement, to provide more detailed feedback?

附表 8-2　"大学生课程体验调查"问卷

问卷编号 □□□□

亲爱的同学：

　　这份问卷的目的在于了解你们对大学提供的课程，以及学校提供的各种教育教学服务的总体感知或体验。问卷中涉及的"课程"指你们在大学学习的全部学科。

　　问卷采用不记名方式，调查结果仅供毕业论文研究使用，因此填写时无需有任何顾虑。研究结论的科学性取决于您回答的真实性。请您根据自己的实际情况，在下列各题中选择一个您认为最符合的选项，直接在答题卡上代表该选项的方框内划"√"。这份问卷大约需要 15 分钟来完成。非常感谢您的配合！

华东师范大学高教所

（发放时间：2008 年 11 月 7 日至 15 日）

所学专业：_____　　　　年龄：_____　　　　　　　性别：□男　□女

题目	非常同意	比较同意	不确定	不太同意	非常不同意
1. 授课的老师能激发我的学习潜能，使我努力做到最好					
2. 老师花费很多时间去评阅我的作业					
3. 老师为我在学习中遇到的困难作出了实实在在的努力					
4. 老师对我的学习经常给予有益的反馈					
5. 老师的讲解非常清晰					
6. 老师努力使所讲课程变得有趣					
7. 大学课程的学习锻炼了我解决问题的能力					
8. 大学课程的学习锻炼了我的分析能力					
9. 大学课程的学习提高了我与他人合作的能力					
10. 大学课程的学习使我有信心解决不熟悉的问题					
11. 大学课程的学习提高了我的书面沟通能力					
12. 大学课程的学习帮助我提高了学习规划的能力					
13. 学习任务所要求达到的标准清晰易懂					
14. 在课程学习中，我一直都很清楚自己的学习方向和目标					
15. 我经常意识到我的课程学习目标不明确					
16. 教师从一开始就阐明了对学生的期待目标					
17. 作业量太大					
18. 我有充分的时间去理解所学的知识					
19. 我感到要想学好大学课程，压力很大					
20. 大学课程的学习任务太重，以至于我无法充分理解这些内容					
21. 要学好课程，的确需要良好的记忆力					
22. 考试内容关注记忆多于理解					

（续表）

题目	非常同意	比较同意	不确定	不太同意	非常不同意
23. 太多的老师问我事实类问题					
24. 总的来说,我对课程质量感到满意					
25. 图书馆的服务很便利					
26. 我能够获取我所需要的信息技术资源					
27. 我满意学校提供的职业指导与规划课程					
28. 学校健康、福利和咨询服务能够满足我的需求					
29. 我能很便利地获取需要的相关学习资源					
30. 图书馆提供的资源适合我的需求					
31. 凡教学中使用的信息技术,都是有效的					
32. 学校提供的资源能帮助我有效地学习					
33. 学习资料清晰明了					
34. 学校能及时提供与课程相关的最新资料					
35. 我感到有部分老师和学生对待学习很投入					
36. 我能够与同学和老师一道探索学术兴趣					
37. 我学会充满自信地与其他人交流思想,开拓思路					
38. 在课程学习中,教师能够听取学生的想法和建议					
39. 在这所大学里,我觉得我有归属感					
40. 大学激发了我对今后学习的热情					
41. 大学课程的学习为我开拓了更广泛的学科领域视野					
42. 在课程学习中我受到启发而萌生的想法,能够帮助我对与自己不同的观点进行评价和反思					
43. 我学会了运用课程中学到的原理去面对和解决新情境中的问题					
44. 大学课程的学习增强了我探索新知的信心					
45. 我认为所学知识对我今后很有帮助					
46. 我发现学习能够启迪我的智力					
47. 我觉得大学课程能激励我学习					
48. 大学课程能激发我对专业学习的兴趣					
49. 总的来说,我的大学体验是有价值的					
50. 总之,迄今为止,我非常满意我的大学体验					

开放式题目:

1. 你认为你所学的大学课程,在哪些方面做得最好?

2. 你认为你所学的大学课程,哪些方面需要加强?请解释原因。

附表 8-3　项目分析组别统计量

题项	group	个数	平均数	标准差	平均数的标准误
Q1	1	284	3.96	0.893	0.053
	2	116	3.12	1.151	0.107
Q2	1	284	3.37	1.113	0.066
	2	116	2.56	0.998	0.093
Q3	1	284	3.71	0.906	0.054
	2	116	2.67	0.958	0.089
Q4	1	284	3.86	0.852	0.051
	2	116	2.61	0.902	0.084
Q5	1	284	4.05	0.719	0.043
	2	116	2.77	0.936	0.087
Q6	1	284	4.06	0.777	0.046
	2	116	2.86	1.012	0.094
Q7	1	284	4.07	0.801	0.048
	2	116	2.71	1.004	0.093
Q8	1	284	4.15	0.779	0.046
	2	116	2.84	1.001	0.093
Q9	1	284	4.14	0.753	0.045
	2	116	2.81	0.922	0.086
Q10	1	284	4.10	0.822	0.049
	2	116	2.88	0.886	0.082
Q11	1	284	4.07	0.746	0.044
	2	116	2.92	0.886	0.082
Q12	1	284	4.07	0.812	0.048
	2	116	2.82	0.947	0.088
Q13	1	284	3.96	0.840	0.050
	2	116	2.67	0.930	0.086
Q14	1	284	3.86	0.878	0.052
	2	116	2.71	1.022	0.095
Q15	1	284	2.74	1.176	0.070
	2	116	2.98	1.157	0.107
Q16	1	284	3.47	1.094	0.065
	2	116	2.54	0.964	0.089
Q17	1	284	3.29	1.313	0.078
	2	116	3.76	1.092	0.101
Q18	1	284	3.92	0.915	0.054
	2	116	3.03	1.091	0.101

（续表）

题项	group	个数	平均数	标准差	平均数的标准误
Q19	1	284	2.89	1.145	0.068
	2	116	3.30	1.073	0.100
Q20	1	284	3.07	1.194	0.071
	2	116	3.61	0.949	0.088
Q21	1	284	1.94	0.984	0.058
	2	116	2.55	1.175	0.109
Q22	1	284	2.19	1.119	0.066
	2	116	2.48	1.176	0.109
Q23	1	284	2.64	1.035	0.061
	2	116	3.18	0.938	0.087
Q24	1	284	3.91	0.814	0.048
	2	116	2.48	0.860	0.080
Q25	1	284	3.97	0.937	0.056
	2	116	2.69	1.107	0.103
Q26	1	284	4.18	0.732	0.043
	2	116	3.25	0.959	0.089
Q27	1	284	3.58	1.048	0.062
	2	116	2.62	1.077	0.100
Q28	1	284	3.75	0.985	0.058
	2	116	2.64	0.955	0.089
Q29	1	284	4.00	0.747	0.044
	2	116	2.77	0.990	0.092
Q30	1	284	3.96	0.883	0.052
	2	116	2.78	0.949	0.088
Q31	1	284	3.61	0.924	0.055
	2	116	2.51	0.918	0.085
Q32	1	284	3.90	0.798	0.047
	2	116	2.73	0.868	0.081
Q33	1	284	3.87	0.820	0.049
	2	116	2.80	0.826	0.077
Q34	1	284	3.74	0.984	0.058
	2	116	2.40	0.790	0.073
Q35	1	284	4.27	0.803	0.048
	2	116	3.35	1.097	0.102
Q36	1	284	3.92	0.886	0.053
	2	116	2.73	0.990	0.092

（续表）

题项	group	个数	平均数	标准差	平均数的标准误
Q37	1	284	3.96	0.864	0.051
	2	116	2.68	0.919	0.085
Q38	1	284	4.08	0.743	0.044
	2	116	2.96	1.114	0.103
Q39	1	284	3.96	0.901	0.053
	2	116	2.39	0.985	0.091
Q40	1	284	4.04	0.835	0.050
	2	116	2.56	0.926	0.086
Q41	1	284	4.15	0.793	0.047
	2	116	2.78	1.056	0.098
Q42	1	284	4.16	0.742	0.044
	2	116	2.91	1.071	0.099
Q43	1	284	4.21	0.720	0.043
	2	116	2.73	0.972	0.090
Q44	1	284	4.14	0.757	0.045
	2	116	2.70	0.935	0.087
Q45	1	284	4.15	0.758	0.045
	2	116	2.77	0.954	0.089
Q46	1	284	4.20	0.748	0.044
	2	116	2.78	1.037	0.096
Q47	1	284	4.12	0.817	0.048
	2	116	2.46	0.869	0.081
Q48	1	284	4.11	0.846	0.050
	2	116	2.56	0.972	0.090
Q49	1	284	4.30	0.708	0.042
	2	116	2.78	1.003	0.093
Q50	1	284	4.15	0.756	0.045
	2	116	2.33	1.078	0.100

附表 8-4　项目分析独立样本 T 检验结果

		方差相等的 Levene 检验		平均数相等的 t 检验						
		F 检验	显著性	t	自由度	显著性（双侧）	平均差异	标准误差异	差异的 95% 的置信区间	
									下界	上界
Q1	假设方差相等	17.477	0.000	7.861	398	0.000	0.844	0.107	0.633	1.055
	不假设方差相等			7.077	174.229	0.000	0.844	0.119	0.609	1.079
Q2	假设方差相等	1.507	0.220	6.825	398	0.000	0.813	0.119	0.579	1.047
	不假设方差相等			7.144	236.616	0.000	0.813	0.114	0.589	1.037
Q3	假设方差相等	0.785	0.376	10.232	398	0.000	1.039	0.102	0.839	1.238
	不假设方差相等			9.995	203.345	0.000	1.039	0.104	0.834	1.244
Q4	假设方差相等	4.982	0.026	13.090	398	0.000	1.251	0.096	1.063	1.438
	不假设方差相等			12.783	203.239	0.000	1.251	0.098	1.058	1.444
Q5	假设方差相等	23.524	0.000	14.725	398	0.000	1.279	0.087	1.108	1.449
	不假设方差相等			13.207	173.093	0.000	1.279	0.097	1.087	1.470
Q6	假设方差相等	21.379	0.000	12.802	398	0.000	1.201	0.094	1.017	1.386
	不假设方差相等			11.477	172.965	0.000	1.201	0.105	0.995	1.408
Q7	假设方差相等	19.561	0.000	14.350	398	0.000	1.367	0.095	1.180	1.554
	不假设方差相等			13.061	177.581	0.000	1.367	0.105	1.160	1.574
Q8	假设方差相等	14.739	0.000	13.926	398	0.000	1.303	0.094	1.119	1.487
	不假设方差相等			12.554	174.622	0.000	1.303	0.104	1.098	1.508
Q9	假设方差相等	9.158	0.003	14.991	398	0.000	1.331	0.089	1.156	1.505
	不假设方差相等			13.775	180.658	0.000	1.331	0.097	1.140	1.521
Q10	假设方差相等	1.316	0.252	13.156	398	0.000	1.219	0.093	1.037	1.401
	不假设方差相等			12.747	200.005	0.000	1.219	0.096	1.031	1.408
Q11	假设方差相等	6.841	0.009	13.246	398	0.000	1.152	0.087	0.981	1.322
	不假设方差相等			12.326	184.899	0.000	1.152	0.093	0.967	1.336
Q12	假设方差相等	9.614	0.002	13.310	398	0.000	1.251	0.094	1.067	1.436
	不假设方差相等			12.479	187.518	0.000	1.251	0.100	1.054	1.449
Q13	假设方差相等	7.216	0.008	13.527	398	0.000	1.292	0.096	1.105	1.480
	不假设方差相等			12.958	195.498	0.000	1.292	0.100	1.096	1.489
Q14	假设方差相等	10.472	0.001	11.341	398	0.000	1.152	0.102	0.953	1.352
	不假设方差相等			10.646	187.969	0.000	1.152	0.108	0.939	1.366
Q15	假设方差相等	1.259	0.263	11.914	398	0.000	1.247	0.129	0.500	1.007
	不假设方差相等			10.927	216.780	0.000	1.247	0.128	0.499	1.006
Q16	假设方差相等	3.435	0.065	7.936	398	0.000	0.925	0.117	0.696	1.154
	不假设方差相等			8.370	240.838	0.000	0.925	0.111	0.707	1.143
Q17	假设方差相等	13.588	0.000	6.428	398	0.000	1.473	0.138	0.745	1.202
	不假设方差相等			7.701	254.715	0.000	1.473	0.128	0.725	1.222
Q18	假设方差相等	5.831	0.016	8.361	398	0.000	0.893	0.107	0.683	1.103
	不假设方差相等			7.770	184.426	0.000	0.893	0.115	0.666	1.120
Q19	假设方差相等	0.366	0.546	13.288	398	0.000	1.407	0.124	0.651	1.164
	不假设方差相等			13.378	226.821	0.000	1.407	0.121	0.645	1.170

（续表）

		方差相等的 Levene 检验		平均数相等的 t 检验						
		F 检验	显著性	t	自由度	显著性（双侧）	平均差异	标准误差异	差异的95%的置信区间	
									下界	上界
Q20	假设方差相等	10.173	0.002	14.327	398	0.000	1.538	0.124	0.783	1.294
	不假设方差相等			14.760	266.543	0.000	1.538	0.113	0.761	1.316
Q21	假设方差相等	19.905	0.000	15.323	398	0.000	1.612	0.115	0.837	1.386
	不假设方差相等			14.944	184.207	0.000	1.612	0.124	0.856	1.368
Q22	假设方差相等	3.663	0.056	12.310	398	0.000	1.289	0.125	1.535	1.043
	不假设方差相等			12.263	204.464	0.000	1.289	0.128	1.541	1.037
Q23	假设方差相等	9.323	0.002	14.862	398	0.000	1.540	0.111	0.759	1.322
	不假设方差相等			15.068	234.335	0.000	1.540	0.107	0.750	1.330
Q24	假设方差相等	7.349	0.007	15.634	398	0.000	1.426	0.091	1.246	1.605
	不假设方差相等			15.282	203.630	0.000	1.426	0.093	1.242	1.610
Q25	假设方差相等	15.524	0.000	11.729	398	0.000	1.279	0.109	1.064	1.493
	不假设方差相等			10.944	185.814	0.000	1.279	0.117	1.048	1.509
Q26	假设方差相等	20.604	0.000	10.486	398	0.000	0.930	0.089	0.755	1.104
	不假设方差相等			9.382	172.367	0.000	0.930	0.099	0.734	1.125
Q27	假设方差相等	0.383	0.537	8.279	398	0.000	0.964	0.116	0.735	1.193
	不假设方差相等			8.186	208.584	0.000	0.964	0.118	0.732	1.196
Q28	假设方差相等	0.054	0.817	10.368	398	0.000	1.116	0.108	0.904	1.327
	不假设方差相等			10.507	219.940	0.000	1.116	0.106	0.906	1.325
Q29	假设方差相等	29.551	0.000	13.565	398	0.000	1.233	0.091	1.054	1.411
	不假设方差相等			12.079	170.976	0.000	1.233	0.102	1.031	1.434
Q30	假设方差相等	7.975	0.005	11.833	398	0.000	1.177	0.099	0.981	1.372
	不假设方差相等			11.478	200.456	0.000	1.177	0.103	0.975	1.379
Q31	假设方差相等	0.017	0.896	10.828	398	0.000	1.101	0.102	0.901	1.300
	不假设方差相等			10.856	214.834	0.000	1.101	0.101	0.901	1.300
Q32	假设方差相等	5.091	0.025	12.984	398	0.000	1.172	0.090	0.995	1.350
	不假设方差相等			12.534	198.527	0.000	1.172	0.094	0.988	1.357
Q33	假设方差相等	0.752	0.386	11.798	398	0.000	1.068	0.091	0.890	1.246
	不假设方差相等			11.761	212.215	0.000	1.068	0.091	0.889	1.247
Q34	假设方差相等	3.261	0.072	13.105	398	0.000	1.346	0.103	1.144	1.548
	不假设方差相等			14.360	263.998	0.000	1.346	0.094	1.162	1.531
Q35	假设方差相等	30.779	0.000	9.308	398	0.000	0.921	0.099	0.727	1.116
	不假设方差相等			8.189	167.566	0.000	0.921	0.112	0.699	1.143
Q36	假设方差相等	9.092	0.003	11.769	398	0.000	1.190	0.101	0.991	1.389
	不假设方差相等			11.235	194.157	0.000	1.190	0.106	0.981	1.399
Q37	假设方差相等	3.723	0.054	13.156	398	0.000	1.277	0.097	1.086	1.467
	不假设方差相等			12.820	202.340	0.000	1.277	0.100	1.080	1.473
Q38	假设方差相等	46.848	0.000	11.731	398	0.000	1.121	0.096	0.933	1.308
	不假设方差相等			9.964	158.458	0.000	1.121	0.112	0.898	1.343

（续表）

		方差相等的 Levene 检验		平均数相等的 t 检验						
		F 检验	显著性	t	自由度	显著性（双侧）	平均差异	标准误差异	差异的95%的置信区间	
									下界	上界
Q39	假设方差相等	4.530	0.034	15.456	398	0.000	1.577	0.102	1.376	1.777
	不假设方差相等			14.887	197.646	0.000	1.577	0.106	1.368	1.786
Q40	假设方差相等	9.460	0.002	15.593	398	0.000	1.482	0.095	1.295	1.669
	不假设方差相等			14.934	195.416	0.000	1.482	0.099	1.286	1.678
Q41	假设方差相等	19.579	0.000	14.201	398	0.000	1.372	0.097	1.182	1.562
	不假设方差相等			12.620	170.379	0.000	1.372	0.109	1.157	1.587
Q42	假设方差相等	28.999	0.000	13.375	398	0.000	1.253	0.094	1.069	1.437
	不假设方差相等			11.522	161.983	0.000	1.253	0.109	1.038	1.468
Q43	假设方差相等	16.652	0.000	16.708	398	0.000	1.475	0.088	1.301	1.649
	不假设方差相等			14.768	168.856	0.000	1.475	0.100	1.278	1.672
Q44	假设方差相等	13.446	0.000	16.111	398	0.000	1.443	0.090	1.267	1.619
	不假设方差相等			14.762	179.733	0.000	1.443	0.098	1.250	1.635
Q45	假设方差相等	9.734	0.002	15.331	398	0.000	1.384	0.090	1.207	1.562
	不假设方差相等			13.932	177.092	0.000	1.384	0.099	1.188	1.580
Q46	假设方差相等	15.533	0.000	15.313	398	0.000	1.420	0.093	1.237	1.602
	不假设方差相等			13.395	165.987	0.000	1.420	0.106	1.210	1.629
Q47	假设方差相等	4.184	0.041	18.177	398	0.000	1.666	0.092	1.486	1.847
	不假设方差相等			17.710	202.272	0.000	1.666	0.094	1.481	1.852
Q48	假设方差相等	11.810	0.001	15.938	398	0.000	1.552	0.097	1.361	1.744
	不假设方差相等			15.037	189.786	0.000	1.552	0.103	1.349	1.756
Q49	假设方差相等	19.690	0.000	17.129	398	0.000	1.518	0.089	1.344	1.693
	不假设方差相等			14.865	163.885	0.000	1.518	0.102	1.317	1.720
Q50	假设方差相等	35.793	0.000	19.177	398	0.000	1.820	0.095	1.634	2.007
	不假设方差相等			16.600	163.214	0.000	1.820	0.110	1.604	2.037

注：表中灰色区域数字表示项目分析所得的每个问题项的决断值。

人名对照表

A

Ashley B. Williams 威廉姆斯
A. I. Vroeijenstijn 弗洛占斯丁
Armand Vallin Feigenbaum 菲根堡姆
A. Parasuraman 帕拉素拉曼

B

Burton R. Clark 克拉克
Bradley R. Barnes 巴恩斯

C

Christian Gronroos 格罗鲁斯
Clark Kerr 克尔
Craig McInnis 麦金尼斯
C. L. Ham 汉姆

D

Daniel T. Seymour 西摩尔
David Nevo 内伏
David Woodhouse 伍德豪斯
Deborah Cowles 考尔斯
Diana Green 格林
Don F. Westerheijden 韦斯特海登
Douglas H. Smith 史密斯
D. H. Entin 艾丁

E

Edwin L. Coate 考特

Elaine D. Kolitch 寇利奇
Elizabeth Anderson 安德森
E. Grady Bogue 博格

F

Fans A. van Vught 范富格特

G

Gaston LeBlanc 勒布朗
George Keller 凯勒
George W. Cobb 科布
Glenn Gilbreath 吉尔布里斯
Grant Harman 哈曼

H

Hamish Coates 科茨
Herbert W. Marsh 马什

J

James G. Vazzana 威热娜
John A. Centra 森特拉
John Brennan 布伦南
John Niland 尼兰德
John Sizer 斯泽
John S. Brubeck 布鲁贝克
Joseph M. Juran 朱兰
Judy C. Nixo 尼科
J. Donaldson 唐纳德森
J. Joseph Cronin 克罗宁

K

Kay C. Tan 谈

Kimberely Bingham Hall 霍尔

K. L. Williston 威尔逊

K. Trigwell 特里格维尔

L

Leonard L. Berry 贝利

Louis Morley 莫利

M

Mariah Carey 凯莉

Marilyn M. Helms 赫尔姆

Martin Lawrence 劳伦斯

Martin Trow 特罗

Max Weber 韦伯

Michael J. Dunkin 邓金

Michael K. Brady 布雷迪

Mik Wisniewski 威斯妮斯基

Mike Donnelly 唐纳利

Mohamed A. Youssef 尤瑟夫

Mohammad S. Owlia 奥利亚

Myra McCulloch 麦卡洛克

M. Prosser 普洛瑟

O

Owen E. Hughes 休斯

P

Patrick Griffin 格里芬

Paul. Rams Den 拉姆斯登

Peter A. M. Maassen 马森

Peter F. Drucker 德鲁克

Philip B. Crosby 克劳斯比

R

Ralph G. Lewis 路易斯

Richard Emanuel 伊曼纽尔

Richard James 詹姆斯

Robert Birnbaum 波恩鲍姆

Rodney Arambewela 阿姆贝维拉

S

Sidney Hook 胡克

Simon Marginson 马金森

Simon Nyeck 尼克

Staffan Wahlén 瓦伦

Steven A. Taylor 泰勒

Suzana Markovič 马尔科维奇

T

Tarla Shah 沙赫

Ted Marchese 马尔契斯

Trig well 特伦维尔

V

Valarie A. Zeithaml 隋塞摩尔

W

Walter A. Shewhart 休哈特

William A. Hart 哈特

William Edwards Deming 戴明

Y

Yum-Keung Kwan 关

Z

Zafiropoulos Costas 科斯塔斯

后 记

早在 2005 年,笔者就萌发了对高等教育质量管理进行系统梳理和研究的想法。2003 年,拙著《高等教育质量研究》出版后(上海科技教育出版社 2003 年),笔者就一直想把有关高等教育质量的研究继续深入推进下去。《高等教育质量研究》主要探讨了不同利益关系人的质量观以及质量生成、变化与互动的问题,对这些问题的讨论,主要贡献在于拓展了人们的分析视野和框架。但是,如何才能通过实践达到提高高等教育质量的目的,此书并未给予回答。于是,关于高等教育质量管理的研究就自然承接了这一任务。

这个研究历程也是从理论研究走向应用研究的一个中介过程。理论研究重在告诉人们"是什么"和"为什么",应用研究重在提供"怎么做"的思考和方案。

在研究和撰写的过程中,笔者同时还为华东师范大学高等教育研究所 2004 级至 2008 级的研究生开设"高等教育质量管理"选修课程。在课堂讨论中,通过师生之间相互质疑和辩论,使笔者对一些问题有了更加清晰的认识和把握。正是由于他们的贡献,促使笔者能够不断地完善一些观点和看法。

本书由笔者拟定研究大纲及每章的具体研究问题和思考方向,各章的初稿撰写者依次如下:石梅(第一章),韩映雄、仲雪梅(第二章),雷丽丽(第三章),肖婕(第四章),李金慧(第五章),衣海霞(第六章),余天佐(第七章),邵娟(第八章),他们都曾是华东师范大学高等教育研究所的硕士研究生。最后,由笔者反复修改并定稿。

当然,尽管我们尽了最大的努力,但肯定难免存在纰漏,在此敬请读者给予批评指正。与此同时,也要特别感谢参考文献中的那些学者们,因为我们是站在他们的肩膀上继续向前爬行的。对他们的看法与观点,我们尽可能按照学术规范给予注明,如有疏忽之处,敬请谅解。

本书得到了上海市哲学社会科学规划基金资助(项目号 2008FJY002,课题名称为"高等教育研究:反思与创新")。最后,笔者要特别感谢北京大学出版社的编辑杨丽明女士,正是有了她的帮助和支持,本书才得以顺利出版。

韩映雄

2012 年 9 月